QUESTÃO AMBIENTAL E DESENVOLVIMENTO SUSTENTÁVEL

um desafio ético-político ao Serviço Social

EDITORA AFILIADA

Conselho editorial
da Área de Serviço Social
Ademir Alves da Silva
Dilséa Adeodata Bonetti
Elaine Rossetti Behring
Ivete Simionatto
Maria Lúcia Carvalho da Silva
Maria Lucia Silva Barroco

Dados Internacionais de Catalogação na Publicação (CIP)
(Câmara Brasileira do Livro, SP, Brasil)

Silva, Maria das Graças e
 Questão ambiental e desenvolvimento sustentável : um desafio ético-político ao serviço social / Maria das Graças e Silva. — São Paulo : Cortez, 2010.

 ISBN 978-85-249-1621-2

 1. Desenvolvimento sustentável 2. Globalização 3. Movimentos sociais 4. Política ambiental I. Título.

10-06250   CDD-304.2

Índices para catálogo sistemático:
1. Sustentabilidade ambiental : Ecologia : Sociologia   304.2

MARIA DAS GRAÇAS E SILVA

QUESTÃO AMBIENTAL E DESENVOLVIMENTO SUSTENTÁVEL:
um desafio ético-político ao Serviço Social

1ª edição
1ª reimpressão

QUESTÃO AMBIENTAL E DESENVOLVIMENTO SUSTENTÁVEL: um desafio ético-político ao Serviço Social
Maria das Graças e Silva

Capa: aeroestúdio
Preparação de originais: Jaci Dantas
Revisão: Maria Regina Machado
Composição: Linea Editora Ltda.
Assessoria editorial: Elisabete Borgianni
Secretaria editorial: Priscila F. Augusto
Coordenação editorial: Danilo A. Q. Morales

Nenhuma parte desta obra pode ser reproduzida ou duplicada sem autorização expressa da autora e do editor.

© 2010 by Maria das Graças e Silva

Direitos para esta edição
CORTEZ EDITORA
Rua Monte Alegre, 1074 – Perdizes
05014-001 – São Paulo - SP
Tel.: (11) 3864-0111   Fax: (11) 3864-4290
E-mail: cortez@cortezeditora.com.br
www.cortezeditora.com.br

Impresso no Brasil — julho de 2012

É POR NATUREZA?!

É por natureza
Que tenho vontade de desler
Cada linha do insustentável desenvolvimento
Por natureza
não entendo o "des" — envolvimento da justiça e
da humanidade em nossas vidas
nem a cor da mais fria desigualdade
pois, por natureza,
apesar de todas as diferenças somos iguais
É por natureza que eu não queria que se
chamasse sonho o desejo de mudança
Pois já não consigo respirar o cheiro corpulento da violência
Ora, por natureza
Temos alma de pássaro
E, no entanto, vivemos em gaiolas arranha-céus
e por estas vemos o sol nascer quadrado
são janelas e nelas mil vidas
Somos arbustos condicionados à sobrevivência
Que desenvolvimento!!!
Penso, se por natureza sucumbimos os mangues
Extinguindo a maternidade do mar...
Até se por ela não temos olhos para ver a agressão
da fome e da miséria
Mas não compreendo o porquê
de transformar tudo em lixo:
relações descartáveis
pessoas desprezíveis
velhos inúteis
restos de sentimentos
Mas não acredito
que mesmo estando endurecidos feito pedra
Por natureza
podemos fazer brotar em nós lírios.

Laís Weinstein et al. — 2003 (8ª série)

A Amélia Figueirêdo
Pela confiança e dedicação com que me acompanhou em minhas empreitadas pela conquista da vida.

A Lais Weinstein
Por me mostrar o prazer da maternidade na alegria da partilha, na entrega cotidiana e na cumplicidade com que embalamos nossos ideais.

Agradecimentos

Originalmente produzido como tese de doutoramento, este ensaio só pôde ser concluído com a colaboração de colegas, pesquisadores, amigos, familiares, dentre tantos. Devo, no entanto, registrar aqui aqueles que se fizeram decisivos nesta trajetória. A minha orientadora, Ana Elizabete Mota, agradeço de partida. O seu rigor teórico e metodológico aliado ao senso arguto de pesquisadora legou-me as chaves essenciais para que eu pudesse enveredar, criticamente, pelos caminhos de uma temática tão largamente explorada quanto banalizada pelo tratamento aligeirado e fetichizante que vem recebendo dos meios de comunicação e de parcela expressiva da intelectualidade;

À família geteana devo especiais agradecimentos. Sem dúvida, é no encontro de algumas gerações de pesquisadores que vem se forjando uma equipe aguerrida, sedenta por percorrer os caminhos da produção do conhecimento, por desbravar as possibilidades de afirmar no interior da intelectualidade e, sobretudo na universidade pública brasileira tão duramente achincalhada, o selo de uma consciência crítica firmemente alinhada com as tarefas históricas da classe trabalhadora. As nossas longas sessões de estudo e nossos encontros rotineiros ofereceram a base para os meus ensaios no mundo da pesquisa. Particularmente agradeço a Ângela Amaral pelas interlocuções privilegiadas, pelos livros emprestados e as dicas preciosas. A Raquel Soares, pela amizade e pela ajuda na reta de chegada. A Cezar Henrique e Marcelo Sitcovsky pelas fecundas discussões na sala do GET e pelas ricas conversas no café. À jovem geração geteana, agradeço pelo apoio e disponibilidade incessantes. Devo especiais agradecimentos a Paula Raquel (nossa Paulinha) pela demonstração de solidariedade e pelo afinco com que se dedicou à tarefa nada leve de dar forma final a este trabalho. Não poderia esquecer, ainda, as duas ex-geteanas Luciana Pinto e Marcela Valença, pelos cafés descontraídos, pelas risadas descompromissadas e pela torcida incansável.

No âmbito do Serviço Social brasileiro, agradeço especialmente às minhas amigas Nailsa Araújo e Sâmbara Paula, com as quais descobri o prazer da docência. Em uma década de convívio — dos tempos do mestrado até hoje — partilhamos as nossas inquietações intelectuais, pessoais e políticas, terreno fecundo para o meu enriquecimento profissional e pessoal e para a certeza de novos desafios;

A minha família, pelo apoio afetivo e pela paciência ante as minhas ausências. Especialmente sou grata a minha mãe, Amélia, e a Lais (minha filha) pela cumplicidade, pelo apoio e por me ensinarem o sentido da persistência e da determinação;

A Filipe Torres, pela solidariedade cotidiana e pelo companheirismo em todos os momentos de construção deste trabalho;

A Nei Teixeira e Kenny Weinstein, sínteses de "individualidades ricas" e de algumas das mais nobres qualidades do gênero humano, pelo carinho e generosidade. A Kenny, ainda, pela cuidadosa revisão;

Por fim, agradeço aos amigos muito especiais, Val e Andreas pela companhia incansável nos momentos de lazer e de partilha; A Sarah pela recente mas profícua amizade;

Ao CNPq e a CAPES pelo apoio financeiro imprescindível nos momentos iniciais deste trabalho.

Sumário

PREFÁCIO
Carlos Frederico Loureiro 17

INTRODUÇÃO 25

CAPÍTULO 1   Capitalismo e destrutividade: produção e
reprodução da "questão ambiental" 45
   1.1 A propriedade privada e os fundamentos da "questão
    ambiental" 45
   1.2 A "questão ambiental" e o debate em curso 66
   1.3 Capitalismo do século XXI: contradições sociais e
    ambientais 86
   1.4 "Questão ambiental": um alerta para a humanidade 99

CAPÍTULO 2   As incômodas evidências da "questão ambiental"
e as principais alternativas adotadas pelo Estado e pelas
classes sociais 103
   2.1 Obstáculos materiais e simbólicos ao desenvolvimento
    do capital: a "questão ambiental" e seus mecanismos
    de controle 115
   2.2 A administração da "questão ambiental": principais
    mecanismos de enfrentamento 122

  2.2.1 A gestão ambiental privada 123
    2.2.1.1 A reciclagem dos resíduos sólidos 128
    2.2.1.2 A pesquisa científica e as inovações
       tecnológicas 134
    2.2.1.3 A educação ambiental 137
  2.2.2 A ideologia do progresso técnico 139
 2.3 A "questão ambiental" e os desafios ao Serviço Social 144

CAPÍTULO 3 A (in)sustentabilidade do Desenvolvimento
Sustentável 162
 3.1 O Desenvolvimento Sustentável e a institucionalização
   da "questão ambiental": uma breve contextualização 167
 3.2 O "Estado da arte" do debate sobre Desenvolvimento
   Sustentável 177
  3.2.1 Desenvolvimento Sustentável: rumo a uma
     conceituação 178
    3.2.1.1 A relação entre "desenvolvimento" e
       "crescimento": meio ambiente e
       sustentabilidade econômica 181
    3.2.1.2 A relação entre pobreza e meio ambiente:
       a *sustentabilidade social* em questão 187
    3.2.1.3 A *sustentabilidade ambiental* em foco:
       uma questão técnica? 205
  3.2.2 Desenvolvimento Sustentável: principais estratégias
     de implementação 214

CONSIDERAÇÕES FINAIS 231

REFERÊNCIAS BIBLIOGRÁFICAS 241
 Imagem em movimento 252
 Sites visitados: 252
 Documentos analisados 254

Lista de siglas

ABDIB	Associação Brasileira de Infraestrutura e Indústrias de Base
ABETRE	Associação Brasileira de Empresas de Tratamento, Recuperação e Disposição de Resíduos Especiais
ANA	Agência Nacional de Águas
BC	Banco Central
BNDES	Banco Nacional de Desenvolvimento
BOVESPA	Bolsa de Valores do Estado de São Paulo
BRIC	articulação do Brasil, Rússia, Índia e China
BSI	British Standarts Institutions
CBASS	Congressos Brasileiros de Serviço Social
CEMPRE	Compromisso Empresarial para Reciclagem
CEPAL	Comissão Econômica para América Latina e Caribe
CMMAD	Comissão Mundial sobre Meio Ambiente e Desenvolvimento
CNI	Confederação Nacional das Indústrias
CO2	Dióxido de carbono
CUT	Central Única dos Trabalhadores
DJSI	Índice Dow Jones Sustainability Indexes
DSS/UFPE	Departamento de Serviço Social da Universidade Federal de Pernambuco
ECOSOC	Conselho Econômico e Social vinculado à ONU
EMAS	Eco Management and Audit Scheme
ENPESS	Encontros de Pesquisadores em Serviço Social
FAO	Organização das Nações Unidas para a Agricultura e a Alimentação
FARC	Forças Armadas Revolucionárias da Colômbia

Fiesp	Federação das Indústrias do Estado de São Paulo
FSEs	Farm-Scale Evaluations
G-8	Grupo dos oito países mais ricos do mundo
GCAP	Global Call to Action Against Poverty
GEE	gases de efeito estufa
GET	Grupo de Estudos e Pesquisas sobre o Trabalho
IBASE	Instituto Brasileiro de Análises Sociais e Econômicas
IBGE	Instituto Brasileiro de Geografia e Estatística
ICC	Câmara de Comércio Internacional
ICMS	Imposto sobre Circulação de Mercadorias e Serviços
IFCH-Unicamp	Instituto de Filosofia e Ciências Humanas da Universidade de Campinas.
Inpa	Instituto Nacional de Pesquisa da Amazônia
IPCC	Intergovernmental Painel on Clime Change
IPEA	Instituto de Pesquisa Econômica Aplicada
ISE	Índice de Sustentabilidade Empresarial
ISO	International Organization for Standardization
MAB	Movimento dos Atingidos por Barragens
MDS	Ministério do Desenvolvimento Social e Combate à Fome
MST	Movimento dos Trabalhadores Rurais Sem Terra
OGMs	Organismos Geneticamente Modificados
OIT	Organização Internacional do Trabalho
OMM	Organização Metodológica Mundial
OMS	Organização Mundial da Saúde
ONG	Organização Não Governamental
ONU	Organização das Nações Unidas
PBF	Programa Bolsa-Família
PCHs	Pequenas Centrais Hidrelétricas
PIB	Produto Interno Bruto
Pnad/IBGE	Pesquisa Nacional por Amostra de Domicílio do Instituto Brasileiro de Geografia e Estatística
PNUD	Programa das Nações Unidas para o Desenvolvimento
PNUMA	Programa das Nações Unidas para o Meio Ambiente
PROINFA	Programa de Incentivo de Fontes Alternativas de Energia
SAGE	Grupo Estratégico Consultivo sobre o meio ambiente

SEPLAM	Secretaria de Planejamento Urbano e Ambiental da Prefeitura do Recife
SOCLA	Sociedade Científica Latino-Americana de Agroecologia
UFMG	Universidade Federal de Minas Gerais
UFPE	Universidade Federal de Pernambuco
UICN	União Mundial para a Natureza
UNFCCC	Agência de Mudanças Climáticas das Nações Unidas
WCED	World Comission on Environment and Development
WWF	Fundo Mundial para a Natureza

Lista de tabela

Tabela 1: Tabela ilustrativa dos principais produtos reciclados no país 129

Prefácio

Aqueles que atuam no campo ambiental ou que o acompanham sabem que há, até por força de sua dinâmica conflitiva, um conjunto de polêmicas conceituais, visões próximas e antagônicas de mundo e disputas por hegemonia que o conformam e que merecem explicitação e enfrentamento, com a devida tomada de posição. A leitura do livro *Questão ambiental e desenvolvimento sustentável: um desafio ético-político ao Serviço Social*, de autoria de Maria das Graças e Silva, traz ao leitor a possibilidade concreta de se refletir criticamente sobre algumas questões centrais do debate ambiental contemporâneo, e oferece uma densa problematização acerca do conceito de "sustentabilidade" e suas diferentes apropriações, significados e implicações políticas, não só, mas sobretudo, para o Serviço Social.

De início, o texto em sua íntegra me fez lembrar da ainda mal resolvida relação entre teoria social e temática ambiental. Indiscutivelmente diálogos e avanços ocorreram na atual década, com destaque para a sociologia ambiental, mas a interface permanece marginal entre os conteúdos legitimados nas ciências sociais e humanas. Logo, uma produção da qualidade que este livro apresenta já é em si oportuna no preenchimento dessa lacuna.

Até a década de 1990, seja no cenário nacional ou internacional, apesar dos avanços da ecologia política, é fato que estas ciências, em geral, não tinham no ambiente um objeto significativo de estudo e um acúmulo de conhecimentos sistematizados sobre o tema. Sem entrar em detalhes, os motivos para isso foram muitos e podem ser sintetizados nos seguintes: o difícil reconhecimento da materialidade da natureza, em seus fluxos físicos, químicos, biológicos e energéticos, na configuração das relações sociais próprias de cada formação socioeconômica historicamente determinada; o distanciamento ou mesmo antagonismo entre lutas sociais e lutas ambientais, que durante certo tempo foram postas como incompatíveis por seus agentes; e o perfil profundamente moralista e tecnocrático (marcado pelo domínio das ciências naturais) que se consolidou no processo de estruturação do ambientalismo, o que resultou na separação entre os condicionantes socioeconômicos da ética, da técnica e do conhecimento dos sistemas ecológicos na compreensão da totalidade social-natural.

Especificamente falando do Serviço Social, a situação não foi diferente e talvez até mais grave. Recordo-me de que quando fiz o doutorado na área, no fim da década de 1990, não encontrei nenhum interlocutor direto e, apesar de não ter feito um levantamento rigoroso, me atreveria a dizer que não existia na América Latina nenhum (ou se existiam eram muito poucos) trabalho consolidado e linha de pesquisa em instituições públicas que tivesse o ambiente como categoria importante para o conhecimento e intervenção prática do profissional em Serviço Social. As primeiras obras a que tive acesso e que explicitaram a relação entre Serviço Social e questão ambiental, com um acúmulo significativo de reflexão, vieram a público já na presente década.

Maria das Graças, que realiza seu trabalho na Universidade Federal de Pernambuco, enquanto docente, enfrenta as questões indicadas com rigor conceitual, clareza de argumentos, linguagem acessível, exposição didática e coerência teórica.

Ao longo do texto, evidencia o quanto é epistemologicamente equivocado descolar o ambiente do entendimento dos processos sociais, e mais do que isso, o quanto é incompreensível o capitalismo tardio sem considerar a dimensão ambiental na análise de suas crises estruturais. Igualmente demonstra as fragilidades das abordagens ambientalistas que buscam explicar os problemas decorrentes do uso e apropriação da natureza sem situá-los no modo de produção capitalista, como se fossem fenômenos sem historicidade. Desvela as contradições do capital e sua lógica produtiva expropriadora e destrutiva e se posiciona firmemente entre aqueles que entendem que a unidade de lutas sociais e ambientais é fundamental para a superação da sociedade de classes e a constituição de um movimento anticapitalista de alcance mundial, condições básicas para a materialização de alternativas societárias sustentáveis.

Bem localizada no debate contemporâneo, a autora situa o conceito de desenvolvimento sustentável enquanto construção histórica que expressa e condensa a correlação de forças presentes na sociedade e a hegemonia liberal, em suas múltiplas facetas, no âmbito da economia de mercado — elementos que se definem em um capitalismo crescentemente globalizado. Ao realizar tal esforço teórico, permite que se rompa com um discurso que vem a público como consensual (sem sê-lo de fato) e que indica o domínio ideológico de agentes do capital: o desenvolvimento sustentável é a única alternativa viável e aceita por todos os setores seriamente comprometidos com a "salvação do planeta". Os que a este se opõem o fazem por serem adeptos de um crescimento econômico predatório ou por terem interesses políticos escusos ou sectários. Para a falácia capitalista o desenvolvimento sustentável é o ponto em comum que faltava para atender a todos sem degradar o planeta!

Ora, o que a autora demonstra é que este pretenso consenso fácil em torno do conceito não permite a ruptura e sim legitima mecanismos de reprodução da lógica destrutiva do capital, escondendo quem são seus principais idealizadores e divulgadores (agências da ONU, organismos multilaterais, bancos privados, empresas multinacionais) e respectivos projetos políticos, bem como o conteúdo contraditório da proposta. Afinal, ao mesmo tempo que tais agentes, na defesa do conceito, afirmam categoricamente a superioridade da economia de mercado (que é posta como o modo natural humano de produzir e se organizar socialmente), apelam para o senso ético da cooperação internacional e da solidariedade entre povos e nações, e para a necessidade de transferência tecnológica, assegurando, no conjunto dos países, processos produtivos limpos e, hipoteticamente, compatíveis com a sustentabilidade.

Desse modo, repete-se, com um discurso aparentemente novo, o batido receituário liberal e a antiga dissociação entre ética e economia e entre tecnologia e modo de produção na análise da realidade. Fica-se na aparência fenomênica e nos efeitos imediatos para justificar processos sustentáveis em aspectos isolados (ecológico ou econômico ou cultural ou institucional), desprezando a necessidade de se considerar a sustentabilidade do processo social como um todo. O efeito disso é claro: a aceitação ideológica de reprodução sociometabólica do capital.

Tamanha fragmentação na leitura da realidade, sob o signo desenvolvimentista produtor de mercadorias, traz também como consequência a simplificação na proposição de alternativas factíveis, esvaziando a política, desconsiderando as contradições público-privado, pulverizando políticas públicas por meio da ênfase em projetos de parceria, e criminalizando movimentos sociais que se opõem à ordem vigente.

Para ilustrar, a autora inclui no livro a descrição crítica de dois componentes indissociáveis das disputas e projetos que se definem em torno do conceito de sustentabilidade: a gestão ambiental e a educação ambiental.

Quanto à primeira, lembra que sua ênfase, dentro do que há de institucionalizado, está no gerenciamento técnico e eficiente/eficaz do ambiente, sem considerar que a gestão pública ou a gestão de um bem público como o ambiente exige que se considerem os conflitos inerentes às diferentes formas de uso e apropriação da natureza em uma sociedade desigual, por meio de mediações e enfrentamentos concretos. Consequentemente, o discurso aí construído se volta para o domínio dos instrumentos presentes na legislação que institui a política ambiental brasileira, tais como zoneamento, plano de manejo, licenciamento, estudos de impactos ambientais, auditorias, entre outros; ou para procedimentos que resultem em diminuição de gastos energéticos e materiais, tais como reciclagem de lixo e utilização de bens com menor consumo energético. Ambos, sem dúvida, são relevantes, mas são apresentados à sociedade dissociados dos processos sociais mais amplos e como exigência a ser seguida por indivíduos ou instituições, sem que seja necessário considerar as relações de produção, o papel do Estado no controle ou legitimação de interesses privados e a garantia de direitos por meio de políticas públicas universalistas.

Quanto à educação ambiental, a situação é igualmente problemática. Apesar de historicamente ter se configurado no Brasil com perspectivas vinculadas à tradição crítica que alcançaram grande destaque em espaços acadêmicos, de movimentos sociais e da gestão pública, o fato é que majoritariamente o que ganha espaço na mídia, escolas, empresas e ONGs são leituras voltadas para um apelo ético e para a "correta" conduta pessoal. Assim, a educação ambiental ganha *status* de algo indiscutível, que todos defendem, uma unanimidade homogênea em seu fazer.

Todavia, uma prática educativa só pode ser posta nestes termos quando aborda de modo superficial problemas estruturais e evita explicitar as contradições da sociedade vigente. Quando descontextualiza os seus conteúdos e concebe a educação de modo ingênuo.

É fácil observar, portanto, que tanto na gestão quanto na educação ambiental, a solução proclamada fica no âmbito do comportamento, da ética e da técnica, sem mediações sociais e historicidade, afirmando-se como instrumentos promotores do "desenvolvimento sustentável" capitalista.

Todavia, a crítica feita, coerentemente com a opção teórica assumida, não se esgota aí. Defende a apropriação do conceito de sustentabilidade, uma vez que reconhece a necessidade de se pensar a sociedade incorporando a capacidade de suporte e equilíbrio dinâmico da natureza a processos que propiciem a justiça social com respeito à diversidade cultural, componentes elementares para se materializar uma "sociedade sustentável", logo, igualitária e ecologicamente viável.

Em resumo, o cerne da argumentação elaborada com profundidade e riqueza de detalhes está na diferenciação feita entre desenvolvimento sustentável hegemonicamente propalada pelas forças do capital e a sustentabilidade ambiental e social enquanto imperativo ético e exigência para a superação do capital, denotando caminhos que são radicalmente opostos.

Ao trazer estas explicações mais gerais, Maria das Graças não perde de vista o Serviço Social. Chama à responsabilidade os seus profissionais diante das questões ambientais, vinculando-as aos compromissos éticos e políticos que se definiram historicamente na área, em seus conteúdos de transformação social e de prática pedagógica. Para tanto, lembra que realizar esse movimento exige a superação tanto do teoricismo idealista quanto do praticismo ativista que, em última instância, bloqueiam a capacidade de apreensão das complexas relações sociais do mundo contemporâneo e levam à reprodução daquilo que se impõe como algo a ser transformado.

Ao realizar esta reflexão e estabelecer argumentos que sustentam tal posição, com a autoridade de quem vive cotidianamente a prática do serviço social, a autora permite que se retomem conceitos fundamentais do materialismo histórico dialético, perspectiva que ilumina o conjunto da obra, no entendimento dos problemas em torno da sustentabilidade.

Afirmar a pertinência de Marx e da tradição marxista para o campo ambiental é outro aspecto de grande relevância do presente livro. Apressadamente e equivocadamente posto entre pensadores produtivistas, despreocupado com o ambiente, Marx por bom tempo foi desconsiderado ou visto apenas como referência secundária no ambientalismo. No entanto, uma releitura mais atenta e cuidadosa de sua obra e do seu método tem gerado um profícuo e renovado diálogo, que cresceu consideravelmente no Brasil na última década e que já vem ocupando espaços respeitáveis em outros países há quase trinta anos.

Entre os motivos que explicam essa reaproximação vigorosa, destacaria três, por serem os que aparecem de modo mais sistemático no livro.

Primeiro, a ontologia do ser social marxiana possibilita resolver o falso dilema relativo à condição humana na natureza, que por vezes conduz a formulações que diluem o humano na natureza em um reducionismo biologizante, e por outro lado, o dicotomiza como um ser fora ou mesmo destruidor dela. Em termos ontológicos marxianos, as duas concepções são dualistas e não dialéticas. Nessa tradição, somos seres da natureza cuja distinção está no constituir-se socialmente. Nesse movimento não nos separamos ou deixamos de ser naturais, e sim nos diferenciamos e estabelecemos especificidades social e historicamente determinadas que precisam ser conhecidas para um tratamento adequado da questão ambiental.

Segundo, Marx em particular traz os fundamentos para se entender o metabolismo sociedade-natureza e como este é rompido com a consolidação do capitalismo. A tão comentada separação ou distanciamento da natureza pelo ambientalismo assume faces concretas no marxismo. Assim, deixamos de colocar o problema em uma essência destruidora e o colocamos no lugar certo: os processos históricos que conformam as relações sociais e as mediações com a natureza. Na teoria marxiana, a fragmentação, o dualismo e a alienação decorrem da produção social da existência no capitalismo, que se funda na apropriação privada, na expropriação do trabalho, na acumulação do capital e no uso intensivo da natureza como condição para sua reprodução sociometabólica. Aqui os problemas ambientais, postos na generalidade, não surgem nem terminam no capitalismo, mas os atuais problemas, postos na concretude material da vida, seus atributos, são sim inerentes à atual formação socioeconômica, e somente podem ser superados pela superação dialética do modelo societário dominante.

Terceiro, à medida que admitimos que a raiz do problema ambiental é histórico-social, os instrumentos teórico-metodológicos fornecidos pela teoria marxiana na compreensão do capitalismo, em suas variadas fases, são vigorosos e amplos o suficiente para estabelecer conhecimentos consistentes e argumentos válidos. Do século XIX em diante, não há nenhuma formulação teórica, em seus erros e acertos, que tenha sido capaz de fornecer tantas respostas adequadas e necessárias aos movimentos sociais e grupos sociais comprometidos com a transformação societária quanto a tradição iniciada com Marx.

No mais, cabe dizer que o leitor está convidado a problematizar e dialogar com o oportuno e instigante livro *Questão ambiental e desenvolvimento sustentável: um desafio ético-político ao Serviço Social*, produzido por Maria das Graças, que tem se destacado no cenário nacional por sua atuação docente na universidade pública (e em defesa desta) e seu inabalável compromisso com a construção de uma sociedade justa, tanto em termos ambientais quanto sociais.

Rio de Janeiro, 8 de abril de 2010

Carlos Frederico B. Loureiro
Professor da Universidade Federal do Rio de Janeiro

Introdução*

Situado no interior do debate sobre a crise contemporânea e as alternativas engendradas pelo modo de produção capitalista diante do binômio produção de mercadorias — destruição do meio ambiente, o trabalho que ora tem como foco a discussão sobre o Desenvolvimento Sustentável como expressão da tentativa de estabelecer mecanismos de controle da relação sociometabólica do capital, oferecendo uma análise de sua apreensão pelas agências internacionais — enquanto organismos formuladores deste ideário — bem como dos principais instrumentos programáticos e resoluções adotadas em eventos nacionais e internacionais orientados pela pauta da sustentabilidade. No caso brasileiro, pesquisamos as diretrizes que informam as ações do empresariado e dos trabalhadores.

A decisão de problematizar esse tema deita raízes em um conjunto mais geral de inquietações quanto aos níveis de degradação ambiental, a ação (ou omissão) dos movimentos sociais neste campo e quanto à intervenção do Estado para fazer face a essa realidade. Tais inquietações remontam à nossa experiência como Assistente Social na Secretaria de Planejamento Urbano e Ambiental da Prefeitura do Recife — Seplam, ainda nos anos 1990, a partir da qual a problemática ambiental tem interpelado a nossa vida profissional, bem como as nossas vivências cotidianas.

---

* Este trabalho origina-se de tese apresentada ao Programa de Pós-Graduação em Serviço Social da Universidade Federal de Pernambuco, em 2008, intitulada Capitalismo contemporâneo e "questão ambiental": o Desenvolvimento Sustentável e a ação do Serviço Social, sob orientação da profa. dra. Ana Elizabete Mota.

Na busca por nos apropriarmos de uma leitura crítica dessa realidade, deparamo-nos com um conjunto de sistematizações de cariz idealista[1] e que não davam conta de apreender a problemática ambiental em sua totalidade, remetendo-a, via de regra, ao orbe das posturas individuais, às ações humanas indiferenciadamente, apartando-as de suas determinações intrínsecas: o sociometabolismo do capital e sua lógica destrutiva.

Um segundo e decisivo momento desta trajetória deu-se com a minha participação em projeto de pesquisa intitulado "Da rua para a fábrica: a indústria de reciclagem, o trabalho dos catadores de lixo e a mediação do Estado", projeto este desenvolvido pelo Grupo de Estudos e Pesquisas sobre o Trabalho — GET, sob coordenação da professora Ana Elizabete Mota do Departamento de Serviço Social da Universidade Federal de Pernambuco — UFPE.

No desenvolvimento da referida pesquisa, identificamos a cadeia produtiva do "lixo" em Recife, organizada em torno da indústria de reciclagem, a qual redefine o seu processo produtivo através da utilização de novas tecnologias e do uso de materiais originários do descarte e da atividade de catação de resíduos sólidos, utilizando-se, para tanto, de uma forma de cooperação entre o trabalho que começa na rua e continua na fábrica.

Evidencia-se, assim, que a particularidade da indústria de reciclagem consiste em transformar as sequelas do processo de destruição ambiental em um novo objeto de produção mercantil; o faz através da organização e reorganização dos processos de trabalho, das inovações tecnológicas e organizacionais e da formação de uma cultura legitimadora das suas iniciativas. Neste movimento, incorpora o catador ao processo geral de produção de mercadorias, ao mesmo tempo em que o desconhece como partícipe do seu processo de trabalho.

Estas primeiras observações empíricas nos remeteram à intervenção do Estado, através do controle ambiental, das políticas urbanas e das ações

---

1. Ver: Capra, F. (1997); Unger, N. M. (1991), entre outros.

voltadas para a coleta do lixo urbano doméstico e industrial, bem como às ações da sociedade civil, cada vez mais convocada a oferecer respostas a esta problemática assim como ao conjunto das manifestações da "questão ambiental".

No processo de aprofundamento da pesquisa nos deparamos com as contradições geradas pelo atual estágio de desenvolvimento das forças produtivas, dentre as quais se inclui a produção destrutiva da natureza como uma de suas mais dramáticas expressões. Por outro lado, chamaram-nos a atenção as estratégias utilizadas pelo capital para reverter em benefício da acumulação privada os obstáculos resultantes da escassez de recursos naturais, da produção de descartáveis e da obsolescência programada das mercadorias, como problemáticas geradas no curso de seu próprio desenvolvimento.

Esta dupla processualidade — acentuação da destrutividade e mercantilização dos efeitos da destruição ambiental — integra a dinâmica do capitalismo contemporâneo, de tal sorte que nos resta impossível agarrar o movimento da totalidade social, no tempo presente, sem considerar este binômio em sua estreita relação com as necessidades de reprodução do sistema, de um lado, e de outro com as ameaças que este oferece à reprodução da vida em escala planetária.

Em sua sede insaciável de lucratividade, o capitalismo revela sua essência crescentemente destrutiva e perdulária, manifestando uma contradição essencial no processo de sua reprodução: a crescente obsolescência programada, o desperdício no trato dos recursos naturais e sociais — condições essenciais para a expansão da produção e do consumo — confrontam-se, progressivamente, com o caráter limitado das potencialidades ambientais, com a finitude dos recursos naturais, o que vem comprometendo, sistematicamente, a própria existência humana no planeta.

Neste sentido, evidencia-se que a apropriação dos recursos naturais e sua conversão em mercadoria, assim como a exploração do trabalho humano com idênticos fins, resultam no aprofundamento da "falha metabólica", identificada por Marx (1996). Ao discutir sobre os desdobramentos que a grande indústria provoca na agricultura e nas condições sociais, este autor refere-se a constantes perturbações ao metabolismo entre sociedade e natureza, os quais se manifestam como crescente alienação e destrutividade[2].

> Com a preponderância sempre crescente da população urbana que se amontoa em grandes centros, a produção capitalista acumula, por um lado, a força motriz histórica da sociedade, *mas perturba, por outro lado, o metabolismo entre homem e terra, isto é, o retorno dos componentes da terra consumidos pelo homem, sob forma de alimentos e vestuário, à terra, portanto, a eterna condição natural de fertilidade permanente do solo.*[3] Com isso, ela destrói simultaneamente a saúde física dos trabalhadores urbanos e a vida espiritual dos trabalhadores rurais (p. 132).

O caráter perdulário do sistema que "transforma potencialidades positivas em realidades destrutivas" (Mészáros, 2002, p. 614) se revela e se acentua na medida em que reitera a anarquia da produção, a subordinação do valor de uso ao valor de troca das mercadorias, promovendo a destrutividade da natureza com implicações em toda a vida planetária, em proporção tal que escapa ao controle do próprio capital, impondo-se como uma questão que exige mecanismos de controle para que as condições materiais e simbólicas de sua reprodução sejam asseguradas.

Para dar conta da complexidade destas necessidades, o capital opera um conjunto de mudanças nos processos de produção de mercadorias, para as quais são acionados mecanismos econômicos e ideopolíticos, mecanismos estes que passam a incorporar, cada vez mais, a problemática ambiental como questão afeta a toda a humanidade. O apelo preservacionista ganha força e assume a forma de um amplo pacto em torno do qual se mobilizam o Estado e a sociedade civil para construir alternativas à destruição da natureza, fomentando práticas ecologicamente saudáveis e ambientalmente sustentáveis.

As alternativas ao agravamento da "questão ambiental" vêm sendo engendradas desde os anos 1970 do século XX, mas, só na década passa-

---

2. Estas perturbações são tratadas pelo autor como "falha metabólica", "ruptura metabólica", entre outras.

3. Grifos nossos.

da adquirem expressão na agenda pública, interpelando as classes sociais e o Estado, conferindo legitimidade e visibilidade às programáticas ambientalistas. O ideário do Desenvolvimento Sustentável ganha centralidade nas propostas de amplos segmentos da sociedade, mobilizados em torno do desafio de compatibilizar crescimento econômico, sustentabilidade ambiental e social.

O apelo que exerce o termo Desenvolvimento Sustentável sinaliza uma dinâmica de enfrentamento à "questão ambiental" balizada pela formação de um acordo internacional, mas com o objetivo de orientar ações em nível local e nacional e segue uma tendência do debate sobre desenvolvimento nos anos 1990, marcado pela crise do desenvolvimentismo, pelo avanço do pensamento neoliberal e pelo determinismo das políticas de ajuste econômico em nível nacional. É neste contexto que a sustentabilidade como princípio ético presta-se como alternativa, seduz e encanta ao invocar a preservação da natureza, oferecendo-se como alternativa à crise capitalista e do socialismo real, colocando-se como mecanismo de controle da relação sociometabólica do capital.

Ao se configurar como uma pseudounanimidade, em uma sociedade marcada por fortes antagonismos, o termo Desenvolvimento Sustentável suscita uma série de inquietações quanto à sua efetividade, o seu alcance ou mesmo quanto a sua capacidade de fugir aos modismos próprios do tempo presente.

É a própria Cepal (2006) que alerta:

> A inflação de enfoques tem derivado em um conceito de sustentabilidade cada vez mais nebuloso e mais gasto, enquanto mais frequentemente as distintas partes tem se apropriado dele. Desta maneira, o discurso corre o perigo de ir parar onde já têm ido outras discussões sobre política e desenvolvimento: no fosso de uma opinião pública, política e acadêmica que se reproduz em ciclos cada vez mais curtos, através da fabricação de termos e conceitos novos (p. 7).

O núcleo central de nossas preocupações reside no interior desta tensão: em meio a uma problemática decisivamente marcada pela polarização de classes, emerge um ideário pretensamente depositário de unanimidade, cuja intencionalidade é responder às necessidades de um tempo em que o aprofundamento das contradições do sistema põe em dúvida a permanência da vida planetária.

Decerto que o Desenvolvimento Sustentável destaca-se, no conjunto das ações implementadas na área socioambiental, como uma mediação fundamental e suporte ideopolítico. A tríade sustentabilidade econômica, social e ambiental orienta práticas as mais diversas, oferecendo-lhes justificativa e amparo, sejam estas ações locais, em âmbito nacional ou mesmo internacionais.

É neste campo gravitacional que o Serviço Social é chamado a intervir, como profissão integrada aos processos de conformação de uma cultura ambiental, seja no interior das organizações empresariais, nas instituições públicas, ONGs, entre outros. De natureza essencialmente pedagógica, o exercício profissional dos assistentes sociais está intrinsecamente voltado aos processos de educação ambiental articulados à defesa da melhoria na qualidade dos serviços prestados pelas instituições às quais se vinculam. Estas ações empresariais e institucionais são cada vez mais mediadas pelo ideário do Desenvolvimento Sustentável como síntese de uma cultura de proteção ao meio ambiente e acepção relevante nas estratégias de enfrentamento à "questão ambiental".[4]

Neste sentido, apreender a "questão ambiental" como totalidade historicamente determinada, bem como a natureza das respostas oferecidas pelas classes sociais e pelo Estado, constitui preocupação de uma parcela dos profissionais do Serviço Social, já que são estes interpelados, cotidianamente, a intervirem nas refrações da destrutividade ambiental, tal qual o são nas manifestações da "questão social".[5]

Indubitavelmente, a formulação Desenvolvimento Sustentável alcança repercussão e aceitação entre os diversos segmentos e classes sociais.

---

4. Para uma maior aproximação às requisições profissionais neste campo, vide dissertação intitulada A "questão ambiental" e o trabalho das assistentes sociais nos programas socioambientais das empresas em Recife, de autoria de Paula Raquel Bezerra Rafael, do Programa de Pós-Graduação em Serviço Social da UFPE, sob orientação da professora Ana Elizabete Mota.

5. Os anais dos Congressos Brasileiros de Serviço Social — CBASS e dos Encontros de Pesquisadores em Serviço Social — ENPESS (ambos realizados a cada dois anos) revelam um crescente número de trabalhos envolvendo a temática do meio ambiente.

Ao nos mobilizarmos para desvelar as teias que compõem esta problemática, deparamos com o fato de que a sustentabilidade — com incidência na organização da produção e nos modos de ser e de viver — vinha sendo tratada de forma dual: sustentabilidade ambiental e sustentabilidade social como dimensões fragmentadas do real.[6]

A evidência desta dualidade levou-nos a perguntar: *Em que medida as proposições do Desenvolvimento Sustentável, com ênfase na sustentabilidade ambiental, promove a sustentabilidade social? É possível assegurar a sustentabilidade social sob o capitalismo?*

Estas questões nortearam as nossas pesquisas nos últimos anos e constituem o escopo deste trabalho. Para tanto, fomos identificando na própria realidade, em movimento, as categorias que ofereceram os fundamentos analíticos do objeto. O tratamento da bibliografia disponível sobre a temática central do estudo, particularmente aquela que aborda a relação metabólica entre homem/natureza e as formas sociais históricas de desenvolvimento do capitalismo, permitiu-nos uma apropriação do objeto a partir de suas mediações fundamentais.

Extraídas do complexo categorial marxiano, as categorias *Modo de Produção, Forças Produtivas e Relações Sociais de Produção* nos possibilitaram analisar a natureza do desenvolvimento histórico do capitalismo, destacando a sua essência contraditória: como expansão das potencialidades humanas e sua crescente diferenciação ante a natureza, ao mesmo tempo em que se tem convertido em crescente degradação e iniquidade humanas. Estas categorias foram decisivas para a apreensão da "questão ambiental" como resultado da acentuação das contradições entre o desenvolvimento das forças produtivas e relações sociais de produção, próprias do capitalismo tardio, para falarmos com Mandel (1985).

---

6. O caso da indústria de reciclagem é emblemático: ao mesmo tempo em que contribui para a redução dos resíduos sólidos, este ramo da produção — ancorado no discurso da sustentabilidade e integrado às práticas inscritas no âmbito da responsabilidade social — impulsiona o seu processo produtivo mediante a utilização de matérias-primas obtidas com trabalho informal, de baixíssimo valor agregado e extraídas dos restos do consumo humano, expondo estes trabalhadores a condições subumanas. Revela-se, assim, uma das expressões mais exemplares da barbarização da vida social, produto do capitalismo contemporâneo. Contudo, esta realidade não parece se inscrever entre as questões afetas ao campo da propalada sustentabilidade, constituindo, assim, uma externalidade ao mundo da produção, tida, portanto, como natural.

O estudo da categoria *Acumulação Primitiva* também forneceu o suporte para o entendimento dos mecanismos que o capital forjou para se apropriar do trabalho humano, e dele obter mais-valia, assim como o fez com a natureza, transformando-a em mercadoria. A acumulação primitiva mantém, teórica e historicamente, o seu poder explicativo do processo de acumulação, visto que se reatualizam os mecanismos utilizados, mas se mantém, no capitalismo tardio, a lógica de expropriação das riquezas naturais e das potencialidades do trabalho, perfazendo uma unidade material cuja essência é reveladora tanto do aprofundamento da desigualdade social quanto da dilapidação da natureza.

A aproximação com a categoria *trabalho* possibilitou-nos compreender que a relação entre sociedade e natureza obedece a uma especificidade, que distingue o gênero humano das demais espécies vivas, tendo em vista que este se diferencia do mundo natural pelo trabalho. Ou seja, a humanidade relaciona-se com a natureza mediada pelas relações que estabelece entre seus semelhantes para produzir os meios necessários à satisfação de suas necessidades. Esta apreensão possibilitou-nos localizar ontologicamente as determinações da "questão ambiental": a separação da sociedade em classes sociais e as consequentes distinções na forma de se apropriar do meio ambiente nos leva a identificar a radical impossibilidade de superação da destrutividade planetária pela via do progresso técnico. É neste núcleo temático que situamos a "falha metabólica" a que se referia Marx, ao tratar da relação entre sociedade e meio ambiente.

Além destas categorias centrais, oriundas do pensamento de Marx, incorporamos ao processo de análise do objeto um conjunto de outras contribuições produzidas no interior da teoria crítica, as quais resultaram de um movimento de atualização histórica a partir da análise das problemáticas afetas ao nosso tempo: a mundialização financeira, a "acumulação por espoliação", a ideologia do progresso técnico e a obsolescência programada são exemplos do esforço para enriquecer o escopo da tradição marxista e revelaram-se essenciais para a apreensão da "questão ambiental" como produto das contradições do capitalismo globalizado e as suas manifestações incontestes.

Nesta etapa, além das publicações mais relevantes, dos livros, foram identificadas e mobilizadas as fontes secundárias de pesquisa: trabalhos científicos, artigos jornalísticos, teses, dissertações, relatórios institucionais, entre outros. Várias destas fontes foram utilizadas no presente texto e estão disponíveis na bibliografia ou em nota de rodapé. Estas publicações nos forneceram elementos empíricos e analíticos sobre as expressões mais atuais da "questão ambiental", o tratamento que estas vêm recebendo pelo Estado e pelas classes sociais, assim como as contradições que porta.

A aproximação com esta literatura referenciada na teoria crítica ofereceu-nos as condições de compreender as determinações mais gerais desta problemática, inscrita na dinâmica do capitalismo contemporâneo e derivada da forma histórica com que o capital se apropria da natureza, convertendo-a em objeto de transação mercantil — mediada pelo uso da ciência e da tecnologia — com o fim último de pôr em movimento as potencialidades do trabalho e assegurar a extração de mais-valia.

Como nos lembra Bihr (1999),

> Todo o processo de produção intermedeia, em princípio, uma matéria (um fragmento da natureza) a ser transformada, forças de trabalho e meios de trabalho, enfim, um sistema de necessidades que trata de satisfazer. Ao transformar este ato mediador em seu próprio fim, o produtivismo capitalista submete cada um dos três elementos à sua "lógica" mortífera (p. 128).

O argumento que vimos tecendo até aqui se encaminha no sentido de vincular a gênese da "questão ambiental" à ordem burguesa e o discurso da sustentabilidade ao amplo movimento engendrado pelas classes sociais e pelo Estado para dar conta de seus efeitos catastróficos na etapa do capitalismo tardio.

No curso deste movimento de aproximação ao objeto de estudo foi possível formular nossas hipóteses de trabalho:

a) *O conhecimento sobre o conceito de Desenvolvimento Sustentável poderia revelar seu papel ideopolítico, na medida em que a formação de uma cultura preservacionista, nos marcos da manutenção das relações sociais vigentes, assume a forma de uma ideologia de "enfrentamento" à questão ambiental;*

b) *O desenvolvimento de ideias e propostas relativas à sustentabilidade ambiental não tem amparo histórico para se traduzir em meios de sus-*

tentabilidade social, razão por que parece que a sustentabilidade ambiental supõe ou está amparada numa crescente insustentabilidade social.

Estas hipóteses encontram amparo no estudo das premissas que norteiam as formulações das agências internacionais sobre a temática ambiental dos anos 1970 até o tempo presente, na qual o binômio "pobreza e meio ambiente" comparece no centro da contenda em torno da chamada sustentabilidade social. Esta tem sido enfrentada a partir de duas concepções distintas: a tese do "círculo vicioso", que se fez hegemônica até início dos anos 1990 e a do "duplo caminho", que ganha centralidade no debate ambiental daí em diante.

Em ambas as hipóteses, a pobreza ocupa um lugar determinado como fator elucidativo da degradação ambiental. No primeiro caso, os pobres são sujeitos e vítimas do processo de dilapidação da natureza visto que, compelidos pela busca de satisfação de suas necessidades imediatas — e por serem mais numerosos —, utilizam mais intensivamente os recursos naturais. Por outro lado, a falta de recursos materiais os levaria a ocuparem áreas mais degradadas, intensificando ainda mais a depredação ambiental.

Já de acordo com a hipótese do "duplo caminho", a pobreza não é entendida como causa fundamental da degradação do planeta, posto que ambas podem ser originadas na falta de recursos ou de direitos sobre estes. Desta forma, não são os baixos acessos ao mercado que conduzem, necessariamente, à depredação, assim como o oposto não se converteria em garantias de "equilíbrio ambiental". Neste caso, as políticas sociais são enfatizadas, visto que é preciso "resolver" a pobreza para atacar os efeitos da destrutividade sobre o meio ambiente.

Tendo em vista que o conceito de Desenvolvimento Sustentável incorpora a pobreza como parte de sua formulação e que esta aparece nos principais fóruns e deliberações sobre a temática do meio ambiente — seja como causalidade, seja como obstáculo para se mitigar a degradação ambiental —, fez-se essencial para a elucidação do objeto de pesquisa a apreensão do tratamento dado pelos organismos formuladores do Desenvolvimento Sustentável à relação entre pobreza e meio ambiente. Por esta razão tornou-se imprescindível ao estudo indagarmos sobre a natureza da propalada sustentabilidade social, bem como sobre a sua efetividade no mundo regido pelo capital.

Os limites destas formulações, tanto a tese do "círculo vicioso" quanto a do "duplo caminho", são evidentes. A primeira, ao responsabilizar a pobreza pela degradação ambiental aponta para uma saída moral, posto que seriam os pobres — em especial os dos países periféricos — que devam ter sua capacidade de reprodução biológica reduzida. Nestes termos, a redução da pobreza equivale à redução do número de pobres, enquanto a dinâmica de acumulação, o crescimento econômico e a desigualdade social seguem intocados, mantendo-se o mercado como principal regulador da relação entre sociedade e natureza.

No segundo caso, o combate à pobreza representa um *veículo* ou um *meio* para se obter a sustentabilidade ambiental, não sendo, portanto, aquela considerada um problema em si mesmo. Esta abordagem dual — sustentabilidade ambiental e sustentabilidade social — é marcada por sucessivas tensões entre ambas, já que as saídas apontadas para o equacionamento desta questão conferem primazia à sustentabilidade ambiental e são de natureza essencialmente técnica.

Acertar as contas com as teses explicativas da relação entre *pobreza* e *meio ambiente* implica constatar a impossibilidade de ambas darem conta da totalidade social, já que não inserem esta problemática nas relações sociais de produção. Ao não agarrarem a degradação da natureza e a desigualdade social como partes constitutivas da dinâmica de acumulação capitalista apartam sustentabilidade ambiental e social, de tal sorte que a realização de ações no campo da primeira não assegura a segunda ou diretamente se opõe a esta.

Dadas as razões anteriormente expostas, nos propusemos a discutir a produção e reprodução da "questão ambiental" e suas intrínsecas relações com a propriedade burguesa, enfatizando, em particular, os mecanismos que vêm sendo articulados para o seu enfrentamento, entre os quais se destaca o Desenvolvimento Sustentável como elemento norteador do conjunto das iniciativas neste campo.

Para a realização deste desafio, tratamos de retomar a trajetória do debate sobre o Desenvolvimento Sustentável — desde o lançamento de suas bases na 1ª Conferência das Nações Unidas para o Meio Ambiente, realizada em Estocolmo no ano de 1992, até o debate atual desenvolvido no interior das agências internacionais. Neste percurso, nos debruçamos sobre os principais relatórios ou declarações das chamadas "conferências de cúpula", a fim de nos inteirarmos das pautas e das deliberações destes eventos. Os documentos mais representativos destes são: a Declaração da Conferência da ONU sobre o Meio Ambiente de Estocolmo (1972), O Relatório Brundthland (1987), A Carta da Terra e a Agenda 21 Global (Rio-1992).

Os primeiros documentos, a Declaração da Conferência de Estocolmo e o Relatório Brundthland foram analisados como parte da constituição histórica e do embate teórico e político que resultou no conceito de Desenvolvimento Sustentável, ainda sob a égide da tese do "círculo vicioso", embora tencionada. Para analisar as formulações atuais, as quais apresentam uma significativa incidência sobre as estratégias de implementação no âmbito do Estado e da sociedade civil, recorremos aos relatórios mais recentes das agências internacionais: a ONU, através do Programa das Nações Unidas para o Meio Ambiente — PNUMA; o Programa das Nações Unidas para o Desenvolvimento — PNUD; a Comissão Econômica para a América Latina e Caribe — CEPAL, além do Banco Mundial.[7]

A escolha destes textos deu-se mediante dois critérios básicos: a importância da instituição no debate do meio ambiente, traduzindo-se no peso de sua representação na sociedade, e a atualidade dos documentos.

Não restam dúvidas de que a ONU vem desempenhando um papel central na formulação e acompanhamento do debate em torno da "questão ambiental", oferecendo alternativas às problemáticas mais emergen-

---

7. Os documentos selecionados foram: Combater as alterações climáticas: solidariedade em um mundo dividido. PNUD, 2007/2008. Disponível em: <www.pnud.org.br>. Acesso em: 15 ago. 2007; Medio Ambiente y Desarrollo. Estilos de desarrollo y medio ambienten América Latina, un cuarto de siglo después. CEPAL, 2006. Disponível em: <www.cepal.org.br>. Acesso em: 15 ago. 2007; El PNUMA en 2006. PNUMA, 2006. Disponível em: <www.pnuma.org.br>. Acesso em: 15 ago. 2007; Brasil justo, competitivo e sustentável: contribuições para o debate. Banco Mundial, 2003. Disponível em: <www.bancomundial.org.br>. Acesso em: 12 ago. 2007. A escolha deste último deveu-se ao fato de tratar-se de um documento de proposições específicas para o Brasil, formulado em 2003.

tes neste campo. O protagonismo que exerce no trato da "questão ambiental" reflete-se na realização de inúmeras convenções sobre temas específicos — "diversidade biológica" (1992), desertificação (1994), não proliferação de armas químicas (1993), mudanças no clima (1992), entre outras — além das Conferências Mundiais, as quais têm reunido um número expressivo de países.[8]

Embora a efetividade destes Tratados, Acordos e Declarações seja questionada, inclusive pelos próprios fóruns da ONU — a exemplo do ocorrido na Conferência de Johannesburgo[9] —, parece indiscutível que as Nações Unidas vêm envidando esforços no sentido do estabelecimento de mecanismos de controle da relação sociometabólica regida pelo capital. Neste sentido, vem se destacando como formuladora das diretrizes ideopolíticas para a área de meio ambiente, papel que, historicamente, vem exercendo no tocante às relações internacionais e às manifestações mais evidentes da "questão social".

No caso do Banco Mundial — tradicional formulador de políticas econômicas e sociais para os países capitalistas — a análise de um dos seus textos cumpre o objetivo de analisar por quais vias se dá a penetração da temática do meio ambiente, nas diretrizes políticas e econômicas para os países periféricos e, neste caso específico, para o Brasil.

Além dos documentos formuladores, analisamos também a *Agenda 21 global*. Para além de apresentar elementos conceituais, parece evidente que este texto destaca-se pela sua dimensão programática, revelando-se como o principal instrumento político da ECO-92.[10]

---

8. A Conferência de Estocolmo reuniu representantes de 113 países, a ECO-92, de 175 e a de Johannesburgo, de 189 países. Disponível em: <www.onu-brasil.org.br>. Acesso em: 12 ago. 2008.

9. A conferência resultou em muitas declarações vagas, sem o estabelecimento de meios para cobrar a implementação das medidas aprovadas. Das prioridades — água e saneamento, energia, saúde, agricultura e diversidade —, apenas duas foram sancionadas: estabeleceu-se como meta reduzir pela metade, até 2015, o número de pessoas sem acesso a saneamento, equivalente hoje a cerca de 40% da população mundial. Sobre a biodiversidade, decidiu-se que serão instituídos mecanismos para evitar ou reduzir a extinção de peixes e recuperar os estoques pesqueiros internacionais em "níveis sustentáveis" até 2015 (Pereira Jr., 2002).

10. Este resultou o mais importante e divulgado documento da ECO-92. Consta de 40 capítulos que delimitam as principais estratégias de enfrentamento à "questão ambiental".

Em seu capítulo primeiro encontramos a seguinte passagem que reafirma o caráter e as pretensões deste texto:

> As áreas de programas que constituem a Agenda 21 são descritas em termos de *bases para a ação, objetivos, atividades e meios de implementação*. A Agenda 21 é um *programa dinâmico*.[11] Ela será levada a cabo pelos diversos atores segundo as diferentes situações, capacidades e prioridades dos países e regiões e com plena observância de todos os princípios contidos na Declaração do Rio sobre Meio Ambiente e Desenvolvimento. Com o correr do tempo e a alteração de necessidades e circunstâncias, é possível que a Agenda 21 venha a evoluir. Esse processo assinala o início de uma nova associação mundial em prol do desenvolvimento sustentável.[12]

Seguindo o curso da análise documental, dirigimos a atenção para investigar a particularidade brasileira, em especial a *Agenda 21 brasileira*, como expressão das iniciativas do Estado e da sociedade civil para estabelecer um programa nacional de intervenção na "questão ambiental". Este documento resultou de um amplo processo de discussão que teve início com as consultas temáticas (1999), consulta às unidades federativas (2000) seguida dos encontros regionais, realizados em 2001. O conjunto destas discussões foi condensado em um documento intitulado "Agenda 21 brasileira: resultado da Consulta Nacional",[13] o qual lançou as bases para a redação do texto final. Este constitui um programa de ação de grande amplitude, assentado em uma leitura sobre desenvolvimento e sustentabilidade, situando o Brasil no contexto internacional, para, em seguida, definir 21 objetivos condensados em 21 ações prioritárias. O documento encerra conclamando um "novo pacto social", como condição para a sua efetivação.

Ao agarrar a particularidade brasileira, buscamos identificar e analisar o pensamento empresarial brasileiro, através da Confederação

---

11. Grifos nossos.
12. *Agenda 21 global*. Capítulo 1 (preâmbulo), item 1.6, p. 1.
13. *Agenda 21 brasileira*: resultado da Consulta Nacional. Bezerra, Maria do Carmo Lima; Facchina, Marcia Maria e Ribas, Otto Toledo. Brasília, MMA/PNUD, 2002. Disponível em: <mma.gov.br>. Acesso em: 15 mar. 2006

Nacional da Indústria — CNI[14] e o dos trabalhadores, este último expresso nas resoluções de congressos e plenárias nacionais da Central Única dos Trabalhadores — CUT.[15] A opção por estas duas entidades justifica-se pela inconteste representatividade que desfrutam tanto em suas bases corporativas quanto no diálogo com a sociedade, como sujeitos políticos; mais: ambas as representações de classe vêm desenvolvendo ações socioambientais que informam a lógica de suas apreensões da temática[16].

Para o tratamento dos dados pesquisados utilizamos o método *análise de conteúdo*, no qual a informação surge da apreciação objetiva da mensagem. Parte-se do conteúdo manifesto dos documentos, a fim de desvelar o seu conteúdo latente (Triviños, 1987). Este movimento caracterizou-se pela leitura e análise dos textos, a partir da utilização das categorias analíticas anteriormente elencadas, o que viabilizou identificar as articulações entre os conteúdos expressos e o seu significado histórico-ontológico.

É certo que a larga repercussão que adquire o Desenvolvimento Sustentável foi mediada pelas mobilizações da sociedade, tanto através de suas representações de classe como pela via das organizações não governamentais, particularmente aquelas que tiveram as suas trajetórias fincadas nas lutas ambientalistas. Embora não tenha sido objeto desta pesquisa — dada a impossibilidade de abarcá-las em sua amplitude — fato é que as ONGs vêm cumprindo importante papel no impulsionamento de ações socioambientais, seja diretamente através de parcerias com o poder público na execução de programas e projetos seja

---

14. Indústria Sustentável no Brasil. Agenda 21: cenários e perspectivas. CNI, 2002. Disponível em: <www.cni.org.br>. Acesso em: 10 maio 2006.

15. Trata-se de uma compilação de resoluções de Congressos e Plenárias da CUT, disponíveis em <www.cut.org.br>. Acesso em: 10 out. 2006, realizados em diversos anos. Por esta razão, os fragmentos citados no decorrer deste trabalho não apresentam os anos de publicação.

16. A CUT instituiu uma "Agência de Desenvolvimento" orientada pelos princípios da sustentabilidade e do solidarismo, a qual tem impulsionado diversos programas e ações em níveis estaduais e municipais. A CNI, por sua vez, orienta as ações empresariais na área de meio ambiente, através de publicações, de fóruns de debates e de assessoramento aos seus associados. Disponível em: <www.cni.org.br>. Acesso em: 12 jul. 2007.

através da participação em movimentos e lutas sociais em defesa do meio ambiente.[17]

Segundo Magera (2003), no Brasil estas organizações possuem agendas políticas e de intervenção pautadas pelas orientações dos organismos internacionais, através da afirmação de alguns princípios norteadores de uma postura "ambientalmente sustentável", quais sejam:

a) Parceria e fortalecimento dos setores da sociedade comprometidos com o desenvolvimento sustentável, tanto públicos quanto privados;

b) Aproximação da política ambiental brasileira com as políticas dos países "desenvolvidos";

c) Incentivos e parceria com setores empresariais que se orientem pelo princípio da preservação e da sustentabilidade ambiental;

d) Estímulo a um debate mais amplo sobre os mecanismos mais eficazes de proteção ambiental, incluindo-se os mecanismos de mercado (selos, certificações, gestão empresarial ambiental etc.);

e) Estímulo ao aumento dos padrões ambientais exigidos para a exportação aos mercados europeu e norte-americano;

f) Apoio ao uso de tecnologias que transformem os processos produtivos, tornando-os "ecologicamente corretos".

Conforme vimos sinalizando, o Desenvolvimento Sustentável comparece na agenda pública como expressão das iniciativas voltadas à instituição de mecanismos de controle da relação entre sociedade e natureza e encontra-se amplamente disseminado na plataforma política das organizações governamentais e não governamentais, entidades de classe, partidos políticos, fundações empresariais, entre outros.

Neste sentido, traçamos como *objetivo central deste trabalho analisar a concepção de Desenvolvimento Sustentável como mecanismo de enfrentamento*

---

17. Vide trabalho de dissertação intitulado "Capitalismo contemporâneo, produção destrutiva e meio ambiente: a direção social dada pelas organizações da sociedade civil ao trato da problemática do "lixo" urbano"— Departamento de Serviço Social — DSS/UFPE, sob orientação da profa. dra. Ana Elizabete Mota s/ed.

da "questão ambiental", realizando um exame crítico desde a sua colocação pelas agências internacionais, a sua conversão em programa de ação e, por fim, a sua instituição como prática de classe.

Para a consecução desta finalidade, dotamo-nos de alguns objetivos específicos:

a) Analisar os fundamentos da "questão ambiental" bem como as principais teses explicativas desta;

b) Identificar as principais alternativas de enfrentamento à "questão ambiental";

c) Problematizar a relação entre sustentabilidade econômica, social e ambiental;

d) Identificar as estratégias de implementação do Desenvolvimento Sustentável, presentes nos documentos estudados.

A definição destes objetivos assentou-se no entendimento de que, conhecer o conteúdo conceitual do Desenvolvimento Sustentável poderia ser revelador do papel ideopolítico que o termo vem desempenhando no sentido da formação de uma cultura preservacionista e terreno fecundo para a constituição de uma ideologia[18].

Em síntese, a pesquisa nos propiciou duas aproximações ao objeto. Em um primeiro momento, os dados evidenciaram que a sustentabilidade ambiental se faz a partir de uma insustentabilidade social à medida que afeta de forma diferenciada as classes sociais; a seguir, em um contexto de maior aproximação, identificamos que o Desenvolvimento Sustentável configura uma alternativa à "questão ambiental", diante da necessidade de manutenção do capitalismo, mas não a supera. Estas conclusões forneceram a chave para o refinamento dos demais dados pesquisados de modo a permitir a exposição da questão investigada como uma síntese deste processo de aproximação à realidade.

Este trabalho está exposto em três capítulos:

---

18. Segundo Mészáros (2004), "a ideologia não é uma ilusão nem superstição religiosa de indivíduos mal-orientados, mas uma forma específica de consciência social, materialmente ancorada e sustentada na sociedade de classes" (p. 65).

No primeiro capítulo estão repostas as bases fundantes da "questão ambiental". Apontamos as suas protoformas crivadas na apropriação privada dos elementos naturais e a conversão destes em fatores de produção, mediada pelo uso da ciência e da tecnologia; moto-contínuo, recuperamos o debate sobre a "questão ambiental", a partir dos principais matizes do pensamento ambientalista.

No capítulo seguinte, contextualizamos as principais manifestações da "questão ambiental" e as alternativas adotadas pelo Estado e pelas classes sociais, no seu enfrentamento. Neste sentido, destacamos a gestão ambiental, caucionada no discurso da sustentabilidade como ferramenta privilegiada do capital e do próprio Estado, no sentido de promover a consolidação de uma cultura ambientalista, cujo cerne é a defesa da preservação da natureza, desde que se mantenham intocados os pressupostos da acumulação de capitais.

A análise do Desenvolvimento Sustentável, a partir do conteúdo proposto pelas agências internacionais e pelas organizações brasileiras representativas de suas classes fundamentais, integra o conteúdo do terceiro e último capítulo. Neste ponto, analisamos os elementos conceituais expressos nos textos e sua relação com os projetos societários que portam, a partir da problematização das dimensões ambiental, social e econômica da sustentabilidade, momento em que identificamos tanto as profundas limitações que o conceito expressa diante dos objetivos que se propõe quanto as contradições entre as dimensões que o integram.

Por fim, esboçamos as principais conclusões a que chegamos a partir da análise dos dados obtidos. No decurso deste trabalho damos por suposto que o apelo à sustentabilidade e a ampla legitimação que obteve o conceito de Desenvolvimento Sustentável deriva do tratamento fetichizante que vem sendo adotado, esmaecendo-se o conteúdo classista da problemática ambiental e de suas possibilidades de superação. A apreensão por múltiplos segmentos da sociedade — inclusive da mídia — do ideário da sustentabilidade tem manifestado uma notável simplificação no trato desta temática, cujo fundamento último é a inexistência de um questionamento quanto aos determinantes essenciais da "questão ambiental", remetendo aos indivíduos, isoladamente, a responsabilidade pela superação desta.

Decerto que a visibilidade adquirida pela temática ambiental no início deste milênio constitui uma necessidade, um componente indispensável na formação das atuais e futuras gerações; no entanto, a pseudocriticidade que a norteia acaba por sedimentar o terreno para a sua conversão em mais uma peça ideológica. Na esteira de um discurso que apregoa a adoção de práticas "ecologicamente corretas" ocultam-se os reais determinantes da "questão ambiental": o sociometabolismo do capital e a impossibilidade de superação da produção destrutiva pelas vias do progresso técnico.

Por fim, chama-nos a atenção o fato de que as práticas desenvolvidas sob o manto da sustentabilidade, ainda que produzam efeitos que atenuem o ritmo da degradação ambiental, o fazem mantendo intactos os seus determinantes, tanto na sua relação com o meio ambiente quanto na forma de utilização (e descarte) da força de trabalho, de tal sorte que a barbarização da vida social e exacerbação da "questão ambiental" integram as contradições centrais de nossa época e manifestam a imanente destrutividade do modo de produção capitalista.

Capítulo 1

Capitalismo e destrutividade: produção e reprodução da "questão ambiental"

1.1 A propriedade privada e os fundamentos da "questão ambiental"

Sob o signo do capital, a humanidade vem aprofundando sua trajetória de destruição da natureza, em níveis cada vez mais inquietantes. As evidências deste processo encontram-se na escassez dos recursos não renováveis, nos níveis de aquecimento planetário, nos efeitos catastróficos dos dejetos industriais e poluentes diversos, na produção incessante de mercadorias descartáveis, numa demonstração inconteste de que o modo de produção capitalista não exerce um domínio adequado e planejado da natureza, revelando uma contradição crescente entre as necessidades de expansão da produção e as condições do planeta para prover esse desenvolvimento.

A dinâmica destrutiva do sistema se mantém e se aprofunda a despeito do avanço das discussões sobre a necessidade de preservação/conservação dos bens naturais e dos investimentos realizados neste campo, seja através da adoção de novas tecnologias, da intensificação dos processos de educação ambiental ou mesmo da incorporação de indicadores socioambientais nas atividades mercantis, como expressão das iniciativas de integração de fatores econômicos, ambientais e sociais nas estratégias de negócio das empresas. Relatório produzido por 1.350 especialistas a pedido da ONU vê declínio nos ecossistemas globais.[1]

Este estudo representa um ponto importante no debate sobre a "questão ambiental", visto que aponta a ação humana, o consumo irracional dos recursos naturais[2] como causa fundamental da insustentabilidade no planeta. O resultado, segundo os pesquisadores, é um colapso futuro na capacidade do planeta de fornecer recursos naturais aos seres humanos, cujo primeiro efeito prático deve ser a impossibilidade de atingir as metas das Nações Unidas de combate à fome em 2015.

O relatório conclui:

> O cerne desta avaliação constitui um aviso simples, mas primordial: as atividades humanas estão exaurindo as funções naturais da Terra de tal modo que a capacidade dos ecossistemas do planeta de sustentar as gerações futuras já não é mais uma certeza. (...) Neste período de consumo sem precedentes das provisões gentilmente oferecidas por nosso planeta, chegou a hora de verificar as contas e é isso que esta avaliação fez. Ela constitui um balanço que, sobriamente, aponta muito mais números em vermelho no final das contas. (...) Quase dois terços dos serviços oferecidos pela natureza à humanidade estão em rápido declínio em todo o mundo. (...) Em muitos casos, estamos literalmente vivendo uma "prorrogação de jogo" (...) Os custos disso já se fazem sentir, geralmente por aqueles que estão longe de se beneficiar desses serviços naturais. Se não nos conscientizarmos de nossa dívida e evitarmos que ela aumente, colocaremos em perigo os sonhos de cidadãos em todo o mundo de acabar com a fome, pobreza extrema e doenças.[3]

---

1. De 2001 a 2005, sob a égide da ONU, 1.350 cientistas de 95 países, inclusive o Brasil, produziram o diagnóstico mais completo já feito da saúde dos ecossistemas e de sua relação com a manutenção da vida humana. O documento final é intitulado "Vivendo além dos nossos meios".

2. *Recurso* é tudo a que o homem recorre da Natureza para satisfazer suas necessidades. Neste sentido, é componente do ambiente (relacionado com frequência à energia) utilizada por um organismo e qualquer coisa obtida do ambiente vivo e não vivo para preencher as necessidades e desejos humanos. Se os recursos naturais, após seu uso, voltarem a estar disponíveis, são renováveis; caso contrário, são não renováveis. Dulley, R. D. Noção de natureza, ambiente, meio ambiente, recursos ambientais e recursos naturais. Disponível em: <www.iea.sp.gov.br>. Acesso em: 15 ago. 2008.

3. ONU. "Vivendo além dos nossos meios". Disponível em: <www.cebds.org.br>. Acesso em: 22 jan. 2007.

Caucionado na perspectiva da mensuração econômica dos efeitos da degradação ambiental, este documento discute a internalização (monetária) das externalidades (custos ambientais) via mercado,[4] ao mesmo tempo que problematiza a ausência de instrumentos econômicos e sociais passíveis de favorecer o equacionamento entre desenvolvimento econômico e preservação da natureza. Assim, os referidos cientistas afirmam que a "degradação dos serviços[5] de ecossistemas representa a perda de um ativo". Como tal perda não aparece na balança comercial, países como o Equador, o Cazaquistão e a Etiópia, que tiveram um aumento de seu PIB em 2001 e experimentaram a destruição de florestas e recursos energéticos, teriam na verdade prejuízo caso o "passivo ambiental" fosse incluído. Mesmo assim, os custos associados à perda de alguns desses "serviços" já se fazem sentir.[6] E prejuízos econômicos causados por desastres naturais no mundo cresceram dez vezes de 1950 a 2003, ainda segundo o relatório.

Esta tendência destrutiva do capital reside em sua natureza mesma, como "contradição viva": ao subordinar a produção aos imperativos da

---

4. "As externalidades são geradas quando a produção ou consumo de um agente econômico, seja produtor ou consumidor, é perturbada ou beneficiada pelas atividades de outro agente. Quando um agente, intencionalmente ou não, gera benefícios (ganhos de bem-estar, aumento de rendimentos) para outro, sem receber uma compensação monetária em troca, diz-se que está gerando uma externalidade positiva. Externalidades negativas, ao contrário, ocorrem quando um agente impõe custos (perda de bem-estar, redução de rendimentos) a terceiros e não os recompensa monetariamente" (Denardin, 2003, p. 9).

5. Serviços ambientais ou naturais são aqueles prestados pelos ecossistemas naturais e pelas espécies que os compõem na sustentação e preenchimento das condições para a permanência da vida humana na Terra. Entre os serviços ecossistêmicos destacam-se os de "suporte à vida" (Daily, apud Denardin, 2003). O autor toma como exemplo os polinizadores que fornecem um "serviço" essencial ao ecossistema e trazem inúmeros benefícios à sociedade, através do seu papel na produção de alimento e da agricultura, além de melhorias nos meios de subsistência e na conservação da diversidade biológica. Este conceito origina-se da chamada "Economia Ecológica", campo transdisciplinar de conhecimento, construído a partir da ciência econômica, propondo-se à integração entre economia e ecologia e destas com as ciências sociais e demais disciplinas a fim de repensar a natureza das atividades humanas e seus efeitos negativos ao meio ambiente. Adiante, produziremos uma crítica a esta vertente do pensamento.

6. Os pescadores de bacalhau da Terra Nova, no Canadá, tiveram de parar de trabalhar nos anos 1990 pelo esgotamento do peixe, com prejuízo de US$ 2 bilhões. No Reino Unido, os prejuízos causados pela agricultura à água, ao solos e à biodiversidade em 1996 foram de US$ 2,6 bilhões, ou 9% da receita agrícola do país na década de 1990, afirma o relatório.

acumulação, o capitalismo não pode sustentar-se indefinidamente, sem que os avanços tecnológicos e científicos por este obtidos resultem em crescente perdularidade e destruição. O assombroso aumento da produtividade do capital o faz senhor e voraz devorador dos recursos humanos e materiais do planeta para, em seguida, retorná-los como mercadorias de consumo de massa, cada vez mais subutilizados ou, diretamente, como armamentos com imenso poder destrutivo.

Cálculos do Fundo Mundial para a Natureza — WWF são bastante ilustrativos desta tendência. Segundo esta organização ambientalista, os 15% mais ricos da humanidade, aí incluídos os segmentos mais abastados das classes dominantes dos países subdesenvolvidos, consomem energia e recursos em nível tão alto que providenciar um estilo de vida comparável para o restante da população mundial implicaria a utilização de 2,6 planetas iguais à Terra.

Decerto que os níveis de degradação ambiental nas sociedades anteriores ao capitalismo não chegaram a configurar um quadro de ameaças à sustentabilidade planetária, tendo em vista que o objetivo precípuo da produção não residia na formação do excedente com vistas ao mercado e, consequentemente, à obtenção do lucro. O baixo nível de eficácia da técnica, observado nas sociedades que antecederam o mundo burguês — para as quais a natureza aparece como uma fonte de magia e de mistérios — não possibilitou o efetivo domínio da natureza. Na base deste fenômeno encontravam-se as formas sociais de organização da produção — seja com trabalho escravo ou servil —, as quais não estimularam o desenvolvimento das forças produtivas[7].

Referindo-se à antiguidade clássica, diz Foladori (2001a):

---

7. As forças produtivas abarcam o conjunto dos elementos destinados à produção de bens em uma dada sociedade, de modo a assegurar a satisfação de suas necessidades. Compõe-se de: a) *os meios de trabalho* — tudo de que o homem lança mão para realizar o seu trabalho (instrumentos, as ferramentas, instalações, entre outros, acrescido da terra); b) *os objetos de trabalho* — fragmentos da natureza, seja em sua forma original ou já modificada pelo trabalho humano, sobre os quais incide a atividade laboral; c) *as forças de trabalho* — as potências humanas utilizadas no processo de trabalho, as quais se valem dos meios de trabalho para modificar os objetos de trabalho em bens socialmente úteis. Vale destacar o papel central que ocupa a energia humana empregada no processo de trabalho para a viabilização mesmo, sendo esta uma "força produtiva especial" (Netto e Braz, 2006). A discussão sobre as forças

O fato de que o trabalho fosse trabalho escravo e, portanto, desprovido de interesse para o trabalhador fazia com que os meios de trabalho fossem permanentemente deteriorados; não havia interesse pela inovação tecnológica (...) a ponto de os avanços nos conhecimentos pouco se traduzirem em avanços concretos nas forças produtivas (...) (p. 105).

A despeito de o domínio da terra, anterior ao sistema do capital, representar um "poder estranho que impera sobre os homens" (Marx, 2004), no mundo feudal este se reveste de um caráter político, do qual derivam os poderes de seu proprietário, cujos bens não se encerram na própria terra: a história da família e da casa constitui uma propriedade una, submetida à regulamentação do senhor, o qual define os direitos políticos em sua jurisdição e assegura a dominação sobre os camponeses.[8]

O autor ressalta:

> O senhor não procura tirar a maior vantagem possível de sua terra. Consome antes o que nela existe e deixa tranquilamente aos servos e arrendatários o cuidado da produção. Esta é a condição aristocrática da propriedade que reflete sobre os seus senhores uma glória romântica (p. 106).

O elemento definidor deste modo de produção — assim como dos anteriores — é o fato de o trabalho não ser realizado com vistas à obtenção de valor. O excedente produzido destina-se às trocas, com o fim de assegurar a manutenção do trabalhador individual e de sua família, além da comunidade onde se insere. A riqueza não constituía o objetivo da produção, um fim em si mesmo. Assim sendo, é possível afirmar que nas formas sociais assentadas na propriedade da terra e na agricultura como base do ordenamento econômico, prevaleceu a produção de valores de uso, sendo a reprodução dos indivíduos e de sua comunidade o fim último da produção.

---

produtivas e seu lugar no desenvolvimento histórico constitui um dos mais importantes aspectos da tradição marxista, o qual será analisado adiante.

8. "Existe a aparência de uma mais íntima vinculação entre o proprietário e a terra do que acontece com a posse da *mera* riqueza" (Marx, 2004, p.106).

A economia mercantil subverte inteiramente esta ordem. No percurso de seu desenvolvimento histórico, o capital centraliza os meios de produção, converte-os (de meios individuais de produção) em meios sociais, conferindo natureza social ao processo produtivo,[9] o qual passa a realizar-se a partir de uma "coletividade de homens", postos em atividade de forma articulada.

De acordo com Engels (1988):

> O papel histórico do modo capitalista de produção e de seu portador — a burguesia — consistiu precisamente em concentrar e desenvolver os dispersos e mesquinhos meios de produção, transformando-os nas poderosas alavancas produtoras dos tempos atuais (...) E com os meios de produção transformou-se a própria produção, deixando de ser uma cadeia de fatos individuais para se converter numa cadeia de atos sociais e os produtos transformaram-se de produtos individuais em produtos sociais (p. 56-57).

Este movimento ocorre mediante a instauração de novas relações sociais de produção,[10] cujo traço fundamental é a propriedade privada dos meios de produção e do produto do trabalho social. Neste sentido, a burguesia rompe com a atomização do trabalho própria aos períodos anteriores — impulsionando dramaticamente o desenvolvimento das forças produtivas — mas mantém e aprofunda o caráter privado da propriedade, posto que se faz proprietária não apenas dos meios de produção, mas se apropria, diretamente, do trabalho alheio. Esta contradição atravessa o conjunto da sociedade capitalista e "encerra em germe todo o

---

9. Anteriormente à produção capitalista "os meios de trabalho — a terra, os instrumentos agrícolas, a oficina, as ferramentas — eram meios de trabalho individual, destinados unicamente ao uso individual e, portanto, forçosamente mesquinhos, diminutos, limitados (...) mas pertencentes, em geral, ao próprio produtor" (Engels, 1988, p. 56).

10. Estas implicam *relações técnicas*, que manifestam um certo grau de organização social e técnica do processo de trabalho a qual se subordina às *relações sociais*. São estas que definem o regime de propriedade dos meios de produção fundamentais. Ambas as dimensões das relações sociais de produção manifestam, historicamente, a forma como a humanidade se relaciona entre si e com a natureza (Netto e Braz, 2006). Desta feita, não devem ser tomadas como dimensões apartadas, estanques. Vale destacar que as relações de produção não se resumem às relações de propriedade (embora sejam estas fundamentais), mas estendem-se ao conjunto das relações sociais.

conflito dos tempos atuais (...). E quanto mais o novo modo de produção se impõe (...) maior é a evidência com que se revela a incompatibilidade entre produção social e apropriação capitalista" (Engels, 1988, p. 59).

A instituição da propriedade nas mãos da burguesia, denominada por Marx (1977a) "Acumulação primitiva", supõe, por um lado, um amplo processo de expropriação das terras dos camponeses e do acesso destes aos meios de produção e, por outro, a criação de um enorme contingente de proletários nas cidades, expulsos do campo, disponíveis à exploração capitalista.[11] A propriedade agrária, submetida aos desígnios do capital, se converte em mercadoria, objeto de especulação: é a natureza servindo aos propósitos da acumulação; moto-contínuo, a relação entre proprietário e trabalhador resume-se à exploração manifesta na compra e venda da força de trabalho. Estão, assim, lançadas as bases da organização da produção capitalista.

Ainda de acordo com este autor:

> A essência do sistema capitalista está, pois, na separação radical entre o produtor e os meios de produção. Esta separação torna-se cada vez mais acentuada e numa escala progressiva, desde que o sistema capitalista se estabeleceu; mas como esta separação constituía a sua base, ele não se poderia estabelecer sem ela. Para que o sistema capitalista viesse ao mundo foi preciso que, ao menos em parte, os meios de produção já tivessem sido arrancados sem discussão aos produtores, que os empregavam para realizar o seu próprio trabalho; que esses meios de produção se encontrassem já nas mãos dos produtores comerciantes e que estes os empregassem para especular sobre o trabalho dos outros (p.14).

Todo esse percurso, que coloca as forças produtivas sob o jugo do capitalista, não se dá mediante grandes inovações tecnológicas ou transformações nos meios de trabalho; antes, sob o capital, o sentido último da produção é a valorização do valor: o processo de trabalho deixa de ser

---

11. A "acumulação primitiva", em síntese, supunha o cercamento das terras comuns, o surgimento das grandes propriedades e o deslocamento maciço de camponeses à cidade para formação do proletariado urbano.

meio para realização do trabalho para se constituir em meio de exploração do trabalhador, o qual realiza sua atividade para o capitalista e sob o comando deste: "O processo de trabalho subsume-se no capital (é o processo do próprio capital) e o capitalista entra nele como dirigente, guia; para este é ao mesmo tempo, de maneira direta, um processo de exploração do trabalho alheio. É isto que denomino subsunção formal do trabalho no capital" (Marx, 1978, p. 87).

Este movimento, essencialmente concentrador de riquezas, altera, radicalmente, as relações entre sociedade e natureza. Ao adotar como objetivo da produção a formação de excedentes para o mercado com fins de obter lucro, a burguesia institui a concorrência e a competitividade como valores essenciais às práticas econômicas e impulsiona o desenvolvimento das forças produtivas como contraface da apropriação do trabalho alheio, inaugurando também uma nova etapa na relação com o meio ambiente[12]. Do domínio da terra passa-se, então, ao domínio da natureza (em escala planetária) e da própria humanidade.

Foster (2005) argumenta:

> Todo o processo de acumulação primitiva (...) teve profundas implicações ecológicas. Já sob a forma de propriedade feudal, a terra tinha sido transformada no "corpo inorgânico de seus senhores". No capitalismo, com a consequente alienação da terra (e da natureza), o domínio do homem sobre o homem estendeu-se: a terra como o homem tinha se reduzido ao nível de um "objeto venal" (p. 229).

Em uma contenda com as ideias feuerbachianas acerca da relação entre a "essência" do homem, suas condições de existência e sua atividade ante a natureza, Marx (1980) remete esta questão à lógica prevalecente do capital "que tudo abarca e domina", em função da obtenção de crescentes ganhos de lucratividade, pouco lhe importando as sequelas deste movimento:

---

12. Vale lembrar que a expansão mercantilista e o estabelecimento do sistema colonial ergueram-se em base à pilhagem de recursos minerais, como o ouro e a prata, além de vegetais e animais, arrasando, ao mesmo tempo, com o modo de vida dos povos pré-capitalistas.

Feuerbach nunca fala do mundo dos homens e se refugia na natureza exterior, na natureza que o homem ainda não controlou. Mas, cada invenção nova, cada progresso da indústria faz tombar um pouco esta argumentação (feuerbachiana), e o campo onde nascem os exemplos que permitem verificar as afirmações daquele gênero, diminui cada vez mais. A essência do peixe, para retomar um dos exemplos de Feuerbach, corresponde exatamente ao seu "ser", à água, e a "essência" do peixe de rio será a água desse rio. Mas essa água deixa de ser a sua essência e transforma-se num meio de existência que não lhe convém, a partir do momento que passa a ser utilizada pela indústria e fica poluída por corantes e outros desperdícios, a partir do momento em que o rio é percorrido por barcos a vapor ou em que o seu curso é desviado para canais onde é possível privar o peixe do seu meio de existência, pelo simples ato de cortar a água (p. 55).

Segundo Cheisnais e Serfati (2003), além da expulsão dos campesinos da terra e a submissão da atividade agrícola à lógica mercantil, dois mecanismos complementam o processo de fundação das bases do modo de produção burguês e das formas de dominação que lhe são imanentes: a propriedade privada dos recursos do subsolo, permitindo a apropriação das rendas, e a gratuidade dos demais recursos naturais.

Dizem os autores:

> Os elementos do mundo natural, outros que a terra e o subsolo, inicialmente abundantes em demasia para serem submetidos, como hoje, a um mecanismo de apropriação ou de exploração privada — a água, o ar e, por extensão a biosfera — seriam inesgotáveis e, portanto, gratuitos (p. 41).

Decerto que estes supostos, levados a termo pelo capital, acarretaram largas consequências para as gerações futuras. O uso indiscriminado desses recursos é apontado por estudiosos e especialistas como causas fundamentais da "questão ambiental". O domínio da tecnologia em mãos do capital possibilitou-lhe apropriar-se, gradativa e gratuitamente, desses recursos, de tal sorte que acabaria por evidenciar a fragilidade do princípio da infinitude destes.[13]

---

13. Este princípio origina-se da ciência econômica e sua vertente denominada Economia Ambiental. Para esta vertente, considerada "neoclássica", os recursos naturais ora não existiam em suas análises econômi-

Sob essas bases, o modo de produção capitalista promove a ruptura na "relação metabólica", de que falava Marx, entre homem e natureza, como expressão da alienação material dos seres humanos do processo de transformação dos elementos naturais em bens sociais necessários à sua própria manutenção.

Em obra primorosa — *Manuscritos Econômicos e Filosóficos* — este autor desvela os fundamentos da complexa relação entre sociedade e natureza, destacando a estreita dependência que a funda (2004, p. 116):

> A natureza é o corpo inorgânico do homem, ou seja, a natureza na medida em que não é o próprio corpo humano. O homem vive da natureza, ou também a natureza é o seu corpo, com o qual tem de manter-se em permanente intercâmbio para não morrer. Afirmar que a vida física e espiritual do homem e a natureza são interdependentes significa apenas que a natureza se inter-relaciona consigo mesma, já que o homem é uma parte da natureza (p. 116).

Mas este "metabolismo" obedece a uma especificidade essencial: a humanidade diferencia-se, gradativamente, do mundo natural pelo trabalho. A espécie humana, ao contrário dos demais seres vivos, relaciona-se com a natureza mediada pelas relações que estabelece entre seus semelhantes para produzir os meios necessários à satisfação de suas necessidades: as relações sociais de produção. Afigura o trabalho uma mediação essencial desta relação, uma vez que, através deste, o homem se apropria da natureza, submetendo-a, modificando-a, ao passo que cria os meios para reprodução da vida e da sociedade. O trabalho constitui, assim, dimensão fundamental da sociabilidade humana visto que possibilita uma "dupla transformação": à medida que intervém na natureza, transformando-a, o homem transforma a si próprio. "Ao atuar por meio deste movimento sobre a natureza externa a ele e ao modificá-la, ele modifica, ao mesmo tempo, sua própria natureza..." (Marx, 1988, p. 142).

---

cas (as matérias-primas apenas apareciam no cálculo monetário), ora apareciam mas de forma "multiplicativa, tendo-lhes assegurado o suposto da 'substitutibilidade perfeita', ou seja, tudo se passa como se o sistema econômico fosse capaz de se mover suavemente de uma base de recursos para outra, à medida que cada uma é esgotada, sendo o progresso científico e tecnológico a variável-chave para garantir que esse processo de substituição não limite o crescimento econômico" (Romeiro, 2003, p. 7).

Em notável obra *A dialética da natureza*, Engels (1978) enfatiza o papel do trabalho no processo de constituição do ser social, como condição básica e fundamental de toda a vida humana. Ao se constituir como ato intencional, o trabalho possibilita ao homem imprimir na natureza a marca de sua vontade, diferentemente dos demais seres vivos. Estes agem sobre a natureza desprovidos de intencionalidades, tão somente guiados pelos impulsos de sobrevivência, de tal sorte que as alterações que promovem no seu entorno resultam de uma ação involuntária, acidental. Por sua vez, quanto mais o homem se diferencia dos animais, pelo trabalho, mais expressiva se faz a sua influência sobre o meio ambiente, e tanto mais modifica a si mesmo e a natureza.

Para este autor:

> Só o que podem fazer os animais é utilizar a natureza e modificá-la pelo mero fato de sua presença nela. O homem, ao contrário, modifica a natureza e a obriga a servir-lhe, domina-a.[14] E aí está, em última análise, a diferença essencial entre o homem e os demais animais, diferença que, mais uma vez, resulta do trabalho (1978, p. 182).

Neste sentido, a autoconstrução do ser social, e sua crescente diferenciação em relação à natureza, resultam de um longo processo histórico no curso do qual vão se aprimorando os instrumentos e as técnicas; e, a cada nova descoberta que se generaliza, novas necessidades são geradas, impulsionando, por sua vez, novos processos de expansão do conhecimento, permitindo o alargamento das potencialidades humanas em transformar a natureza nos bens necessários ao seu próprio desenvolvimento.

Em poucas palavras:

> Todo ato de trabalho, sempre voltado para o atendimento de uma necessidade concreta, historicamente determinada, termina por remeter para

---

14. Podemos colocar em questão a expressão "dominação", embora seja plausível afirmar que a assertiva do autor a refuta como expressão das formas mercantis de relação entre sociedade e natureza, portanto, como relação instrumental. No entanto, poderíamos considerar mais adequado falar em "transformação", para falarmos como Loureiro (2006).

muito além de si próprio. Suas consequências objetivas e subjetivas não se limitam à produção do objeto imediato, mas se estendem por toda a história da humanidade (Lessa,1999, p. 24).

Remetemo-nos, assim, a uma relação de crescente *diferenciação* e de irrefutável *dependência*, posto que a vida em sociedade só é possível em relação com a natureza, desde as determinações da reprodução biológica dos indivíduos — cuja base natural se mantém apesar das inúmeras inferências propiciadas pelos avanços tecnológicos — até a inegável condição de que é pelo trabalho que se transformam fragmentos da natureza em bens utilizados no processo de reprodução da vida humana.

Por sua vez, a história da humanidade — fundamentada no trabalho como "atividade exercida exclusivamente pelos homens" — tem se constituído em crescente diferenciação em relação ao mundo natural, em permanente desenvolvimento do ser social, de forma a reduzir o peso das determinações naturais sobre o comportamento humano, permitindo, assim, à humanidade distanciar-se das formas mais primitivas de existência e constituir-se como ser genérico, universal.

> O animal identifica-se prontamente com a sua atividade vital. Não se diferencia dela. É a própria atividade. Mas o homem faz da atividade vital o objeto da vontade e da consciência. Possui uma atividade vital lúcida. Ela não é uma deliberação com a qual ele imediatamente coincide. A atividade vital lúcida diferencia o homem da atividade vital dos animais. Só por esse motivo é que ele é um ser genérico (...). O animal apenas reproduz a si mesmo, ao passo que o homem reproduz toda a natureza (Marx, 2004, p. 116-117).

A condição intencional da atividade humana tem propiciado a transformação da natureza em meio de reprodução material e espiritual da espécie, de tal sorte que a sua evolução se manifesta radicalmente como expansão das forças produtivas, avanço das potencialidades humanas e, fundamentalmente, como capacidade de edificação de diferentes formas de vida em sociedade, formas históricas que se sucedem, revelando graus superiores de complexificação, cujo elemento definidor é o modo de organização dos homens para a produção dos bens necessários à satisfação de suas necessidades. Por sua vez, é apenas através da ação humana que a natureza atinge maior nível de seu desenvolvimento como "potência", sendo as diversas formações socioeconômicas que se sucedem historicamente modos de automediação da natureza.

Em trabalho de notável repercussão no debate sobre a "Questão Ambiental" nos anos 1980, intitulado "O conceito de natureza em Marx", Schmidt afirma:

> À medida que os homens desatam "as potências adormecidas" na matéria natural, "liberam" esse material: ao transformar o morto em-si em um vivente para-nós, prolongam de certo modo a série dos objetos produzidos pela história natural e a prosseguem em um estado qualitativamente mais elevado. Mediante o trabalho humano, a natureza leva adiante seu processo de criação. O transtorno produzido pela práxis chega assim a adquirir uma significação não apenas social, mas também "cósmica" (1986, p. 84-85).

O aparecimento do excedente de produção e, com este, da sociedade de classes produz uma inflexão no processo de humanização do homem. A 'propriedade privada dos meios de produção conduz à alienação do trabalho, mediante a qual os produtos da atividade laboral passam a ser alheios a quem os produz, e a se transformarem em algo estranho, como um poder exterior que a tudo domina: *entre os homens e suas obras, a relação real que é a relação entre criador e criatura aparece invertida — a criatura passa a dominar o criador* (Netto e Braz, 2006, p. 44). Assim, para o trabalhador, o trabalho — como mediação fundante de sua relação com a natureza — deixa de ser meio de satisfação de sua própria necessidade para ser instrumento de satisfação de necessidades alheias; nele não se afirma, ao contrário, se nega, se embrutece, se animaliza.

O advento do modo de produção capitalista aprofunda e complexifica esta tendência, conforme sinalizamos anteriormente, à medida que altera, de modo decisivo, as relações entre sociedade e natureza. Inicialmente, o faz através da propriedade da terra, que deixa de ser fonte de subsistência; em seguida, apropria-se, gradativamente, dos instrumentos de trabalho — como mediadores da aplicação da sua capacidade de transformar a natureza — para, assim, apropriar-se do trabalho alheio, como mediação fundante da acumulação de riqueza.

Assim, Marx refere-se à ruptura da "relação metabólica" na qual o homem se apropria dos elementos naturais e, após o seu consumo, os devolve à natureza. À medida que essa troca de elementos entre as sociedades humanas e o meio natural passa a ser mediada pela produção de mercadorias, manifesta-se um dos traços mais destrutivos da sociedade do capital. A estreita unidade entre degradação ambiental e a alienação do trabalho evidencia-se, posto que ambas deitam raízes no modo de produção burguês e suas leis imanentes.

Sem dúvida, o modo capitalista de produzir se associa permanentemente à afirmação do poder do humano sobre a natureza e o incremento das múltiplas formas de seu "domínio". Por outro lado, o desenvolvimento das forças produtivas, sob os auspícios do capital, não tem como direção o alargamento dos horizontes do gênero humano e o estabelecimento de uma relação adequada e respeitosa para com a natureza. Os avanços científicos e tecnológicos que pretensamente seriam destinados à melhoria da vida no planeta se manifestam, contraditoriamente, como seu oposto: a natureza é submetida ao mais intenso processo de dilapidação da história, e quanto mais o trabalhador dela se apropria, mais esta deixa de lhe servir como meio para o seu trabalho e para si próprio.

É certo que a acentuação desta tendência é bem datada: a grande indústria, à medida que expressou uma revolução nos meios de produção, aprofundou a "ruptura metabólica". A necessidade do capital de repassar o valor das máquinas aos produtos no menor tempo possível, com vistas a evitar sua obsolescência, leva-o a buscar a intensificação do trabalho e o consequente aumento da produtividade, trazendo consequências tanto para a saúde e condições de vida do trabalhador quanto o emprego de práticas cada vez mais predatórias dos bens naturais, práticas estas favorecidas pelos avanços tecnológicos e científicos.

Marx enfatiza:

> A produção capitalista só desenvolve a técnica e a combinação do processo social ao minar, simultaneamente, as fontes de toda a riqueza: a terra e o trabalhador (1996, p. 133).

Em outra passagem de *O capital*, lê-se:

(...) está claro à primeira vista que a grande indústria tem de aumentar extraordinariamente a produtividade do trabalho mediante a incorporação de monstruosas forças da Natureza e das ciências naturais ao processo de produção (...). (1996, p. 19)

Um dos aspectos mais significativos da "ruptura metabólica" é a separação abismal entre agricultura e indústria. A indústria de larga escala e a agricultura sob bases industriais fecham um circuito de depredação da natureza e de exploração do trabalho. Se a indústria se esmera em consumir matérias-primas — portanto, fragmentos da natureza — devolve a esta os resíduos de sua produção (em forma de poluentes diversos), ao mesmo tempo em que dilapida o poder do trabalho; por sua vez, enquanto a agricultura retira a força natural do solo, debilita os trabalhadores. Assim, a indústria e o comércio fornecem os meios para a agricultura exaurir o solo. A agricultura intensiva, com a prática da monocultura, é, até os dias de hoje, reveladora desta tendência.[15]

A progressiva redução das populações rurais em detrimento do inchaço das cidades, especialmente nos países da periferia, revela, cotidianamente, a incapacidade de a indústria devolver ao solo, adequadamente, os nutrientes que lhe foram suprimidos; ao contrário, a irracionalidade dos sistemas de esgotamento — responsáveis por poluírem os rios e os mares — tem sido largamente utilizada. Assim, o problema do esgotamento do solo também se articula à poluição das cidades com o esgoto humano e animal. O antagonismo campo-cidade revela uma das expressões mais contundentes da "falha metabólica" e uma das faces mais dramáticas da reprodução da vida no planeta, posto que através

---

15. Estudiosos demonstram que centenas de sítios pequenos e biodiversos podem produzir entre duas e dez vezes mais por unidade de área do que as fazendas de grande escala. Nos Estados Unidos, os agricultores sustentáveis, em sua maioria pequenos e médios agricultores, geram uma produção total maior que os monocultivos extensivos, e fazem isso reduzindo a erosão e conservando melhor a biodiversidade. Altieri, Miguel A. Professor na Universidade da Califórnia (Berkeley), e é membro da Sociedade Científica Latino-Americana de Agroecologia (Socla). Disponível em: <www.agenciacartamaior.com.br>. Acesso em: 29 abr. 2008.

desta identifica-se uma sensível alteração deste mecanismo, violando-se, assim, a "condição natural da fertilidade permanente do solo".[16]

Decerto que a grande indústria concretiza o ideário moderno de "domínio da natureza", revelando a sistemática atividade do homem, a produção de sua vida e de suas condições sociais de existência. Dessa forma, a efetiva apropriação da natureza manifesta uma modalidade de desenvolvimento das forças produtivas, na qual os avanços científicos e tecnológicos subordinam-se às necessidades da acumulação capitalista. Assim, o desenvolvimento das forças produtivas porta uma contradição fulcral: ao mesmo tempo em que demonstra o imenso potencial de expansão dos horizontes do gênero humano, o faz mediante a degradação das condições de vida de largos segmentos das classes trabalhadoras e da dilapidação dos bens naturais, colocando em risco a reprodução da vida no planeta.

No prefácio à *Contribuição à crítica da economia política*, Marx (1999) lança as bases para a compreensão da intrincada rede que vincula forças produtivas e relações sociais de produção.[17] Esta articulação constitui uma chave explicativa da dinâmica das sociedades em diversos estágios de seu desenvolvimento, assim como das transformações que levam à superação de uma dada ordem social e sua substituição por outra mais complexa, com suas leis próprias.

Segundo este autor:

> Na produção social da própria vida os homens contraem relações determinadas, necessárias e independentes de sua vontade, relações de produção estas que correspondem a uma etapa determinada de desenvolvimento das

---

16. Marx, 1996, p. 132.

17. Apesar de tratar-se de um tema bastante controverso, a posição mais amplamente disseminada no interior do pensamento marxiano concebe a relação entre forças produtivas e relações de produção como de *correspondência* e de *contraditoriedade*. O primeiro caso implica que em um determinado grau de desenvolvimento das forças produtivas desenvolvem-se relações sociais de produção determinadas, que lhes correspondem dentro de um mesmo modo de produção; no entanto, à medida que as forças produtivas se expandem em ritmo mais acelerado que as relações de produção, gesta-se uma contradição crescente entre ambas, de tal sorte que as próprias relações de produção passariam a ser um entrave ao desenvolvimento das forças produtivas sociais, abrindo um período histórico de crise estrutural do sistema ou de "revolução social". Para conhecer a sistematização deste debate, ver Botomore (2001).

suas forças produtivas materiais (...) Em uma certa etapa de seu desenvolvimento, as forças produtivas materiais da sociedade entram em contradição com as relações de produção existentes ou, o que nada mais é do que a expressão jurídica, com as relações de propriedade dentro das quais aquela até então se tinham movido. De formas de desenvolvimento das forças produtivas essas relações se transformam em seus grilhões (p. 52).

Nestes termos, o capitalismo tardio manifesta uma crescente contradição entre forças produtivas e relações sociais de produção. O crescente desenvolvimento das forças produtivas, impulsionado pelo incremento tecnológico, entra em choque com as relações de produção, visto que, em certo estágio de desenvolvimento das forças produtivas, as relações capitalistas que lhe legaram as condições de seu próprio avanço converteram-se em obstáculos às exigências de expansão daquelas: tornaram-se estreitas demais para a riqueza que criou. Assim ironiza o autor de *O capital* (1998, p. 17): "A sociedade burguesa moderna, com suas relações de produção, de troca e de propriedade, é como um bruxo que já não controla os poderes do outro mundo por ele conjurado com seus feitiços".

Esta tendência se torna mais evidente nos momentos de crise quando as dificuldades e contradições do sistema questionam as bases de sua reprodução. Faz-se, assim, notória a crescente queima de forças produtivas, através das guerras, da dilapidação social da força de trabalho, da destruição de mercadorias, da degradação da natureza, entre outros.

Para Chesnais e Serfati:

As crises econômicas, as guerras, a elevação a um grau inédito do militarismo (que Rosa de Luxemburgo mostrava, já no início do século XX, ser "um campo de acumulação para o capital") nos países vencedores da Segunda Guerra Mundial indicam o modo pelo qual o capitalismo do século XX (o imperialismo) ultrapassou provisoriamente suas contradições, suas "próprias barreiras". Elas ergueram-se novamente, no final dos anos de 1960. São elas que o capitalismo vai buscar transpor, ao mesmo tempo, pela acentuação de suas agressões contra os trabalhadores e pela exploração cada vez mais insana de suas condições exteriores ambientais (2003, p. 66).

Sendo a destrutividade uma tendência do sociometabolismo do capital, nos estágios mais avançados de seu desenvolvimento histórico exacerbam-se tais condicionantes, tornando-se evanescentes todas as práticas produtivas que valorizem a durabilidade das mercadorias, ainda que isto se faça em detrimento da qualidade destas, de tal maneira que a instituição do desperdício não constitui uma anomalia ou excrescência do sistema, mas sua determinação imanente.

No desenvolvimento do processo histórico, os ganhos de produtividade, herdeiros das inovações tecnológicas e dos novos processos de gestão e consumo da força de trabalho, modificam o padrão de consumo e, em sua esteira, alteram-se também a utilização dos produtos a serem consumidos e os instrumentos destinados à produção destes. Assim, os avanços tecnológicos poderiam alterar, progressivamente, a relação entre a atividade destinada à produção de bens reutilizáveis ou duráveis e de bens imediatamente utilizados, em favor da primeira, o que possibilitaria ao gênero humano distanciar-se do reino da escassez, plasmado este na constante ameaça à sua reprodução física e biológica. Esta alteração no padrão de consumo afirma-se como condição precípua para a superação da subalternidade humana diante dos desígnios da natureza, sem a qual seria impossível supor novos patamares de desenvolvimento, efetivamente emancipatórios.

No entanto, a produção capitalista, à medida que promove o intenso desenvolvimento das forças produtivas, institui a "sociedade dos descartáveis", ou do "desperdício institucionalizado" como modo privilegiado de acelerar a velocidade de sua rotação, posto que a ampliação do círculo do consumo no interior da circulação é condição precípua para a realização do valor. Isto porque "a produção é, pois, imediatamente consumo; o consumo é, imediatamente, produção. Cada qual é, imediatamente, o seu contrário" (Marx, 1999, p. 32). Ao adotar a aceleração desenfreada nos ritmos de consumo como mecanismo que visa possibilitar novo impulso à produção, o sistema do capital impõe que uma gama cada vez maior de produtos, considerados anteriormente bens relativamente duráveis, deva ser descartada prematuramente.[18]

---

18. Este movimento, denominado "obsolescência programada", tem como objetivo a aceleração do tempo de rotação do capital.

Conforme Mészáros:

A sociedade se mantém como um sistema produtivo, manipulando até mesmo a aquisição dos chamados "bens de consumo duráveis" que necessariamente são lançados ao lixo (ou enviados a gigantescos ferros-velhos, como os "cemitérios de automóveis" etc.) muito antes de esgotada sua vida útil (2002, p. 642).

Decerto que a intensificação do consumo constitui uma das marcas mais relevantes da dinâmica societária atual, com larga presença no debate ambiental, em razão das profundas repercussões que causa sobre a natureza, seja no que diz respeito à crescente dilapidação dos recursos naturais, seja pela incomensurável produção de dejetos e resíduos diversos, promovendo a crescente saturação do planeta. Neste sentido, a desenfreada produção dos resíduos sólidos, bem como a sua utilização mercantil, devem ser apreendidas no interior das estratégias de realização do valor. Assim, "consumo e destruição vêm a ser equivalentes funcionais do ponto de vista perverso do processo de realização capitalista" (Mészáros, 2002, p. 679).

Mas a história do século XX revela que não é apenas o modo de produção capitalista que se desenvolve mediante uma contradição imediata com a natureza. Embora alguns estudiosos encontrem avanços na legislação ambiental nos países do "socialismo real",[19] a mídia demonstrou que a destrutividade constituiu importante mediação na relação com a natureza naqueles países, sendo o acidente da usina nuclear de Chernobyl, na Ucrânia, em 1986, um caso exemplar desta dinâmica. Em se tratando de uma experiência histórica de economia planificada, estas sociedades deveriam estabelecer bases de apropriação da natureza negadoras da alienação, tanto no nível das relações de trabalho quanto das formas de utilização dos recursos naturais.

No entanto, a subordinação dos países de "socialismo real" às regras do mercado internacional impunha àqueles as exigências da competiti-

---

19. Estudo realizado em sete países da Europa do Leste (Polônia, República Checa, Eslováquia, Hungria, Bulgária, Romênia e Albânia) demonstrou que a degradação da natureza não era constante e homogênea e que as legislações ambientais desses países apresentavam limites de contaminação muito mais severos do que no Ocidente (Pvlinek e Pickles, *apud* Foladori, 2005, p. 103).

vidade e da eficiência econômica, próprias do mundo capitalista. Neste campo se inseriam as tecnologias utilizadas nos processos produtivos, herdeiras do paradigma produtivista, degradantes em si mesmas.

Assim se manifesta Romero:[20]

> De certo modo, essa configuração é bastante adequada à perspectiva de construção do socialismo num só país, na qual havia a ideia de que as tarefas da revolução seriam essencialmente vinculadas ao máximo desenvolvimento econômico, reforçando a sacralidade do produtivismo presente no mundo ocidental (2007, p. 24).

Esta foi a perspectiva que orientou o desenvolvimento científico e tecnológico nos países do "socialismo real". "No capitalismo, a degradação estava comandada pela economia. No socialismo, a degradação estava comandada pela política que atuava, por sua vez, com o objetivo de igualar à economia capitalista" (Foladori, 2005, p. 103). Na realidade, trata-se de uma capitulação às pressões teóricas e políticas do sistema do capital e encontra-se na base das limitações que mantiveram as experiências mais avançadas de ruptura com a ordem burguesa presas ao paradigma produtivista e à sua destrutividade.

As experiências do "socialismo real", longe de reafirmarem a falência do pensamento de Marx e a sua pretensa embriaguez produtivista[21] — como deseja o pensamento pós-moderno —, podem ser reveladoras da impossibilidade histórica de superação das mazelas herdadas do capitalismo no plano local ou nacional, mantendo a subordinação aos imperativos do mercado em nível mundial.

O fim do século XX e o século em curso revelam para a humanidade toda a força destrutiva do sistema do capital ao mesmo tempo que oferecem uma demonstração das potencialidades humanas e da complexa sociabilidade que engendrou, cujas implicações mais evidentes são, a um

---

20. Trata-se, originalmente, de trabalho de dissertação realizado sob a orientação do professor Ricardo Antunes (IFCH-Unicamp) intitulado *Marx e a técnica: um estudo dos manuscritos de 1861-1863*. Ao apresentar esta obra, escreveu Antunes: "trata-se de um estudo aprofundado e cuidadoso das complexas relações entre ciência, técnica, trabalho e capital". Trabalho publicado pela editora Expressão Popular.

21. Esta polêmica será tratada no tópico 1.2 deste capítulo.

só tempo, a crescente diferenciação do homem ante a natureza e a reafirmação de sua dependência em relação àquela.

Os avanços "civilizatórios" legados pelo capitalismo são de grande magnitude: a "emancipação política", o desenvolvimento científico e tecnológico, a formação do mercado mundial — e seu significado para a relação entre os povos — promoveram uma profunda revolução no modo de vida da humanidade, que em muito suplanta os obscuros tempos da sociedade feudal. Mas o modo de ser burguês fez recair sobre uma parte significativa da sociedade, especialmente sobre aqueles "que vivem do trabalho", e sobre a natureza os custos da edificação de seu projeto de classe. O impulso "civilizatório" do capital parece fenecer.

Segundo Netto e Braz:

> Este é um capítulo da história que parece definitivamente encerrado: na entrada do século XXI, as relações sociais de produção burguesas ou *travam* o desenvolvimento das forças produtivas ou, quando estimulam, *restringem* fortemente as suas potencialidades emancipatórias (2006, p. 244; grifos dos autores).

É neste contexto histórico — de profunda exacerbação das contradições sociais — que o capital engendra um conjunto de mecanismos para assegurar a sua reprodução, com notáveis repercussões sobre a "questão ambiental". A acentuação dos patamares de destrutividade manifestos no momento presente é reveladora das estratégias do sistema do capital no sentido do enfrentamento de sua crise de lucratividade, deflagrada em meados dos anos 1970 do século XX.[22]

O contexto de mundialização do capital, cuja essência é a supervalorização das práticas rentistas e sua busca por valorização em curtíssimo prazo, pressiona o conjunto da atividade econômica a fazer o mesmo. A

---

22. Trata-se de uma crise que perpassa toda a sociedade em escala mundial, atingindo não apenas a sua base material, da produção de mercadorias, mas adquire abrangência global, projetando-se ao nível da política, da cultura, da ideologia, colocando em xeque os fundamentos do consentimento de classe. Segundo Souza, esta crise expressa "(...) um elo do movimento de expansão do modo de produção capitalista em escala mundial — um elo através do qual se pôde operar uma transformação qualitativa das relações sociais sobre as quais se assentam as formas de dominação e de hegemonia da burguesia sobre as demais classes sociais" (1994, p. 30).

regra passa a ser a aceleração da rotação do "capital sobrevalorizado"[23] a fim de que ele possa retornar à sua forma original, podendo iniciar um novo ciclo de valorização. Evidentemente, este movimento tem contribuição decisiva na dilapidação dos bens naturais, assim como no aumento exponencial do lixo, especialmente nos grandes centros urbanos, conforme indicamos anteriormente.[24]

Resulta desta dinâmica do capital — que direciona os desenvolvimentos tecnológico e científico para a produção de bens de consumo efêmero e de armas de destruição — a acentuação da "questão ambiental", a qual mergulha a humanidade em um dilema que atravessa o conjunto da vida societal: ou promove a superação do sociometabolismo caucionado no valor de troca ou coloca em risco sua própria reprodução físico-biológica, assim como do conjunto da vida sobre o planeta.

1.2 A "questão ambiental" e o debate em curso

O debate em torno do meio ambiente ganha força na agenda de diversos segmentos da sociedade mundial, sobretudo nas décadas de 1970 e 1980 do século XX, na esteira da crise de reprodução do capital. Tão complexo quanto controverso, este tema revela um amplo leque de abordagens, que vai desde o ecofascismo até o ecossocialismo.[25] A despeito dos inúmeros matizes teóricos e políticos que compareçam no debate, trataremos, aqui, das polêmicas centrais, expressas na compreensão sobre a gênese dos problemas ambientais do tempo presente, bem como das alternativas propostas.

O elemento comum às diversas vertentes interpretativas é o reconhecimento de que a ação humana vem produzindo uma crescente depreda-

---

23. "O tempo de rotação do capital é determinado pela soma do tempo de produção e tempo de circulação. Quanto menor este tempo mais rapidamente o capital se valoriza" (Teixeira, 1995, p. 230).

24. "A descartabilidade provoca um volume global do aumento do lixo não orgânico em torno de 40% em todo o mundo e de até 60% nos países mais adiantados" (Barreira, 2004, p. 119).

25. Para uma compreensão mais acabada sobre a multiplicidade de opiniões neste campo, ver: Duarte (1986), Dupuy (1980), Bernardes e Ferreira (2003), entre outros. O campo marxiano tem oferecido fecundas contribuições a esse debate, contribuições estas que nortearão o conjunto deste trabalho.

ção da natureza, de consequências significativas para o futuro da humanidade. Este fenômeno, aqui tratado como "questão ambiental",[26] refere-se a um conjunto de deficiências na reprodução do sistema, o qual se origina na indisponibilidade ou escassez de elementos do processo produtivo advindos da natureza, tais como matérias-primas e energia e seus desdobramentos ideopolíticos. Em outras palavras, trata-se da incapacidade do planeta de prover, indefinidamente, os recursos necessários à reprodução da vida, em condições históricas e sociais balizadas pelo alto nível de produção e consumo.

Esta tendência adquire, cada vez mais, um caráter global. Diferentemente de momentos pretéritos, em que os efeitos destrutivos da produção industrial sobre a natureza se fizeram localizados (poluição de rios e mares, devastação de florestas, extinção de algumas espécies), no período atual estudos e pesquisas promovidas pelas mais diversas instituições científicas e agências multilaterais demonstram que a natureza evidencia sinais de esgotamento de suas potencialidades, obstaculizando[27] a expansão incessante da produção mercantil, seja pela via da escassez de matérias-primas, seja pela dimensão dos danos sociais, políticos e econômicos causados pela depredação ambiental e pela poluição.

Ainda que este processo se manifeste de maneira diferenciada, afetando mais ou menos alguns países ou ramos da produção, é certo que se intensifica a contenda em torno da temática ambiental, interpelando as classes sociais e segmentos de classe. As bases políticas e ideológicas deste movimento foram engendradas, desde o maio francês, através dos defensores da natureza e da agricultura biológica (Duarte, 1986).[28]

---

26. Vários autores se utilizam de designações como; "crise ecológica", "crise ambiental", "questão ambiental", "questão ecológica", "campo ambiental" (às vezes simultaneamente). Ver: Foladori (2001a, 2001b, 2005, 2007), Bihr (1999), Biolat (1977), Löwy (2000), Chesnais (2003), Foster (2005), entre outros. Não identificamos na literatura especializada uma teorização sobre a "crise", mas sim, uma farta discussão sobre a natureza desta, a qual problematizaremos em seguida.

27. Com isto não estamos afirmando que estes obstáculos sejam de caráter definitivo, posto que o sistema do capital tem desenvolvido inúmeras estratégias para atenuá-los, a exemplo da indústria de reciclagem, os créditos de carbono, as tecnologias limpas, entre outras.

28. Trata-se de dissertação de mestrado em filosofia da UFMG, intitulada *Marx e a natureza em O capital*, de larga repercussão no debate acadêmico no fim dos anos 1980, a qual "investiga em que me-

Na medida em que proliferam os movimentos ambientalistas,[29] revela-se o imenso fosso que os separa, agrupando-os em inúmeras correntes de pensamento *teórico e político*, levando Dupuy (1980) a falar na existência de uma "nebulosa ecológica".

Um dos pontos cruciais deste embate é a publicação, em 1972, pelo Clube de Roma,[30] do relatório *Limits to growth*, o qual apontava a impossibilidade de um crescimento ilimitado num sistema que depende da existência de recursos naturais finitos. De cariz conservador e de clara inspiração neomalthusiana,[31] esta corrente representa uma tentativa de enfrentar os problemas socioeconômicos, restringindo-os à questão da natalidade, e com isso esmaecer os efeitos da concentração de renda com base em uma argumentação demográfica. Embora compareçam nesta análise outras variáveis (produção de alimentos, recursos naturais não renováveis, a poluição e produção industrial), verifica-se que essa teoria ancora-se no darwinismo social ao concluir que o crescimento populacional é o responsável pela ocorrência da miséria e pela depredação ambiental do planeta. Este relatório propõe, ainda, que os investimentos econômicos sejam, progressivamente, direcionados para o setor de serviços, a fim de conter a utilização dos recursos naturais na produção industrial e também a poluição.

---

dida a concepção marxiana de natureza pode ser útil à problemática contemporânea do meio ambiente e das suas consequências superestruturais" (notas do editor).

29. Ao longo deste texto serão denominados ambientalistas todos os movimentos que entram no debate e se posicionam contrários à degradação ambiental e, ecologistas, segmentos deste movimento que se apoiam na ecologia.

30. O Clube de Roma é uma organização internacional formada por líderes mundiais, representantes dos grupos empresariais. Além do grupo de líderes mundiais, o Clube de Roma possui um seleto grupo de 30 pessoas, que participam de reuniões anuais e geram um documento próprio com sua análise das questões mundiais. Entre seus trabalhos destaca-se a publicação em 1972 do notório *Limits to growth*, o qual apontava a impossibilidade de um crescimento ilimitado num sistema que depende da existência de recursos naturais finitos.

31. Segundo essa teoria, uma numerosa população jovem, resultante das elevadas taxas de natalidade verificadas em quase todos os países subdesenvolvidos, necessitaria de grandes investimentos sociais em educação e saúde. Com isso, sobrariam menos recursos para serem investidos nos setores agrícola e industrial, o que impediria o pleno desenvolvimento das atividades econômicas e, consequentemente, da melhoria das condições de vida da população. Ainda segundo os neomalthusianos, quanto maior o número de habitantes de um país, menor a renda *per capita* e a disponibilidade de capital a ser distribuído pelos agentes econômicos. Disponível em: <www.geomundo.com.br>. Acesso em: 1º mar. 2008.

A despeito de tratar-se de um documento de caráter conservador e "desde as suas origens ligado ao pensamento empresarial" (Duarte, 1986), este relatório cumpriu importante papel no sentido de trazer à tona as graves consequências da utilização indiscriminada e irracional dos recursos naturais — supostos anteriormente defendidos pelos restritos movimentos ecológicos —, passando a influenciar diversas áreas da produção do conhecimento, inclusive as ciências econômicas.[32]

O campo progressista oferece distintas leituras sobre as origens e determinantes da "questão ambiental". Em geral, oferece denúncias à lógica capitalista ou à "sociedade industrial" e podemos dividi-los em dois agrupamentos: 1) os que concentram suas críticas no *paradigma ético da modernidade* e 2) os que defendem a *superação da sociedade do capital por uma sociedade de produtores associados*. Vale ressaltar que, no interior mesmo de cada bloco, subsistem inúmeras diferenças.

I) Para o *primeiro grupo*, a sociedade contemporânea vive um momento de crise a qual coloca em dúvida todo o processo civilizatório vivido até aqui. O desenvolvimento econômico, científico e tecnológico não significou a felicidade pretendida para todos, mas, sim, um movimento cada vez mais forte de exploração e de miséria em escala planetária, que se faz sentir em uma parcela cada vez maior da população.

A saída apontada, para grande parte destes, é a superação do *antropocentrismo* por uma visão de mundo *biocêntrica*, comprometida com toda a vida na Terra. Nestes termos, só haveria possibilidade de mudança real a partir de uma transformação profunda no *pensa*r e no *agir* da humanidade.

No campo da crítica à modernidade, Kurz[33] defende uma

> Organização racional da sociedade. Razão significa, nesse aspecto, nada mais que uma reflexão sobre os nexos naturais na consciência e um comportamento correspondente na reconfiguração social da natureza que evite a exploração exaustiva e absurda e os efeitos colaterais destrutivos. Uma organização racional da sociedade não pode, porém, se restringir somente ao "processo de metabolismo com a natureza". A razão é indivisível. Sem

---

32. Trataremos mais detalhadamente deste tema adiante.
33. Disponível em: <www.geocities.com/grupokrisis2003/robertkurz.htm>. Acesso em: 20 fev. 2008.

uma relação racional dos membros da sociedade entre si, isto é, uma relação que satisfaça as carências sociais, não pode haver razão nenhuma na remodelagem da natureza (...) A dominação é sempre destrutiva, já que representa uma relação de poder irrefletida (...) um "domínio sobre a natureza" irracional, destrutivo e irrefletido, e um idêntico "domínio do homem sobre o homem" se condicionam reciprocamente (2003, p. 1).

Leff (2001), por sua vez, formula uma crítica ao sistema capitalista e aponta que, a partir do pensamento moderno, o que a humanidade passou a viver foi um processo de total subordinação aos ditames da produção, sempre justificados e amparados pela ciência:

> O processo civilizatório da modernidade fundou-se em princípios de racionalidade econômica e instrumental que moldaram as diversas esferas do corpo social: os padrões tecnológicos, as práticas de produção, a organização burocrática e os aparelhos ideológicos do Estado. A problemática ecológica questiona os custos socioambientais derivados de uma racionalidade produtiva fundada no cálculo econômico, na eficácia dos sistemas e de seus meios tecnológicos (p. 133).

Fica evidenciado, para esta corrente de pensamento, que há uma crise dos valores que regem a sociedade e que desencadeiam os problemas ambientais. Há que se fundar uma *ética* para a civilização que negue a neutralidade da ciência e a sua instrumentalidade como mecanismo de domínio do homem sobre a natureza.

Outras tendências, presentes neste agrupamento, se vinculam mais diretamente ao desenvolvimento da ecologia[34] — embora não tenham como foco a discussão ética — e desenvolveram uma crítica contundente ao produtivismo, ao consumo desenfreado e à consequente dilapidação dos recursos naturais para satisfazer à lógica do mercado. Via de regra,

---

34. Ecologia foi definida por Ernest Haeckel, em 1870, como "o conjunto de conhecimentos relacionados com a economia da natureza — a investigação de todas as relações entre o animal e seu ambiente orgânico e inorgânico, incluindo suas relações, amistosas ou não, com as plantas e animais que tenham com ele contato direto ou indireto — numa palavra, ecologia é o estudo das complexas inter-relações, chamadas por Darwin de condições da luta pela vida". Disponível em: <http://educar.sc.usp.br>. Acesso em: 18 out. 2007. O desenvolvimento da ecologia vem possibilitando à espécie humana conhecer as repercussões de suas ações sobre o meio ambiente, em curto, médio e longo prazos.

acusam o marxismo de herdeiro do produtivismo, por referir-se à "ação civilizatória do capital", por defender o desenvolvimento das forças produtivas e por compactuar com o antropocentrismo e a necessidade de "domínio" do homem sobre a natureza. Afirmam, ainda, que os padrões de consumo impostos pelo sistema capitalista devem ser revistos, sob pena de inviabilizar a continuidade da vida no planeta. Para tanto, conferem centralidade às saídas gestionárias — através do manejo adequado dos recursos naturais e comportamentais —, sendo a redução do consumo e as mudanças nos padrões de vida uma necessidade premente. Os *ecoanarquistas* e a *Ecologia Profunda* são exemplos mais radicais desta vertente.[35]

Sumariamente denominados "verdes", os adeptos do pensamento ecológico organizaram-se em inúmeros movimentos e Organizações Não Governamentais — ONGs e seguem participando do debate e da construção de políticas públicas voltadas à regulação das relações entre sociedade e natureza em diversos países, sendo responsáveis por inúmeros estudos e denúncias acerca da degradação ambiental no nível planetário e local. "A grande contribuição da ecologia foi — e continua sendo — levar-nos a tomar consciência dos perigos que ameaçam o planeta (...)" (Löwy, 2000, p. 233).

No entanto, a pluralidade ideológica que caracteriza o "ecologismo", bem como suas próprias insuficiências teóricas, acabam por colocá-lo diante de alguns impasses, os quais passaremos a pontuar:

1) *A crítica ao produtivismo,* tão presente no discurso ecológico, não o apreende como lógica intrínseca ao modo capitalista de produzir. Ao ignorar esta inevitável conexão produzem a ilusão de um "capitalismo limpo" ou de reformas capazes de controlar seus "excessos". Outro viés da crítica dos ecologistas, desta feita direcionada ao marxismo, é a igualação entre capitalismo e "socialismo", em face das práticas predatórias de ambos. Considerar as experiências das economias burocráticas da

---

35. *Os ecoanarquistas* defendem a construção de "comunidades orgânicas", nas quais o homem pode viver em harmonia com a natureza, na medida em que cultive a cooperação e não a competição, sem hierarquia ou o poder de Estado, criticando, assim, a estrutura do capitalismo.

A Ecologia Profunda questiona o excesso de consumo dos recursos naturais por parte da sociedade. Defende a mudança de atitudes, valores e estilos de vida por parte de cada indivíduo. Vê a Terra como um único organismo vivo, onde os seres humanos estão interconectados com o universo. Defendem o "equilíbrio ecológico", para o qual a preservação da natureza é imprescindível.

antiga União Soviética e do leste europeu — inegavelmente herdeiras do produtivismo ocidental — como expressão das potencialidades do socialismo, acaba por enredá-los (ecologistas) em uma pretensa neutralidade, ou pior, a renderem-se ao pragmatismo do capital.

Ainda segundo Löwy (2000):

> Os ecologistas enganam-se ao pensar que podem fazer a economia da crítica marxiana do capitalismo: uma ecologia que não leva em consideração a relação entre "produtivismo" e a lógica do lucro está votada ao fracasso — ou pior, à recuperação pelo sistema. Não faltam os exemplos (...) (p. 234).

Por outro lado, igualar os resultados controversos das experiências do "socialismo real" ao pensamento de Marx também implica reducionismo e desconsideração das possibilidades heurísticas deste campo teórico. As sucessivas tentativas de atribuir a este autor um viés produtivista ou de sucumbência aos encantos do progresso técnico revelam um desconhecimento de sua obra ou uma leitura desvirtuada dele.

O progresso para Marx assume o sentido de uma permanente complexificação da sociabilidade humana impulsionada pelo trabalho, o que lhe confere uma condição de diferencialidade diante da natureza.

De acordo com Hobsbawm (1977):

> Para Marx, o progresso é algo objetivamente definível que indica, ao mesmo tempo, o que é desejável. A força da crença marxista no triunfo do livre desenvolvimento de todos os homens não depende do vigor das esperanças de Marx, neste sentido, mas da pretendida justeza da análise, segundo a qual é neste rumo que o desenvolvimento histórico finalmente conduzirá a humanidade (p. 16).

Decerto que o desenvolvimento das forças produtivas constitui um suposto da abordagem marxiana sobre o progresso humano, visto que este só se realiza na forma de uma crescente emancipação do homem diante dos desígnios da natureza. No entanto, conforme sinalizamos no início deste trabalho, as forças produtivas, como expressão das potencialidades do desenvolvimento humano-genérico, não se confundem com as forças produtivas do capital, posto que nesta ordem societária a apropriação da natureza no processo produtivo — mediada pela utilização da ciência e da técnica — dá-se sob o jugo capitalista, com o fim último de extrair mais-valia.

O que estamos a pleitear é que o caráter histórico das forças produtivas — e que no momento presente assume cada vez mais sua face destrutiva em virtude das relações de propriedade burguesas — não encerra a sua condição de potência humana. Por outro lado, cabe relembrar que o autor de *O capital*, num esforço de apreensão da natureza contraditória da atual ordem social, afirmou, em várias passagens de sua obra, o caráter "civilizatório do capital" ao mesmo tempo que realizou a crítica contundente aos princípios que nortearam os avanços por este impulsionados, os quais colocaram em xeque o sentido ético e histórico destes mesmos avanços, como nesta passagem:

> Na economia política burguesa — e na época de produção que lhe corresponde — este complexo desenvolvimento das potencialidades humanas aparece como uma total alienação (...) como sacrifício do fim em si mesmo em proveito de forças que lhe são externas. Por isto, de certo modo, o mundo aparentemente infantil dos antigos mostra-se superior (...) Os antigos proporcionavam satisfação limitada, enquanto o mundo moderno deixa-nos insatisfeitos ou, quando parece satisfeito consigo mesmo é *vulgar* e *mesquinho* (Marx, 1977b, p. 81; grifos do autor).[36]

O que se sobressai neste complexo e articulado modo de pensar de Marx é a distinção, quase sempre ignorada por seus opositores, entre *expansão das forças produtivas* e *progresso científico e tecnológico*. Para este autor, constitui o trabalho uma força produtiva fundamental, dada a sua capacidade transformadora, razão pela qual sua obra oferece uma crítica ácida aos defensores da ideologia do progresso técnico, na medida em que desconhece as suas determinações sociais dos avanços tecnológicos e, que nesta sociedade, colocam-se como forças hostis ao trabalhador.

---

36. Vale, ainda, esta citação do mesmo autor: "Assim, a antiga concepção segundo a qual o homem sempre aparece (por mais estreitamente religiosa, nacional ou política que seja a apreciação) como objetivo da produção parece muito mais elevada do que a do mundo moderno, na qual a produção é o objetivo do homem, e a riqueza, o objetivo da produção" (p. 80).

Diz em *O capital* (1996):

> E essa é a grande conclusão da apologética econômica! As contradições e os antagonismos inseparáveis da utilização capitalista da maquinaria não existem porque decorrem da própria maquinaria, mas de sua utilização capitalista! Já que, portanto, considerada em si, a maquinaria encurta o tempo de trabalho, enquanto utilizada como capital; aumenta a jornada de trabalho; em si, facilita o trabalho; utilizada como capital aumenta sua intensidade; em si, é uma vitória do homem sobre a força da Natureza; utilizada como capital submete o homem por meio da força da Natureza; em si, aumenta a riqueza do produtor; utilizada como capital o pauperiza etc. (...) De forma alguma o economista burguês nega que surjam também aí aborrecimentos temporários; mas onde existiria uma medalha sem reverso! Para ele, é impossível outra utilização da maquinaria que não seja a capitalista. A exploração do trabalhador pela máquina é, por conseguinte, para ele, idêntica à exploração da máquina pelo trabalhador. Quem, portanto, revela o que realmente ocorre com a utilização capitalista da maquinaria simplesmente não quer sua utilização, é um adversário do progresso social! (p. 73)

Nos termos antes referidos, evidencia-se que o pretenso produtivismo do pensamento marxiano representa uma evasiva semântica, produzida como justificativa ideopolítica para a adesão de setores do ambientalismo aos ditames da ordem. Na medida em que negam os fundamentos da "questão ambiental", os ecologistas conferem a esta uma supremacia sobre os demais aspectos da crise capitalista e neste movimento esvaziam de importância os processos sociais; ou, por outra, incorrem em uma visão idealista, a qual atribui a degradação da natureza à sanha dominadora da humanidade, acentuada, em particular, com a indústria moderna.

Esta formulação, bastante disseminada no discurso "verde", incorre em simplificação exagerada ao negar que as relações entre a humanidade e a natureza se dão mediadas pelas relações entre os próprios homens, as quais são reveladoras de uma crescente desigualdade social, cuja reprodução afasta, progressivamente, o mundo do trabalho da riqueza social:[37]

---

37. O trabalho permanece como decisivo na produção da riqueza, porém afastado das condições da apropriação desta.

os meios de produção, e, nestes termos, as condições de apropriação da natureza, estão concentrados em mãos dos capitalistas que definem *o que, quanto, como* produzir, *com que* energia e *como* será o transporte de sua produção. Neste sentido, os amplos questionamentos sobre a extensão do consumo na sociedade dos descartáveis e as invocações a práticas de consumo conscientes — embora sejam portadoras de um potencial de negatividade à lógica capitalista — têm-se demonstrado insuficientes por si sós no sentido de conter os avanços da destruição planetária.

O discurso de indiferenciação de classes obscurece o fato de que cada classe social, em cada país ou comunidade local, possui um "ambiente"[38] diferente, determinado pelas relações sociais de produção, as quais estabelecem as regras da distribuição da riqueza e, entre estas, o acesso aos elementos naturais. Distribuir igualmente a responsabilidade pela destruição do planeta é, no mínimo, um equívoco teórico de inevitáveis consequências políticas.

2) Uma das derivações políticas destas formulações é a crença na superação da "questão ambiental" pela via das saídas técnicas. É certo que a adoção de novas tecnologias, a implementação de modelos gestionários redutores do desperdício e do consumo de matérias-primas, o reaproveitamento, a reciclagem de resíduos sólidos, entre tantas outras medidas poupadoras de recursos naturais, fazem-se cada vez mais urgentes. No entanto, o confinamento da "questão ambiental" à sua dimensão técnica — ignorando as determinações sociopolíticas que a regem — implica produzir ilusões quanto à capacidade de o próprio sistema do capital resolver as suas contradições essenciais. Assim como a acumulação de capitais supõe a produção e reprodução contínuas da "questão social", também o é em relação à "questão ambiental", cuja expressão mais emblemática é a incessante produção de descartáveis.

3) Outro ponto que merece destaque no pensamento ecológico é a concepção romântica de natureza. Esta sugere a existência de uma natureza originária em perfeito equilíbrio, antes da ação humana, o qual

---

38. "Ambiente" é um termo ambíguo. Para o trabalhador, o "ambiente" será visto em função das necessidades, para o capitalista, em função do lucro (Biolat, 1977, p. 46).

serve como parâmetro para a superação das contradições entre natureza e sociedade, próprias do tempo presente. Isto implica referenciar-se numa natureza sem presença humana, regida por critérios *externos*, *neutros* e independentes da vontade do homem. Ora, a natureza, tal como a conhecemos, é historicamente mediada — embora não seja totalmente superada nessa determinação histórica —, o que coloca, inexoravelmente, no âmbito das próprias relações socias a resolução das questões relacionadas à melhoria das condições de vida no planeta. Em vez de o homem deparar-se com uma "natureza exterior" imutável, desde sempre constituída, na verdade depara-se com uma "natureza histórica". Neste sentido, a estratégia política de "defesa da natureza" não poderia significar a defesa de uma ordem natural idealizada, mas eliminar as amarras do sistema de propriedade privada que converte o trabalho humano e a própria natureza em mercadoria.

4) A afirmação de uma ética biocêntrica, embora não seja comum a todo o pensamento ecológico, constitui outro ponto de tensão entre este e o campo marxista. Sob argumento de combate ao antropocentrismo, o que se vê é uma recusa do humanismo, colocando todas as espécies vivas no mesmo plano. Sobre isto, indaga Löwy (2000): "Será justo considerar que o bacilo de Koch ou o anófele têm o mesmo direito à vida que uma criança doente de tuberculose ou de malária?" (p. 234). Esta posição não reconhece que os seres humanos são, a um só tempo, seres naturais e sociais. Ao eliminarem as distinções sociais que separam os seres humanos dos animais deixam, ao mesmo tempo, de compreender as bases humanas reais da alienação da natureza (Foster, 2005).

Na realidade, o pensamento marxiano ultrapassa a visão antropocêntrica como possibilidade de explicação para as relações entre sociedade e natureza, ao imprimir uma leitura classista da realidade social.

Bihr (1999) sinaliza um rumo para esta contenda. Para este autor, o caminho para a emancipação da humanidade e para a proteção da natureza é a liberação das forças produtivas da humanidade das barreiras impostas pelas relações de propriedade burguesas, arrancando-as, portanto, da lógica produtivista. Trata-se de fazer valer uma

Lógica alternativa de desenvolvimento das forças produtivas (...) De promover, por exemplo, outros critérios de escolha em matéria de produção agrícola e industrial (...) outras prioridades na satisfação das necessidades sociais, outros modos de produzir e de consumir, outras técnicas e produtos diferentes dos que habitualmente existem no capitalismo, globalmente mais respeitosos dos equilíbrios ecológicos (p. 138).

Esta perspectiva apresenta-se radicalmente distinta de posição amplamente difundida pelos teóricos da social-democracia europeia, bem como de setores da III Internacional comunista[39] de forte viés produtivista. O fosso erguido entre o pensamento ecológico e os movimentos sociais, especialmente o movimento operário e sindical, tem origens materiais e simbólicas. As acusações de adesão ao produtivismo, de um lado, e as de capitulação à ordem capitalista, de outro, dão o tom do debate. Apesar disto, o movimento ambientalista forçou a introdução da ecologia na política, obrigando partidos políticos, sindicatos, organizações sociais a se defrontarem com a temática do meio ambiente.

Também para a tradição marxista este processo tem sido bastante profícuo, impulsionando diversos intelectuais a mobilizarem categorias explicativas dos novos processos sociais e ambientais e seus entrecruzamentos, reafirmando, assim, as potencialidades deste campo teórico como ferramenta para o desvelamento da complexa realidade do capitalismo no século XXI.

II) Para o *segundo agrupamento* do movimento ambientalista — os herdeiros do pensamento de Marx —, a problemática ambiental tem origem na forma histórica com que o sistema do capital exerce o domínio sobre a natureza, convertendo-a em mercadoria e submetendo-a às necessidades de sua reprodução.

Chesnais e Serfati (2003) apanham a "crise ecológica planetária" como resultante dos esforços do capital em transferir para o meio geopolítico e ambiental as consequências das contradições do sistema, derivadas das

---

39. Abordamos esta questão no item 1.1 deste capítulo, ao tratarmos da "questão ambiental" na antiga URSS. Não podemos esquecer que este pensamento guiou as ações do conjunto da internacional comunista.

relações de propriedade burguesas; sustentam que a situação atual representa uma *crise* para a humanidade, para o conjunto da civilização humana mas não é fator central de crise para o capitalismo, apesar de ser produto direto deste. Os autores afirmam: "Na esfera do ambiente natural, o capital representa uma barreira, ou mais exatamente, uma ameaça premente para a humanidade — e, no imediato, para certas parcelas específicas dessa —, mas não para o capital em si" (p. 42).

Contraditória e dialeticamente, os efeitos da degradação ambiental convertem-se em mercadorias, a partir da produção de um crescente "mercado de reparações" ecológicas, numa demonstração inconteste da capacidade do sistema do capital de transformar em fonte de lucratividade os obstáculos com que se depara. "Longe de afetar sua reprodução como capital essas (degradações) se tornarão uma imensa fonte de lucros e de sustentação do preço das ações" (Chesnais e Serfati, 2003, p. 44).

Contestando a tese da existência de limites físicos à reprodução do capital, Foladori (2001a) questiona a naturalização deste suposto. Afirma, em contrapartida, que se trata de um problema de *velocidade de utilização* (e não de escassez em si mesma), posto que a base das inquietações que norteiam a espécie humana é se tal ou qual recurso poderá ser substituído antes que acabe. Neste sentido, "os limites físicos ao desenvolvimento humano dizem respeito a como se produzem e se consomem os recursos, isto é, aos 'limites' humanos, acima dos físicos" (p. 120). Nestes termos, para o autor (2005) "a crise ambiental deriva de uma diferença entre os ritmos naturais e os ritmos da produção humana. Esta não é senão uma forma de manifestação de uma crise social" (p. 82-83).

Alan Bihr (1999) admite a existência de uma "crise ecológica" e elenca as principais questões que se encontram em jogo neste contexto: a escassez dos recursos naturais em decorrência da pilhagem e dilapidação; a poluição dos elementos naturais (ar, água, solo) pelos dejetos industriais, com repercussões cada vez mais catastróficas; o empobrecimento da flora e da fauna e, o que considera mais grave, a ruptura *de certos equilíbrios ecológicos globais*, a exemplo da destruição da camada de ozônio. Este autor atribui os fundamentos da "crise ecológica" ao que denomina "venalidade generalizada da natureza", só podendo esta ser plenamente superada com a superação da ordem do capital.

Assim, a problemática ambiental

Leva a recolocar em questão o funcionamento das sociedades contemporâneas em sua totalidade: suas maneiras de gerir este patrimônio comum da humanidade que é a natureza, seus modos de produção e de consumo, os produtos que resultam de sua atividade econômica, seus próprios meios de produção, seus sistemas de necessidades, seu modo de vida, suas ciências, suas técnicas (p. 125).

Ao reafirmar o caráter global dos ataques desferidos contra a natureza — impossibilitando a qualquer ser vivente se colocar ao abrigo destes — e ao mesmo tempo reafirmando a urgência de enfrentá-los, sustenta o autor (1999):

> A crise ecológica não supõe, portanto, uma ação específica, setorial, limitada, mas uma política no sentido mais amplo do termo: um pensamento e uma ação visando a reorientar e reorganizar inteiramente as sociedades contemporâneas (...) Trata-se de colocar a ecologia na política (p. 125-126).

Mészáros, por sua vez, chama a atenção para a destruição humana e sua profunda unidade com a devastação imposta ao meio ambiente. Ao afirmar que a crise estrutural do capital se revela como uma verdadeira "crise de dominação", em geral,[40] ressalta o autor (2002):

> A devastação sistemática da natureza e a acumulação contínua do poder de destruição — para as quais se destina globalmente uma quantia superior a um trilhão de dólares por ano — indicam o lado material amedrontador da lógica absurda do desenvolvimento do capital. Ao mesmo tempo ocorre a negação completa das necessidades elementares de incontáveis milhões de famintos: o lado esquecido e que sofre as consequências dos trilhões desperdiçados. O lado humano paralisante deste desenvolvimento é visível não só na obscenidade do "subdesenvolvimento" forçado, mas em todos os lugares, inclusive na maioria dos países de capitalismo avançado (...). Desse modo, ao manter milhões de excluídos e famintos, quando os trilhões

---

40. Referindo-se aos obstáculos que a propriedade privada impõe ao "caráter civilizatório do capital", este autor afirma: "O sistema existente de dominação está em crise porque sua *raison d'etre* e sua justificação histórica desapareceram (...)". (Mészáros, 2002, p. 801)

desperdiçados poderiam alimentá-los mais de cinquenta vezes, põe em perspectiva o absurdo desse sistema de dominação (p. 801).

Reafirmando esta perspectiva analítica, Mandel (1985) oferece uma chave importante para o desvelamento das práticas predatórias do sistema:

> Na era do capitalismo tardio,[41] esse saque atingiu proporções imensuráveis. A oposição entre valor de troca e valor de uso, que no apogeu do capitalismo só vinha à tona excepcional e repentinamente em tempos de crise econômica, é sempre visível no capitalismo tardio. Essa oposição encontrou sua forma de expressão mais dramática na produção em massa dos meios de destruição (não só de armas militares, mas também de todos os outros instrumentos destinados à destruição física, psicológica e moral do homem) (...) As forças produtivas, os interesses da humanidade, a evolução imanente da ciência, tendem cada vez mais para essa direção (p. 403-404).

Cabe-nos, aqui, considerar a existência de um campo de tensão entre intelectuais marxistas no que tange às implicações da "questão ambiental" para a reprodução do capital, bem como sobre o papel das forças produtivas em uma sociedade emancipada. É bastante conhecida a posição de O'Connor, na qual advoga que a extensão da "crise ambiental", em especial a escassez dos recursos naturais, pode levar o capitalismo a uma crise de reprodução. Para fundamentar sua posição, propõe uma "complementação" ao pensamento de Marx:

> À primeira contradição do capitalismo — entre forças produtivas e relações de produção —, analisada por Marx, deve-se acrescentar uma segunda, ou seja, a contradição entre as forças produtivas e as condições de produção: os trabalhadores, o espaço urbano, a natureza. Pela sua dinâmica expansionista, o capital coloca em perigo ou destrói suas próprias condições, a começar pelo meio ambiente natural — uma possibilidade que Marx não tinha levado suficientemente em consideração (O'Connor, *apud* Löwy, 2000, p. 232-233).

---

41. "O capitalismo tardio marca um período histórico do desenvolvimento do modo de produção capitalista em que a contradição entre o crescimento das forças produtivas e a sobrevivência das relações de produção capitalistas assume uma forma explosiva. Essa contradição leva a uma crise cada vez mais acentuada dessas relações de produção" (Mandel, 1985, p. 393).

Em crítica bastante pertinente a esta posição, Chesnais e Serfati (2003) demonstram que o capital engendra estratégias tanto políticas quanto econômicas para assegurar as bases de sua reprodução, a exemplo da conversão das sequelas da degradação ambiental em novos campos de acumulação ou mesmo da transferência para os países periféricos dos pesos deste mesmo processo.

Para além dos aspectos suscitados por estes dois autores em suas críticas, chama-nos a atenção a leitura reducionista do pensamento de Marx, à medida que O'Connor iguala desenvolvimento tecnológico a forças produtivas, contrapondo-as ao trabalho humano e à própria natureza. Esta visão resvala para o campo político, fomentando práticas que desconsideram que a emancipação das forças produtivas deve pautar-se pela liberação do trabalho e da natureza do domínio do lucro e que o desenvolvimento tecnológico — longe de ser objetivo precípuo desta forma social — deve a esta se submeter.

Por sua vez, Löwy (2005) oferece uma crítica aos "primeiros marxistas" ao defenderem a expansão indefinida das forças produtivas no socialismo: "As forças produtivas não são neutras. As técnicas de produção capitalista destroem o meio ambiente e ameaçam a humanidade. Marx falava em quebrar a máquina burguesa e temos que aplicar essa lógica também ao aparelho produtivo."[42] Esta ideia por ele denominada inicialmente "quebra das forças produtivas" não nega a expansão de forças produtivas "positivas", como o desenvolvimento da medicina e das tecnologias de comunicação, que devem ser, segundo o autor, "logicamente estimuladas".

Do conjunto das polêmicas aqui refletidas é possível concluir que o termo "crise ambiental" aparece na literatura com uma pluralidade de conteúdos e de sentidos. Para os movimentos ecológicos, esta ganha um tom *catastrofista*, cujo sentido último é o comprometimento das múltiplas formas de vida no planeta como resultado da ação humana. Fazem-se necessárias, portanto, mudanças atitudinais — inclusive na produção e

---

42. Trata-se de conferência promovida pela Agência Carta Maior em 2005, na cidade de São Paulo. Disponível em: <www.agenciacartamaior.com.br>. Acesso em: 12 out. 2005.

no consumo — bem como na base técnica como condição para a preservação da vida no planeta.

Já para o campo marxiano não se trata de uma "crise ecológica" em si mesma, visto que não é o ambiente natural que se encontra em crise, mas o sistema do capital, o qual faz recair sobre os trabalhadores e sobre a própria natureza as mazelas de sua dinâmica crescentemente predatória. Neste caso — malgrado ser destacada a importância de reformas —, só a superação da sociedade do capital poderá lançar as bases para a superação da crise ambiental.

Dada a ambiguidade do termo "crise ambiental" e os múltiplos sentidos que porta — sendo no campo do pensamento crítico ora tratada como possibilidade de esgotamento das condições de reprodução do capital ora como ameaça à humanidade e sobretudo às classes pauperizadas — optamos pelo termo "questão ambiental" aqui utilizado para referirmo-nos ao conjunto das manifestações da destrutividade da natureza — cujas raízes encontram-se no desenvolvimento das relações de propriedade — e seus desdobramentos sociopolíticos, para os quais a ação dos movimentos ambientalistas[43] teve importância fulcral.

Conforme sinalizamos, anteriormente, os movimentos ambientalistas têm como antecessores históricos os movimentos feministas, pacifistas, hippies etc. — movimentos de "contracultura" de larga visibilidade na década de 1960 — portadores de uma ideia de contestação às noções de progresso, de industrialização e de consumo, embora também estivessem aí implicadas outras problemáticas como as que dizem respeito à participação das mulheres, às contribuições da ciência e às questões étnicas.[44]

É a partir dos anos 1970 que os propósitos e ações relativos ao ambiente assumem um lugar específico como problemática, diferenciando-se das iniciativas anteriores, tanto em termos de visibilidade como também pela incorporação de novas dimensões — como a luta contra o uso dos

---

43. Considerando a multiplicidade de correntes e de ideias que compõem este movimento, optamos por referirmo-nos no plural.

44. Sobre estes movimentos afirma Schimitt (1995, p. 100): "são capazes de mobilizar diferentes forças sociais em função de interesses comuns, trazendo para a esfera pública questões que colocam em jogo diferentes projetos de sociedade".

agrotóxicos, por exemplo —, demonstrando mudanças importantes nas bandeiras e ações anteriores, bem como uma complexificação deste campo. É também a partir das décadas de 1970 e 1980 do século XX que esta questão passa a ocupar um lugar de crescente importância também para os países periféricos.

A ideia de que o planeta estaria caminhando para uma catástrofe de proporções irreversíveis se a degradação ambiental não fosse controlada, imediatamente, adquire visibilidade indiscutível.

Afirma Valença:[45]

> É bem verdade que através da bandeira da preservação ambiental tanto os movimentos verdes como o Estado (sociedade política) conseguem impor às indústrias normas e controles obrigatórios em matéria de uso e exploração das riquezas naturais no intuito de favorecer modos de produzir e de consumir que não só sejam "ecologicamente corretos", mas, para, além disso, abram novos caminhos para acumulação do capital (2005, p. 55).

Neste sentido, é possível falar de uma "ecologização da política" a partir da incorporação deste temário na agenda de tradicionais partidos políticos, centrais sindicais, associações comunitárias e de classe, ONGs, entre outros, além da proliferação de inúmeras organizações e partidos políticos cuja origem remete-se à busca de respostas e de alternativas à degradação ambiental. Na contraface desta tendência, é necessário considerar que a "politização da ecologia" dá-se mediada por um viés *naturalista, tecnicista* ou do *romantismo ingênuo* (Loureiro, 2002a), o que acaba por sedimentar um conjunto de interpretações dadas aos problemas ambientais que, em geral: a) reduzem a complexidade da crise ambiental à dimensão estritamente ecológica e, b) confinam os problemas ecológicos a uma discussão técnica, desvinculando-os, consequentemente, dos seus determinantes sociais.

---

45. Trabalho de dissertação intitulado *Capitalismo contemporâneo, produção destrutiva e meio ambiente*: a direção social dada pelas organizações da sociedade civil ao trato da problemática do "lixo" urbano — Departamento de Serviço Social da Universidade Federal de Pernambuco — DSS/UFPE, sob orientação da profa. dra. Ana Elizabete Mota.

Dada a complexificação da "questão ambiental", este pensamento — embora portador de um inquestionável poder contestatório — revela-se cada vez mais insuficiente, não raro servindo de esteio às ações destinadas a intervir nas sequelas da depredação ambiental de forma acrítica.

Analisada sob a ótica marxista, a "questão ambiental" é apanhada a partir de sua radicalidade histórica. Assim, não se restringe aos desdobramentos da ação humana sobre a natureza, nem se confunde com as infinitas listagens de problemas desprovidos de interpretações globais e hierarquizadoras (Foladori, 2001a), mas resulta, conforme assinalamos anteriormente, da forma social voltada para a produção de mercadorias embora seja também mediada por elementos históricos, geopolíticos e culturais.

Vale assinalar que tais constatações não se encaminham no sentido de sugerir o congelamento da luta ambiental ou remetê-la para um futuro indefinido (quando, então, estaria dada como finda a ordem capitalista); ao contrário, as ações emergenciais, as mudanças tecnológicas e a adoção de novas tecnologias, a reutilização e reciclagem de resíduos sólidos são medidas necessárias e inadiáveis. Como tais, devem ser aprofundadas e articuladas a outras dimensões da sociabilidade humana, assim como seus benefícios devem ser estendidos a toda a humanidade, especialmente aos segmentos e classes pauperizados.

O que estamos a ressaltar é a insuficiência das reformas no campo da "questão ambiental", posto que a sua produção e reprodução se darão enquanto a sociedade do capital prevalecer, ganhando expressões diversas, de acordo com cada região geopolítica, cada país, cada localidade. As múltiplas facetas que adquire — como partes constitutivas de uma ordem social e ambiental mais ampla[46] — vão revelar, tendencialmente, as contradições centrais do capitalismo na apropriação da natureza.

Assim, a "questão ambiental" revela as diversas dimensões da problemática ambiental em curso — em especial a sua inalienável dimensão

---

46. Por mais que pareça abismal a distância entre os impactos dos imensos congestionamentos nas grandes cidades e as consequências dos desmatamentos — tanto para as comunidades locais quanto para a humanidade como um todo —, por exemplo, ambos revelam, a cada dia, a fúria do capital e a necessidade imperiosa de sua autorreprodução.

histórico-ontológica —, já que na atual conjuntura do desenvolvimento do capitalismo se agudiza, colocando-se, de fato, como uma *questão* que afeta toda a humanidade. Diante da incontrolabilidade da relação sociometabólica do capital, a "questão ambiental" e as contradições que porta, escapam ao domínio do sistema para colocar-se no centro da relação entre forças produtivas e relações de produção.

Como expressão das contradições geradas pelo desenvolvimento das forças produtivas na ordem capitalista, a "questão ambiental" ganha expressão a partir da degradação da natureza em extensão planetária, bem como pela ação dos movimentos ambientalistas e demais movimentos que colocaram esta temática em pauta a partir do último quadrante do século XX, conforme vimos assinalando. A visibilidade que ganha este tema, no presente, se relaciona com a acentuação da descartabilidade — e das práticas predatórias que daí derivam — bem como da disseminação de uma cultura ambientalista assimilada e disseminada a partir das agências internacionais, impactando a ação das classes e segmentos de classes na medida em que conclama a superação dos maus hábitos individuais e o desenvolvimento de práticas preservacionistas.[47]

1.3 Capitalismo do século XXI: contradições sociais e ambientais

O capitalismo do século XXI é presidido pela acumulação financeira. Nesta, o capital rentista deixa de ser um simples aporte da atividade empresarial para assumir uma forma específica da propriedade burguesa, dos quais os fundos de pensão e os fundos de aplicação financeira são expressões correntes. O traço distintivo do momento presente reside, pois, no fato de que, ancorado nas novas tecnologias, o capital rentista assume hegemonia na sociedade, definindo novas bases do processo de acumulação. Adquire, assim, a forma de capital centralizado em instituições especializadas, as quais abraçam a missão de movimentar os lucros não reinvestidos na produção e as rendas não consumidas, a fim de valorizá-los

---

47. Este processo será mais bem abordado no capítulo III deste trabalho.

a partir da aplicação em ativos financeiros. "A propensão do capital portador de juros para demandar da economia 'mais do que ela pode dar' é uma consequência de sua exterioridade à produção (...) Mas ela tende, também, a modelar a sociedade contemporânea no conjunto de suas determinações" (Chesnais, 2005, p. 61).

Esclarece Iamamoto:

> A mundialização da economia está ancorada nos grupos industriais transnacionais, resultantes dos processos de fusões e aquisições de empresas em um contexto de desregulamentação e liberalização da economia. Esses grupos assumem formas cada vez mais concentradas e centralizadas do capital industrial e se encontram no centro da acumulação. As empresas industriais associam-se às instituições financeiras (bancos, companhias de seguros, fundos de pensão, sociedades financeiras de investimentos coletivos e fundos mútuos) que passam a comandar o conjunto da acumulação, configurando um modo específico de dominação social e política do capitalismo, com o suporte dos Estados Nacionais (2007, p.108).

Resulta desta dinâmica o amplo processo de reestruturação da produção com a adoção de tecnologias de base microeletrônica e de novos modelos de gestão e consumo da força de trabalho — com vistas ao aumento da extração de mais-valia —, a larga utilização do trabalho precário e a incorporação de novos mecanismos de remuneração dos trabalhadores, privilegiando as estratégias produtivistas. Neste sentido, a financeirização da economia constitui uma das "forças motrizes da desregulamentação do trabalho", assim como das privatizações das empresas estatais.

As inovações operadas no interior das unidades produtivas condicionam e são, por sua vez, afetadas por um reordenamento da divisão internacional do trabalho: no interior dos grandes conglomerados econômicos dão-se novos mecanismos de intercâmbio para a produção e consumo, tencionando as fronteiras nacionais (desterritorialização de capitais) e acirrando a competição intercapitalista. Estamos, pois, diante de uma verdadeira "revolução técnico-organizacional", contribuindo para altas taxas de lucro e da produtividade, utilizando-se das tecnologias de informação e comunicação. "Não se trata, portanto, de um simples processo de desindustrialização, de uma das tantas crises do capitalismo e, sim, de sua transformação radical, atingindo toda a sociedade, criando novas necessidades" (Vasapollo, 2004, p. 69).

Este movimento, denominado por Harvey (2004) "acumulação por espoliação" ou "acumulação por despossessão", manifesta-se como uma recente forma de imperialismo.[48] O autor sustenta que todas as características da Acumulação Primitiva — descritas por Marx e já mencionadas no presente trabalho — se mantêm ao longo do desenvolvimento capitalista e se aprofundam no capitalismo do século XXI: a mercantilização da terra e a decorrente expulsão violenta dos camponeses para as cidades; a transformação das várias formas de usufruto e de propriedade em direitos exclusivos da propriedade privada; a supressão das formas alternativas de produção e a sua substituição pelo trabalho assalariado; as relações de subordinação econômica e política das nações periféricas; a usura e o sistema de crédito são expressões deste processo.

O autor aponta, ainda, a criação de novos mecanismos de acumulação, os quais vão se somar aos anteriores, aprofundando o caráter predatório do sistema: a) a ênfase nos direitos de propriedade intelectual nas negociações da Organização Mundial do Comércio — OMC e a biopirataria em benefício das grandes corporações; b) a mercantilização das formas culturais e históricas, das formas simbólicas de expressão humana, com a exploração da cultura, sobretudo das comunidades locais. Além desses elementos, Harvey[49] refere-se a outros aspectos os quais desenvolveremos ao longo deste capítulo; c) a escalada de destruição dos recursos naturais, a degradação do planeta, inclusive com a "mercadificação" dos recursos ambientais globais como a água, o ar e o subsolo; d) as privatizações dos bens públicos, a exemplo das universidades. Neste sentido, sobressai-se a natureza destrutiva das práticas tidas como "canibais",

---

48. O autor retoma a categoria marxiana de "Acumulação Primitiva" para produzir uma análise das formas de expressão do capital no tempo presente. Por não se tratar de um processo datado historicamente, mas que se estende até os nossos dias, é que se justifica, segundo o autor, não seguir falando em "acumulação primitiva" ou "originária", mas em "acumulação por despossessão" ou por "espoliação".

49. Idem.

"predatórias" e "fraudulentas" levadas a efeito pelo capitalismo, com o objetivo de resolver o seu problema de "sobreacumulação".

Diz o autor:

> O termo-chave aqui é, no entanto, excedentes de capital. O que a acumulação por espoliação faz é liberar um conjunto de ativos (incluindo força de trabalho) a custo muito baixo (e em alguns casos, zero). O capital sobreacumulado pode apossar-se desses ativos e dar-lhes, imediatamente, um uso lucrativo (p. 24).

O processo de acumulação por despossessão — intensificado a partir dos anos 1970 — implica um *reordenamento da divisão internacional do trabalho*, marcada por processos de mudanças tecnológicas e de mobilidade geográfica do capital, criando condições de maior instabilidade monetária, tanto na periferia quanto no centro do sistema (Harvey, 2006). Este processo tem como traço essencial a acentuação da competição em torno ao mercado globalizado, acentuando o fosso norte/sul ao mesmo tempo que vem se observando rearranjos nas alianças regionais e nacionais e a busca de formação de novos blocos econômicos.[50]

O aprofundamento da subalternidade das economias periféricas na divisão internacional do trabalho deriva — para além da exploração dos recursos naturais e da exploração de uma força de trabalho mal remunerada e farta — da exigência de um conjunto de condições de investimentos diretos que ofereçam valorização atrativa para o grande capital, especialmente nos casos de países que possuem mercado interno considerável em razão de seus processos de industrialização, ainda que tardia. Para Salama (2005) isto se dá através da influência direta dos Estados, bem como através de outros canais (das empresas transnacionais, das restrições de qualidade impostas pelos acordos internacionais, entre outros), mas este poder se exerce, sobretudo "pelo peso adquirido pelas finanças (...) e pelas polí-

---

50. Embora a hegemonia dos Estados Unidos seja inconteste, não se pode ignorar o peso das contradições à ordem imperial que portam as discussões em torno à formação de novos blocos econômicos, a exemplo da BRIC — articulação do Brasil, Índia e China, como parte dos possíveis rearranjos da economia mundial.

ticas 'impostas' pelas instituições internacionais, principalmente pelo Fundo Monetário Internacional e pelo Banco Mundial" (p. 199).

As políticas de "ajustes estruturais",[51] orquestrados pelas referidas agências, embora tenham se estendido em escala planetária, foram especialmente danosas para os países periféricos. Impostos pelos organismos representantes do capital financeiro internacional com o objetivo de "orientar" os países endividados quanto aos meios para obtenção dos recursos necessários ao pagamento dos juros de suas dívidas, estes ajustes acentuaram as desigualdades entre o centro e a periferia do sistema. "Embora não julgue que a acumulação por espoliação esteja exclusivamente na periferia, é indubitável que algumas de suas manifestações mais viciosas e desumanas ocorrem nas regiões mais vulneráveis e degradadas do âmbito do desenvolvimento geográfico desigual" (Harvey, 2004, p. 142).

Por outra via, o endividamento dos países do Sul reduz as possibilidades de crescimento de suas economias. Segundo Susan George,[52] as transferências líquidas do Sul para o Norte chegaram a US$ 274 bilhões em 2004. Em outras palavras, a cada ano o Sul está pagando ao Norte o equivalente a três Planos Marshall, responsável por reconstruir a Europa e a Ásia após a Segunda Guerra Mundial.[53] Se considerarmos o caso brasileiro, somente no ano de 2010, de um total de R$ 1.414 trilhão que compunha o Orçamento Geral da União, 44,93% (R$ 635 bilhões) foram gastos com juros, amortizações e refinanciamento da dívida brasileira. Vale ressaltar que neste mesmo período apenas 3,91% do orçamento federal foram destinados à saúde, 2,89% à educação, 0,04% ao saneamento e 0,15 à gestão ambiental[54].

---

51. Podem ser entendidos como um conjunto de medidas que vai desde a privatização das empresas estatais, aumento dos juros para atrair o capital rentista, redução dos gastos públicos, obtenção de sucessivos aumentos em superávit primário para pagamentos de juros da dívida externa até incentivo às exportações, entre outros.

52. Presidente do Conselho de Administração do Transnational Institute, da Holanda. A intelectual norte-americana, especialista nas distorções e desigualdades ligadas à globalização, concedeu entrevista à Agência Carta Maior em 11/8/2006. Biondi, A. *Distorções da globalização*. Disponível em: <www.agenciacartamaior.com.br>. Acesso em: 1º ago. 2006.

53. Disponível em: <www.cartamaior.com.br>. Acesso em: 1º ago. 2006.

54. Fattorelli, M. L. *Le Monde Diplomatique Brasil*. Junho de 2011.

Assim como são desigualmente distribuídos entre os países os ônus da acumulação por despossessão, também o são entre as classes sociais, de tal sorte que a concentração de renda tem sido uma constante em todos os continentes e países, acarretando um permanente esvaziamento das condições de vida das classes trabalhadoras, seja pelo baixo poder econômico diante do capital, seja pelo desmonte de suas organizações internas.

Desta forma, a redução da pobreza absoluta, verificada em diversos países, não tem impedido o aumento do fosso entre ricos e pobres. De acordo com relatório dos Indicadores do Desenvolvimento Mundial (Banco Mundial, 2007),[55] a proporção de pessoas que vivem com menos de US$ 1 por dia caiu para 18,4% em 2004, indicando que cerca de 985 milhões de pessoas vivem em extrema pobreza. Em comparação, em 1990 o número total de pessoas extremamente pobres era de 1,25 bilhão. As causas apontadas para este fenômeno são o crescimento das economias em desenvolvimento e a "redução maciça da pobreza na China".

Por outro lado, a concentração de renda segue sendo uma tendência marcante do capital. Apenas 1% da população dos Estados Unidos acumula renda igual a 40% de sua população mais pobre, um número que dobrou nas duas últimas décadas. Ao mesmo tempo que a faixa mais rica da população duplicou sua fortuna nos últimos 20 anos, a renda dos mais pobres reduziu 15% no mesmo período (Mészáros, 2007).[56]

No caso brasileiro, verifica-se uma queda dos percentuais de pobres e indigentes,[57] motivada, por um lado, pela implementação de programas distributivos e, por outro, pelo crescimento econômico dos últimos anos.

Desde o início dos anos 2000, verifica-se que a população submetida à condição de pobreza e extrema pobreza vem diminuindo. O IBGE aponta que o Brasil possuía, em 2010, 16,5 milhões de indigentes, contra os

---

55. Disponível em: <www.bancomundial.com.br>.
56. Mencionando relatório recente do Congresso dos Estados Unidos.
57. O Ministério do Desenvolvimento Social e Combate à Fome — MDS refere-se à indigência (ou extrema pobreza), definida como a condição da população que sobrevive com menos de 70 reais *per capita*. A pobreza propriamente dita é conceituada como a situação daqueles que vivem com rendimentos entre 70 e 140 reais mensais *per capita*.

cerca de 30 milhões em 2003. A despeito da redução dos índices de pobres e miseráveis, a concentração de renda no país segue alta. Dados do Censo 2010 mostram que os 10% mais ricos no País têm renda média mensal trinta e nove vezes maior que a dos 10% mais pobres. Estes ganhavam apenas 1,1% do total de rendimentos, sendo que os 10% mais ricos ficaram com 44,5% do total [58]. Para agravar ainda mais esse quadro, os pobres pagam mais impostos que os ricos: os 10% mais pobres do país comprometem 33% de seus rendimentos em impostos, enquanto os 10% mais ricos pagam 23% em impostos[59].

As contrarreformas da Política Tributária levadas a efeito na era FHC e mantidas até a atual conjuntura dão conta de aumentos de impostos para a renda do trabalho: "Em 1996 a carga tributária indireta sobre famílias com renda de até dois salários mínimos representava 26% de sua renda familiar; em 2002, pulou para 46%" (GONDIM e LETTIERI, 2010, p. 8)[60]

Outro traço da "acumulação por despossessão" aventado por Harvey (2004) e já apontado neste trabalho é a *pilhagem dos recursos naturais*. No capitalismo contemporâneo, marcado pela busca incessante de ruptura das barreiras à expansão do valor, acentua-se a disputa pelos recursos naturais, dirigida pelas transnacionais e pelos estados imperiais. Esta tendência é discutida por Foster e Clarck (2006) a partir do conceito de *imperialismo ecológico*. Reconhecendo a complexidade do tema, os autores reafirmam o caráter global da "questão ambiental", ao mesmo tempo que a situam no intricado jogo de forças que caracteriza o capitalismo do século XXI. Sendo assim, a degradação ambiental encontra-se mediada pela disputa entre os Estados nacionais e diretamente através de suas corporações. Este quadro de intensas competições revela uma desigualdade estrutural entre países centrais e periféricos, reafirmando-se também neste campo as disposições hierárquicas próprias de um

---

58. "Mais ricos têm renda 39 vezes maior que os mais pobres". Disponível em: <www.estadao.com.br>. Acesso em: 30 nov. 2011.

59. "Justiça Tributária: iniquidades e desafios". Disponível em: <www.ipea.gov.br>.

60. Os autores complementam: "a arrecadação de impostos sobre a renda do trabalho cresceu 27% em termos reais de 1996 a 2001" (2010 , p. 8).

sistema de dependência e dominação assentado na divisão internacional do trabalho.

Para estes autores:

> O imperialismo ecológico apresenta-se de diversas maneiras, mediante o saque de recursos de certos países por outros e pela consequente transformação de ecossistemas inteiros dos quais estados e nações dependem; movimentos massivos de trabalho e populações vinculados à extração e transferência de recursos; a exploração das vulnerabilidades ecológicas de certas sociedades para promover um maior controle imperialista; a descarga de dejetos ecológicos que amplia a fenda entre centro e periferia; e, em conjunto, a criação de uma "descontinuidade metabólica" global que caracteriza a relação do capitalismo com o meio ambiente ao mesmo tempo em que limita o desenvolvimento capitalista (p. 226).

O conceito de imperialismo ecológico denuncia a desigualdade estrutural entre as nações do centro e da periferia do sistema. Embora este processo venha se reproduzindo desde a era mercantilista, o fato é que o saque hoje é global e se estende ao conjunto dos recursos naturais. O esgotamento ecológico, particularmente de algumas matérias-primas, tem elevado os custos dos fatores de produção e obrigado os capitalistas a incrementarem as práticas predatórias em novos territórios, intensificando as guerras de rapina com a mobilização do aparato bélico-militar sob o comando dos Estados Unidos.

Em outra ponta, o capital vem realizando investimentos em pesquisas científicas voltadas à descoberta de novas matérias-primas que possam substituir as anteriores, assim como novas fontes de energia. No século XXI vêm ganhando impulso os investimentos em biotecnologias e em engenharia genética, além do início da chamada "Revolução Invisível", capitaneada pela nanotecnologia e nanociência. O que se pretende é rearranjar, em laboratórios, as micropartículas (átomos e moléculas) para forjar novas estruturas e materiais mais eficientes do que os fornecidos pela natureza e aplicáveis a vários campos da produção: da indústria de eletroeletrônicos e de automóveis à exploração espacial; da medicina à produção e armazenagem de energia, entre outros. Este constitui um fecundo espaço de valorização de capitais e os investimentos já demonstram isso. Segundo a revista *Veja*,[61] os americanos têm destinado a esse ramo de pesquisas mais dinheiro do que aplicaram em qualquer outra iniciativa desde o programa Apollo, na década de 1960, que levou o homem à Lua.

Do ponto de vista ambiental, abre-se a possibilidade de redução no uso de recursos naturais, de restringir o desperdício a partir da utilização de materiais mais resistentes, ampliando as estratégias de enfrentamento das contradições ambientais postas à reprodução do sistema. Há uma crença, amplamente disseminada nos meios científicos, de que as nanotecnologias não portam qualquer perigo para a humanidade.

Ainda que de forma sucinta,[62] cabe-nos pontuar que a complexidade deste tema — o qual envolve possibilidades, inclusive, de criação de uma civilização "pós-humana" — precisa ser enfrentada no interior da contradição entre as necessidades do conjunto da humanidade e a acumulação capitalista, posto que nesta ordem social a ciência tem se constituído como uma força independente do trabalho e colocada a serviço do capital.

No processo de "acumulação por espoliação", *o Estado cumpre papel decisivo*, posto que detém o monopólio da violência e suas definições de legalidade, reunindo, assim, condições para apoiar e promover as ações necessárias. Na ocorrência de conflitos ou crises cabe, imediatamente, ao Estado, detê-las. "Uma das principais funções das intervenções do Estado e das instituições internacionais é orquestrar desvalorizações para permitir que a acumulação por espoliação ocorra sem desencadear um colapso geral" (Harvey, 2004, p. 126).

O avanço do neoliberalismo, sobretudo na última década do século passado —, subscreve esta afirmação: ancorado na peça ideológica do "Estado mínimo" promoveu um amplo processo de privatização dos bens públicos, abrindo caminhos para a valorização de capitais através de mecanismos que corresponderiam a uma "nova onda de apropriação das terras comuns", deferida contra os camponeses em plena Acumulação Primitiva. "Apossar-se desses ativos e vendê-los como se fossem estoques

---

61. Edição especial n. 71, julho de 2006.
62. Este ponto será detalhado no capítulo II deste trabalho.

a empresas privadas é um processo de despossessão bárbara numa escala sem paralelo na história" (Roy, *apud* Harvey, 2004, p. 133).

O ingresso da ex-União Soviética e do leste europeu no mercado mundial desregulamentado e, posteriormente da China[63] e da Índia, potencializa os efeitos da produção para o descarte e, em consequência, intensificam-se as pressões em torno à apropriação dos recursos naturais em todo o planeta, acirrando-se as disputas intercapitalistas. O petróleo, a água, a terra e a biodiversidade situam-se entre os elementos que se encontram na mira privilegiada do capital, o qual intensifica, a partir das grandes potências mundiais, especialmente dos Estados Unidos, o uso da força militar, através do seu complexo industrial-militar.[64]

As bases do domínio se alteram — e se articulam ao amplo esforço de passivização da classe trabalhadora e do jugo das nações periféricas — a partir da constituição de uma nova agenda de "segurança" (conceito bem mais amplo e mais indefinido do que "defesa"), cujo centro de justificação ideológica tem sido o "combate ao terrorismo", desde que tanto o conceito de segurança quanto o de terrorismo permaneçam indefinidos, permitindo o seu uso de acordo com os interesses do capital financeiro, direcionando o seu poder de fogo contra tudo que ameaça social e politicamente as condições de sua reprodução.

A experiência estadunidense afirma uma estratégia dos mercados financeiros de inscrever em seus horizontes novas guerras e operações militares, cujo sentido reside em um "compromisso de guerra sem limites". Este compromisso assenta-se sobre a "esperança de que a supremacia militar pode manter, por tanto tempo quanto possível, a economia norte-americana ao abrigo das consequências produzidas por um modo de produção e de consumo 'insustentáveis' para uma grande parte do planeta" (Mampaey e Serfati, 2005, p. 225).

---

63. O caso da China é inquietante: com mais de um bilhão de habitantes (um sexto da população do planeta) em consumo ascendente e com um parque produtivo que depende em grande parte do carvão mineral a China é considerada hoje "a maior fornalha do mundo" (revista *Exame*, ano 40, n. 25).

64. Trata-se de um conjunto de elementos interdependentes e que possuem sua própria lógica de reprodução. O CMI norte-americano "é um conjunto determinado por quatro componentes: os grupos e firmas de armamentos, o Departamento de Defesa, o Congresso e o Executivo" (Serfati em palestra proferida no auditório de Ciência Política da UFPE em 23/4/2007).

A pilhagem, a prática de saques dos recursos naturais, a compra barateada dos bens públicos, os ataques especulativos contra as moedas dos países periféricos, o pagamento das dívidas nacionais só podem ser assegurados mediante "compromissos" firmados com a forte mediação das agências multilaterais. Diante da impossibilidade de adequação ou aceitação de tais compromissos, de resistências dos movimentos sociais (ou ainda diante da necessidade de saques diretos), o braço armado do grande capital mostra toda sua pujança, como no caso do Iraque, contrariando, inclusive, deliberação das Nações Unidas. Para Harvey, as intervenções militares são "a ponta do iceberg imperialista" ou "imperialismo como acumulação por espoliação" (2004, p. 147). Isto permite aos grupos de defesa oportunidades para o desenvolvimento de novas tecnologias de informação e de segurança, reforçando o "bloco social" composto pela finança, o armamento e a política.[65]

Segundo Chossudovsky,[66]

> A guerra e a globalização caminham juntas. E por trás desse processo, que consiste em estender as fronteiras do sistema de mercado global, percebe-se claramente a presença do poderoso establishment financeiro de Wall Street, dos gigantes do petróleo anglo-americanos e da indústria bélica. O propósito final da nova guerra dos Estados Unidos é transformar nações soberanas em territórios abertos (ou "áreas de livre comércio"), tanto por meios militares quanto pela imposição de reformas econômicas asfixiantes (...) em termos mais amplos, a guerra e as reformas para chegar ao "livre mercado" destroem a "civilização" e precipitam as sociedades no abismo da pobreza (2004, p. 170).

A América Latina não está a salvo das investidas americanas também neste campo. Tendo três[67] dos seus países figurando entre os sete maiores fornecedores de petróleo para os Estados Unidos e com as sucessivas descobertas de novos campos na região, inclusive no Brasil, aquele país

---

65. Nos últimos 25 anos, os fundos de aplicação (fundos mútuos, fundos de pensão) tornaram-se os principais acionistas dos grupos de produção industrial de armamentos dos EUA (Mampaey e Serfati, 2005).

66. Michel Chossudovsky é professor da Universidade de Otawa e pesquisador da universidade McGill, de Montreal. Foi consultor da OIT, do PNUD e da OMS.

67. São eles: Venezuela, Brasil e Colômbia.

investe econômica e militarmente na região, a exemplo do "Plano Colômbia"[68] — país que é o sétimo maior fornecedor de petróleo para os Estados Unidos — e da recente decisão sobre instalação de bases militares americanas no Paraguai. Decisão tomada pelo Congresso paraguaio em 2006 autoriza criação de base militar americana na região da tríplice fronteira, principal alvo dos Estados Unidos na América do Sul e abre território nacional para tropas americanas com garantia de imunidade e status diplomático aos seus soldados. A reativação da IV Frota da marinha de guerra dos Estados Unidos, fora de operação desde 1950, é mais uma demonstração de força e reafirma o poderio bélico deste país no continente.

Este movimento tem revelado uma tendência à vinculação cada vez mais estreita entre a política de segurança energética americana e o seu complexo industrial-militar. Para fazer face à sua decrescente produção petrolífera, a nação imperial não cogita a redução do consumo; tampouco avança significativamente nas pesquisas com relação às fontes alternativas (movimento iniciado no governo Clinton, contra o qual se unificara todo o poderio do *lobby* do petróleo).[69] A saída privilegiada: a adoção de uma ostensiva política externa, assentada na coerção e no consenso,[70] a fim de aumentar as importações de petróleo. Para isso, "os Estados Unidos estão se imiscuindo cada vez mais profundamente nos assuntos internos das nações provedoras de petróleo e, neste processo, estão se expondo a um risco crescente de se desenvolverem em situações de conflito local e regional" (Klare, 2006, p. 216).

Ao observar as tendências do capitalismo do século XXI, o que se revela é um complexo sistema de acumulação financeira que articula e preside as diversas esferas da vida social, a fim de assegurar a reprodução

---

68. Criado pelo governo dos Estados Unidos em 2000, destina-se oficialmente a combater a produção e o tráfico de cocaína. Porém vários críticos afirmam que o plano tem o propósito de enfraquecer as guerrilhas de esquerda, como as FARC, e salvaguardar os interesses das corporações norte-americanas do petróleo na região.

69. Teixeira, Francisco Carlos. Disponível em: <www.agenciacartamaior.com.br>. Acesso em: 26 set. 2005.

70. Ao lado do uso da força militar é desenvolvido um arsenal ideológico de cunho salvacionista, cujos desdobramentos seriam a universalização da democracia e o progresso social.

das grandes corporações transnacionais à custa de uma crescente polarização da riqueza: as reformas neoliberais, a reestruturação produtiva e a naturalização da "questão social" conformam um movimento unitário, cujo sentido último é redefinir, em favor do grande capital, as bases do processo de acumulação, ainda que isto se dê à custa da crescente dilapidação da natureza e da exacerbação da "questão social".

Relembrando Iamamoto (2007):

> O predomínio do capital fetiche conduz à banalização do humano, à descartabilidade e indiferença perante o outro, o que se encontra na raiz das novas configurações da *questão social* na era das finanças. Nessa perspectiva, a *questão social* é mais do que as expressões de pobreza, miséria e "exclusão". Condensa a banalização do humano, que atesta a radicalidade da alienação e a invisibilidade do trabalho social — e dos sujeitos que o realizam — na era do capital fetiche (p. 125).

Estas investidas — que articulam interesses das megacorporações transnacionais e ataque às condições de vida dos segmentos mais pauperizados da população — têm obtido respostas em todo o mundo, através de movimentos de protestos, ora como iniciativas de populações locais em luta contra projetos específicos[71] e em defesa dos interesses originários de comunidades geograficamente delimitadas, ora em ações mais abrangentes. No Brasil, o Movimento dos Atingidos por Barragens — MAB, o Movimento dos Trabalhadores Rurais sem Terra — MST e a Via Campesina têm se organizado em torno de alguns temas locais e três bandeiras nacionais — a oposição à política nacional de preços da energia, a oposição à construção das hidrelétricas na Amazônia e contra a transposição do rio São Francisco. A organização "Mulheres em Defesa da Vida e Contra o Agronegócio" e "Comissão Nacional de Desenvolvimento Sustentável dos Povos e Comunidades Tradicionais" — representante de cerca de 5 milhões de pessoas distribuídas em quase 25% do território brasilei-

---

71. As mobilizações contra a construção do complexo do rio Madeira, contra a transposição da águas do rio São Francisco e a ocupação da hidrelétrica de Tucuruí — exigindo a indenização das famílias dos atingidos — têm sido exemplos de ações desenvolvidas contra os megaprojetos do capital financeiro internacional e capitaneados pelo Banco Mundial.

ro — representam alguns dos exemplos de resistência à dinâmica do mercado global.

A estes se somam inúmeras lutas no mundo inteiro, muitas das quais desenvolvidas com o apoio de organizações ambientalistas de larga visibilidade: o combate à pirataria e em defesa dos povos indígenas, sua cultura e seus conhecimentos; contra o desmatamento e em defesa do acesso dos camponeses à terra; a luta contra os transgênicos e em defesa das formas tradicionais de produção são exemplos que se multiplicam em todo o mundo. Não menos importantes têm sido os movimentos contra a privatização da proteção social, especialmente na Europa (França, Alemanha, Espanha, Inglaterra, entre outros), através de greves e mobilizações de amplos segmentos da classe trabalhadora, com presença decisiva dos servidores públicos e da juventude.

Estes movimentos internacionais, embora não tenham encontrado uma forma de articulação mais consistente que lhes possibilitem a unificação de suas múltiplas bandeiras em torno de um programa anticapitalista, vêm cumprindo importante papel na desmistificação da primazia do cálculo financista sobre a reprodução da vida no planeta.[72]

1.4 "Questão ambiental": um alerta para a humanidade

O modo burguês de produzir e reproduzir-se submeteu a humanidade a um impasse: a sociedade que esbanja riqueza é, ao mesmo tempo, uma usina de miseráveis; o desenvolvimento tecnológico que acalentou as modernas aspirações de domínio da natureza para dela obter as fontes de satisfação das necessidades humanas transfigurou-se em pesadelo e fonte de destruição. O sistema do capital depara-se com a constatação da finitude dos bens naturais e a limitada capacidade da natureza de absorver as mazelas da ganância e da voracidade do lucro, de um lado, e com

---

72. O Fórum Social Mundial é emblemático desta tendência: ganhou visibilidade política, espalhou-se pelo mundo e revelou a sua capacidade contestadora da ordem mundial globalizada; falta-lhe, no entanto, avançar rumo a um programa e uma direção social que aponte para um enfrentamento da "acumulação por espoliação".

as necessidades de expansão da produção, de outro, motivo pelo qual as múltiplas iniciativas adotadas no sentido de atenuar os efeitos destrutivos da vida mercantil tem-se revelado insuficientes.

A irracionalidade do capital pereniza os traços perdulários do sistema — à medida que para fazer face à sua crise estrutural, aprofunda os traços financistas da economia mundial, intensificando as contradições entre o capital fictício e capital produtivo — ao tempo que adota a obsolescência programada como estratégia privilegiada, acentuando, assim, o reino da perdularidade e da destruição. O parasitismo, expressão das múltiplas formas do capital rentista, impõe a subordinação dos países periféricos, acarretando o desmonte das economias de regiões inteiras do planeta, arrasadas pela concorrência desigual. A formação de novos blocos ou arranjos econômicos expressam a exacerbação da concorrência, tencionando as bases do "domínio imperial".

Este movimento tem para Antunes (2003) um sentido inequívoco:

> Pela própria lógica que conduz essas tendências (que em verdade são respostas do capital à sua crise estrutural) acentuam-se os elementos destrutivos. Quanto mais aumentam a competitividade e a concorrência intercapitais, mais nefastas são as suas consequências das quais duas são particularmente graves: a destruição e/ou precarização sem paralelos em toda a era moderna da força humana que trabalha e a degradação crescente do meio ambiente (...) Desemprego em dimensão estrutural, precarização do trabalho de modo ampliado, e destruição da natureza em escala globalizada tornaram-se traços constitutivos dessa fase da reestruturação produtiva do capital (p. 34).

As contradições oriundas deste processo passam a ser cada vez mais inquietantes para a autorreprodução do capital. À escassez de algumas matérias-primas e aos efeitos catastróficos da produção industrial — a exemplo da incomensurável produção de lixo e dejetos de toda ordem — o sistema vem engendrando um conjunto de respostas de natureza técnica, cujo intento é atenuar as marcas de sua destrutividade e encontrar novos campos de valorização do valor. A indústria de reciclagem, o desenvolvimento das "energias limpas" e as tecnologias destinadas a minimizar a liberação de poluentes diversos na natureza são paradigmáticos desta tendência.

No entanto, o modo de produção capitalista depara-se, crescentemente, com sua impotência para enfrentar os efeitos da destrutividade que lhe é imanente. O desenvolvimento científico e tecnológico, destinado a assegurar os mecanismos de apropriação da natureza e do trabalho alienado, também tem revelado que os níveis de esgotamento da natureza não só coloca em risco a existência de inúmeras espécies vivas do planeta (o que por si mesmo representa um enorme desafio para o gênero humano), como também indica um *agravamento das condições materiais para a reprodução do sistema*. A extensão e profundidade da "questão ambiental" tem-se manifestado através de fenômenos naturais intensos (os quais não tem sido possível controlar) e cujas consequências para a atividade humana ainda não é possível precisar.[73]

Assim se manifesta Kurz:

> Se no setor econômico quase já não podem ser "exportados" e externalizados o desemprego em massa e a destruição de capital — que repercutem imediatamente no Ocidente na forma de fuga em massa e terror —, isso aplica-se ainda mais à externalização do custo ecológico. O lixo tóxico, cinicamente exportado para os países com falta de divisas, volta por meio dos circuitos ecológicos. A destruição de gigantescos sistemas ecológicos fechados nos Estados devedores e empobrecidos ameaça provocar catástrofes climáticas e naturais que atingirão toda a humanidade e das quais nenhum dinheiro do mundo poderá preservar os "ricos". Também no lado ecológico de sua crise, o sistema produtor de mercadorias criou inevitavelmente o mundo único, cujo entrelaçamento ninguém pode negar (1991, p. 3).

As contradições deste movimento são crescentes, assim como as barreiras à reprodução do capital; as tendências futuras apenas se insinuam no horizonte da sociabilidade burguesa, como nos informa Foster:

---

[73]. Os fenômenos climáticos relacionados ao aquecimento global, para citar um exemplo — aumento do nível dos oceanos e da temperatura do planeta, secas e enchentes etc. — afetam a atividade agrícola, o turismo, a navegação, entre outros, em escala planetária.

O capital do final do século XX e início do século XXI esbarra em barreiras ecológicas no nível da biosfera que não podem ser superados, como acontecia anteriormente, mediante o "ajuste espacial" da exploração e expansão geográficas. O imperialismo ecológico — o crescimento do centro do sistema a taxas insustentáveis mediante a contínua degradação ecológica da periferia — está gerando um conjunto de contradições ecológicas em escala planetária que põe em risco a biosfera em sua totalidade (2006, p. 239).

Nesta análise não há lugar para fatalismos e a dinâmica do capital sugere que, em face das limitações materiais e de recursos naturais, tendem a se exacerbar os conflitos pelo acesso às matérias-primas como parte das disputas intercapitalistas, mediadas pela divisão internacional do trabalho. Em outra ponta, as lutas de resistência dos povos periféricos contra a pirataria e toda sorte de expropriação dos bens naturais, os movimentos dos atingidos do clima e a organização de múltiplas formas de resistência à "acumulação por espoliação" também afirmam seu potencial contestatório e de negação dessa ordem. O desfecho desta contenda só a história dirá. A naturalização do homem e a "humanização da natureza" constituem a um só tempo uma necessidade e uma tarefa histórica para a humanidade no limiar do século XXI.

Capítulo 2

As incômodas evidências da "questão ambiental" e as principais alternativas adotadas pelo Estado e pelas classes sociais

Os países capitalistas destroem o meio ambiente e quem paga a conta é a população pobre, especialmente da periferia do sistema. Decerto que este modelo, em que os países centrais esgotam suas fontes de matérias-primas e de energia e também as de outras nações, tem aprofundado as desigualdades entre campo e cidade e entre os países do Norte e do Sul: o último subsidia o primeiro e assegura a sua expansão.[1]

É neste contexto que se insere o debate em torno às *mudanças climáticas* e suas repercussões sobre o futuro da humanidade. Segundo o IPCC[2] — cujos estudos apontam a ação humana como sendo a maior responsável pelo aquecimento do planeta — o aumento global das taxas de dióxido de carbono se deve principalmente ao consumo de energia derivada

---

1. Com, aproximadamente, 25% da população do planeta, os países do Norte consomem 75% dos recursos globais (Donoso, *apud* Foster e Clarck, 2006).

2. Sigla em inglês (Intergovernmental Painel on Clime Change — IPCC), conhecido em língua portuguesa como Painel Intergovernamental de Mudanças Climáticas. Grupo criado pela ONU através de dois dos seus órgãos, a Organização Metodológica Mundial (OMM) e o Programa das Nações Unidas para o Meio Ambiente (PNUMA) para analisar as mudanças climáticas provocadas pela ação humana. Disponível em: <www.ipcc.ch/languages/spanish.htm>. Acesso em: 19 ago. 2008.

do petróleo. Os estudos apontam, ainda, que o aumento da temperatura do planeta entre 1,8° C e 4° C até o fim deste século é um fenômeno inevitável e as consequências climáticas já são sensivelmente percebidas.[3]

O reconhecimento da ação humana sobre o aquecimento global repercutiu mundialmente e provocou considerável desgaste das potências imperialistas, sobretudo dos Estados Unidos, responsáveis pela emissão de 20% de todos os gases-estufa na atmosfera[4] e nação que, de maneira mais ostensiva, tem-se recusado a assumir compromissos de reduzir a emissão de gases poluentes, a exemplo da negativa em assinar o Protocolo de Kyoto.

Os cientistas afirmam que os próximos 40, 50, 60 anos vão impor profundas adaptações, sobretudo nos países e continentes onde vive a parcela mais pobre da população mundial: a falta de água em regiões secas, como o sertão nordestino e partes da África — onde cerca de 250 milhões de pessoas sofrerão com a falta de água, com uma consequente redução de até 50% na produção agrícola em alguns países — e o excesso dela em áreas sujeitas a inundações, como os superpopulosos deltas de rios asiáticos, colocarão em risco milhões de pessoas.[5]

Através de documento intitulado "Um futuro de catástrofes? O impacto da mudança climática na infância",[6] publicado em 2007, a ONG *Save the Children* aponta para a desertificação das regiões mais secas da América Latina. O texto afirma que o Nordeste do Brasil pode perder 70% da recarga de seus aquíferos. Habitantes de continentes e regiões super-habitadas sofrerão com a seca e a diminuição de terras cultiváveis. Para o diretor-executivo do Programa das Nações Unidas para o Meio Ambiente (PNUMA), Achim Steiner, 60% dos ecossistemas do mundo não estão mais em condições de sustentabilidade e será necessário reduzir a emis-

---

3. Segundo o relatório final, as concentrações atmosféricas globais de dióxido carbônico, metano e óxido de nitrogênio (gases de efeito estufa — GEE) têm aumentado notavelmente como resultado das atividades humanas desde 1750 e por muito excedeu os níveis pré-industriais.

4. Ainda: mais de 30% das emissões de CO2 são feitas pelos Estados Unidos, nível superior à soma de tudo que é lançado pela América do Sul, Ásia e Europa.

5. Natália Suzuki. Disponível em: <www.cartamaior.com.br>. Acesso em: 2 fev. 2007.

6. Disponível em: <www.ecoagencia.com.br>. Acesso em: 1º nov. 2007.

são de gás carbônico (CO_2) em pelo menos 60% até 2050 para que a atmosfera possa se estabilizar.[7]

Na segunda parte do Quarto Informe de Avaliação do Painel Intergovernamental de Mudanças Climáticas (IPCC), intitulado "Impactos, adaptação e vulnerabilidades", no qual são apresentados os efeitos de acordo com a região, os países periféricos aparecem como os mais vulneráveis às mudanças climáticas. "Na América Latina, a savana substituirá as selvas tropicais do leste do Amazonas, as áreas semiáridas serão desertos e se perderá uma parte importante da biodiversidade. Também os bancos de peixes, os corais e a água potável serão muito reduzidas até a metade deste século", estima o citado documento.

O aquecimento global parece sinalizar uma generalização e potencialização da degradação ambiental, agregando novas dimensões a esta problemática, visto que seus impactos se fazem sentir em todo o planeta, com a incidência sobre as condições de vida, em especial sobre a saúde e a habitabilidade dos segmentos mais pauperizados das classes trabalhadoras. Ainda de acordo com a *Save the Children*, em documento referido anteriormente, a cada quinze segundos morre uma criança por falta de acesso à água potável e 40 milhões sofrem por má nutrição extrema. Com as mudanças climáticas, o quadro tenderá a se agravar. A organização lembra que as crianças desnutridas, que por si são especialmente vulneráveis às infecções, estarão mais expostas a enfermidades transmitidas por mosquitos, como a malária e a dengue, devido ao aumento das inundações, o aquecimento e as mudanças nos períodos de chuvas.

Segundo documento elaborado pela Agência de Mudanças Climáticas das Nações Unidas (UNFCCC), será necessário um investimento global e um aporte financeiro da ordem de US$ 200 a 210 bilhões até 2030 para que as emissões de gases do efeito estufa retornem aos níveis atuais, ou seja, apenas para manter a emissão de gases do efeito estufa nos níveis registrados hoje. Isto representa entre 0,3% e 0,5% do PIB global e entre 1,1% e 1,7% dos investimentos globais, segundo estimativas do relatório da ONU. De acordo com o documento, o grande desafio é adotar "uma

---

7. Disponível em: <www.cartamaior.com.br>. Acesso em: 7 mar. 2007.

resposta econômica" capaz de reverter as consequências do aquecimento global.[8]

As saídas apontadas para o enfrentamento da questão energética — e do aquecimento global como derivação — têm sido objeto de inúmeras polêmicas. Os investimentos em tecnologias "limpas",[9] a adoção de fontes alternativas de energia, além da regulamentação dos créditos de carbono estão entre as mais mencionadas. A introdução de um alto padrão de eficiência energética para aparelhos elétricos, para os veículos automotivos e indústrias, entre outros consumidores de energia, também configura uma mediação importante na redução do aquecimento global.[10] Isso envolve investimentos na área de pesquisa de novas tecnologias, "energias limpas" e renováveis para os transportes, a indústria e construção civil, entre outras.

Neste sentido, a diversificação da base energética e sua eficiência crescente são a grande aposta para reduzir as emissões de gases do efeito estufa em curto prazo, o que exige um intenso debate em torno das alterações na matriz energética mundial. A energia solar, eólica, maremotriz e as obtidas a partir de pequenas centrais hidrelétricas (PCHs), da biomassa ou do próprio hidrogênio, são consideradas fontes renováveis com um custo ambiental baixo.[11]

No entanto, a despeito dos crescentes investimentos neste campo, muitos obstáculos terão de ser vencidos para que os combustíveis fósseis sejam suplantados: aspectos geopolíticos, sociais e econômicos se entrecruzam neste intrincado campo de possibilidades. Os interesses das grandes corporações petrolíferas e as incertezas do capital quanto à rentabilidade das fontes renováveis têm reiterado um modelo energético sabidamente "sujo".

---

8. Disponível em: <http://g1.globo.com>. Acesso em: 28 ago. 2007.

9. "Os aportes de capital em energias limpas passaram de 30 bilhões de dólares em 2004 para 63 bilhões em 2006. Estima-se que o volume deve ultrapassar os 100 bilhões de dólares anuais a partir de 2010" (revista *Exame*, ano 40, n. 25).

10. O Greenpeace afirma que, se adotado em escala global, esse padrão pode conseguir diminuir a demanda energética mundial pela metade nos próximos 50 anos.

11. Embora também compareça na agenda a produção de energia nuclear (largamente questionada devido ao potencial destrutivo do seu lixo).

Embora a produção de energia elétrica a partir das fontes de água seja uma modalidade considerada "limpa" (além de renovável),[12] têm aumentado os questionamentos quanto aos consideráveis impactos ambientais por ela produzidos. Os investimentos em fontes alternativas de energia são cada vez apontados como necessários e urgentes para fazer face à atual matriz energética.

No caso brasileiro, o "*lobby* hidrelétrico" — composto por engenheiros e técnicos do setor que, historicamente, se formaram em torno dos grandes projetos, além das empreiteiras especializadas em grandes obras — não tem permitido a ruptura do paradigma das mega-hidrelétricas, "não apenas como centro do processo de constituição da indústria elétrica no Brasil, mas como proposta para o futuro, para o médio e longo prazo" (Scalambrini, 2008). Ainda segundo o autor, isto estaria na base da explicação dos inexpressivos resultados obtidos pelo Programa de Incentivo de Fontes Alternativas de Energia — PROINFA, gerenciado pela Eletrobrás, o qual, apesar de suas "metas modestíssimas" (produção de 3.300 MW a partir de biomassa, eólica e hídrica (PCHs), está estagnado, não conseguindo em cinco anos realizar nem 40% das suas metas originais, a despeito da explicitada crise do setor hidrelétrico brasileiro. Para enfrentá-la, os técnicos do governo planejam não apenas a expansão do setor hidrelétrico como também a fabricação de até oito usinas nucleares no período de 2009 a 2030 em território nacional.[13]

Outra face polêmica do enfrentamento da questão energética é a produção de agrocombustíveis. Na contenda acerca dos agrocombustíveis — carro-chefe da política brasileira sobre mudanças climáticas — comparece um conjunto de ponderações erguidas até mesmo pelos defensores desta matriz energética. A reprodução de um modelo centrado na produção intensiva a partir de uma única fonte, a exemplo da cana-de-açúcar,

---

12. Embora os custos ambientais e sociais das megausinas hidrelétricas sejam cada vez mais apontados como razão para a troca deste modelo.

13. Segundo fala do secretário de Desenvolvimento e Planejamento do Ministério de Minas e Energia, Márcio Zimermmann. Estas metas estão previstas no Plano de Expansão de Energia — 2030 como estratégias para expansão da oferta, divulgado pela Empresa de Pesquisa Energética — EPE e pelo governo em 2007. Disponível em: <www.agenciabrasil.gov.br>. Acesso em: 8 maio 2008.

em detrimento das múltiplas possibilidades regionais e locais, favorece a corrida pelo lucro, desconsiderando os impactos ambientais e sociais. É a própria anarquia da produção capitalista que se manifesta na completa ausência de soluções racionais para as contradições sociais e ambientais que o sistema enfrenta.

Nos Estados Unidos e na Europa, os principais produtos — a exemplo do milho e canola[14] — em que se apoia a oferta de agrocombustíveis apresentam balanço energético baixo e às vezes até negativo, visto que sua produção exige outras fontes de energia em largas quantidades; a contribuição destes produtos para reduzir o efeito estufa é pequena, tanto pelo uso de combustíveis fósseis na sua produção como pelo desmatamento a que, com muita frequência, têm conduzido. Nos Estados Unidos, após o anúncio da Casa Branca da diminuição do consumo de gasolina em 20% nos próximos dez anos, crescem as áreas plantadas com milho para produção de etanol. Em 2007, houve incremento de 15% no cultivo desse grão e o decréscimo da ordem de 11% na área plantada de soja, produto largamente utilizado para alimentação naquele país, acarretando aumentos da ordem de 5% nos alimentos derivados tanto do milho quanto da soja.[15]

No Brasil, a entrada da cana-de-açúcar no Centro-Oeste brasileiro, por exemplo, pode conduzir ao deslocamento da pecuária e da própria soja em direção à Amazônia e pressionar o desmatamento em curso. O que vale ressaltar é que a persistência do modelo centrado na produção intensiva (monocultural) tende a acentuar, em todo o mundo, a concentração de renda e a importância tanto dos grandes produtores como das grandes firmas de processamento.

É a própria ONU que alerta para a questão. Ao denunciar o fato de 100 milhões de pessoas já estarem sendo afetadas pela alta nos preços dos alimentos, observada nos últimos meses, este organismo chama a atenção para o aprofundamento da pobreza em todos os continentes. Conside-

---

14. Tem sido apontado pela imprensa o aumento do plantio de canola na Europa, em terras antes cobertas por trigo, como um dos motivos para a escassez mundial deste produto, largamente utilizado na produção de alimentos.

15. Aleixo, J. Agrocombustíveis: desorganizam a agricultura familiar e ameaçam SAN. Agência IBASE. Disponível em: <www.ibase.br>. Acesso em: 29 abr. 2008.

rando a "crise dos alimentos" como a pior em quase meio século, a ONU denominou este fenômeno verdadeiro "tsunami silencioso".[16]

Embora se trate de um fenômeno cujas causas não se devam tão somente ao avanço dos agrocombustíveis, o fato — apontado por especialistas — é que a expansão desordenada de plantios de insumos destinados à produção de novas fontes de energia tem agravado esta problemática. Na outra ponta encontram-se o aumento dos preços do petróleo utilizado tanto na produção quanto no transporte de alimentos, e as mudanças climáticas que vêm afetando o rendimento da terra seja pelas estiagens ou pelas inundações.[17] Estas determinações conjunturais inscrevem-se em um contexto histórico de progressiva substituição da agricultura familiar, camponesa — voltada para a autossuficiência alimentar e para os mercados locais — pela agroindústria, orientada para a monocultura de produtos de exportação, fato que, além de não resolver a questão da fome no mundo, a tem agravado.

Para Altieri (2008) trata-se da falência de um modelo industrial de agricultura dependente do petróleo, visto que os preços inflacionários deste combustível, inevitavelmente, impulsionam os custos de produção e os preços dos alimentos, situação esta agravada, rapidamente, na medida em que a terra agrícola vai sendo destinada para agrocombustíveis. Para o autor, este sistema alimentar entrou em colapso porque falhou em seu cálculo de que o livre comércio internacional seria a chave para solucionar o problema alimentar mundial.[18]

---

16. ONU diz que a fome provoca um "tsunami silencioso" no mundo. Disponível em: <www.sintrafesc.org.br>. Acesso em: 23 abr. 2008. Neste informe a ONU denuncia a escassez de alimentos em muitos países da Ásia e da África. Precisamente há 33 países à beira da instabilidade social devido à falta e à alta nos preços dos alimentos.

17. "As crescentes pressões sobre a área agrícola, que está se reduzindo, estão minando a capacidade da natureza de suprir as demandas da humanidade quanto a alimentos, fibras e energia. A tragédia é que a população humana depende dos serviços ecológicos (ciclos de água, polinizadores, solos férteis, clima local benevolente etc.) que a agricultura intensiva continuamente empurra para além de seus limites." Altieri. A falência de um modelo: sistema alimentar na era pós-petroleira. Disponível em: <www.cartamaior.com.br>. Acesso em: 29 abr. 2008.

18. Segundo o autor, uma pessoa na Nigéria gasta 73% da sua renda em alimento, no Vietnã, 65% e na Indonésia, 50%. Em pesquisa divulgada no dia 7/5/2008 o DIEESE afirma que o trabalhador brasileiro comprometeu, em abril/2008, 52,84% da renda líquida para adquirir a cesta básica, contra 50,53%, em março do mesmo ano e 47,31%, em abril de 2007.

A complexidade destas questões manifesta, enfaticamente, que iniciativas voltadas à "sustentabilidade ecológica" podem ser reveladoras de uma profunda insustentabilidade social, quanto mais a lógica que as preside seja reafirmadora das necessidades de expansão capitalista, reforçando os traços de crescente barbarização da vida social. Embora não se trate de um fenômeno novo, a fome do século XXI exibe novas causas. Para Santos (2008), estes aumentos especulativos, tal como os do preço do petróleo, origina-se no fato de o capital financeiro (bancos, fundos de pensões, fundos hedge [de alto risco e rendimento]) ter começado a investir fortemente nos mercados internacionais de produtos agrícolas depois da crise do investimento no setor imobiliário dos Estados Unidos.[19]

A soberania alimentar requer a incorporação de circuitos locais de produção-consumo e ações organizadas para obter acesso à terra, à água, à agrobiodiversidade etc., recursos fundamentais que as comunidades rurais devem controlar para conseguir produzir alimentos com métodos agroecológicos. A expansão de terras agrícolas destinadas a agrocombustíveis ou cultivos transgênicos (que já ocupam 120 milhões de hectares) tende a aprofundar os impactos ecológicos de monoculturas, cada vez mais degradantes. Sabe-se que a agricultura industrial hoje contribui com mais de 1/3 das emissões globais de CO_2 de efeito estufa (Altiere, 2008).

Outro elemento relacionado à produção dos agrocombustíveis é o *desmatamento*. Na contramão da necessidade imperiosa de redução do efeito estufa estão as queimadas, as quais se vêm intensificando, seja em razão da expansão das fronteiras agrícolas — quase invariavelmente acompanhada pelo desmatamento —, seja pelo agravamento das condições climáticas que tornam as matas mais vulneráveis e, portanto, mais sujeitas aos riscos da ação humana, voluntária ou não.

O caso brasileiro é bastante ilustrativo. De acordo com o Instituto Nacional de Pesquisa da Amazônia (Inpa), 75% das emissões brasileiras

---

19. O autor informa que o preço da tonelada do arroz triplicou desde o início de 2007, ao mesmo tempo que nos últimos meses os lucros da maior empresa de sementes e de cereais (Cargill) aumentaram 83%. Ou seja, a fome de lucros alimenta-se da fome de milhões de seres humanos. "Quanto mais altos forem os preços, mais fome haverá no mundo, maiores serão os lucros das empresas e os retornos dos investimentos financeiros." Santos, Boaventura de S. *Fome infame*. Disponível em: <www.cartamaior.com.br>. Acesso em: 7 maio 2008.

de gases vêm das queimadas, embora os dados venham revelando uma queda nos ritmos de desmatamento. O Sistema de Alerta de Desmatamento (SAD) informa que o desmatamento acumulado no período de agosto de 2011 a março de 2012 totalizou 760 quilômetros quadrados, o que implica uma redução de 22% em relação ao período anterior (agosto de 2010 a março de 2011). Em março de 2012, a maioria (60%) do desmatamento ocorreu em Mato Grosso. Em seguida aparece o Pará com 25% e Rondônia com 9%. O restante (6%) ocorreu nos estados do Amazonas, Roraima e Acre[20].

A gravidade do desmatamento na Amazônia tem atraído a atenção internacional, de forma que o secretário-geral da ONU, Ban Ki-moon, faz referência direta ao caso, enfatizando a tendência de alterações permanentes na floresta ainda neste século. Para ele, caso os piores cenários descritos pelos cientistas se concretizem, a Amazônia será transformada em savana.[21]

O que se evidencia, nos termos anteriormente descritos, é que o capital mantém confinadas aos interesses de sua reprodução as estratégias no campo das alternativas energéticas, ainda que se coloque em risco a vida planetária; mais, converte as sequelas da industrialização e principal vilão do aquecimento global — os gases de efeito estufa — em objeto de transação mercantil, os chamados créditos de carbono.[22] Através deste mecanismo, os países industrializados investem em projetos para reduzir as emissões de gases causadores do efeito estufa nos países periféricos, sendo assim autorizados a estourar sua própria cota de poluição. O mercado de crédito de carbono movimentou US$ 30 bilhões em 2006, o triplo do ano anterior, segundo um relatório do Banco Mundial. Cerca de 80% desse valor (quase US$ 25 bilhões) foram originados de progra-

---

20. De acordo com o boletim do SAD (março/2012). Porém, foi possível monitorar apenas 26% da área florestal da Amazônia e, portanto, os dados de desmatamento nesse mês podem estar subestimados. Disponível em: <www.imazon.com.br>. Acesso em: 18 maio 2012.

21. Netto. *Vida e saúde*. Disponível em: <www.estado.com.br>. Acesso em: 18 nov. 2007.

22. Instituído pelo Protocolo de Kyoto — 1997 — parte-se da tentativa de mensurar quão insustentável é uma dada produção e o consumo em comparação às demais. Daí os países mais poluidores poderem adquirir no mercado cotas que lhes possibilitem seguir poluindo, sem a obrigatoriedade de alteração da base produtiva. Trata-se do chamado "direito de poluir".

mas implantados na União Europeia, e US$ 5 bilhões vieram de países em desenvolvimento.[23]

Segundo estudiosos do assunto, existe o risco de os certificados de carbono serem transformadas apenas numa operação financeira para dar lucros aos seus investidores, permitindo que um dado ecossistema seja prejudicado para favorecer a exploração comercial do outro. O marketing dos países ricos, prometendo dinheiro aos projetos ambientais dos países pobres, pode acabar não gerando nenhuma vantagem para o meio ambiente, se os instrumentos econômicos forem uma promessa de capturar carbono no futuro. "Os créditos de carbono, se mal desenhados e lançados no mercado no afã da euforia, apenas para suprir uma expectativa de captar investimentos internacionais, podem mascarar a ação de muitos 'oportunistas de negociatas'."[24] Estão em xeque, neste caso, os princípios da Economia Ecológica e seus esforços por incorporar ao cálculo financeiro os "serviços" e recursos ambientais, na expectativa de compatibilizar acumulação capitalista e preservação ambiental.

A *produção e destinação de resíduos sólidos* configuram uma das expressões mais dramáticas da "questão ambiental" e refletem a tendência de reprodução da desigualdade que marca o imperialismo ecológico. Com uma produção de cerca de dois milhões de toneladas de lixo domiciliar por dia (cerca de 730 milhões de toneladas ao ano) o planeta demonstra evidentes sinais de esgotamento de sua capacidade de absorver os dejetos da produção humana.

A contribuição de alguns países na produção de lixo chama a atenção: só os Estados Unidos, por exemplo, geram 230 milhões de toneladas ao ano, o que representa 31% do total mundial. Somados ao Canadá e países da Europa ocidental, atinge-se 56% da totalidade da produção do planeta. Já a América Latina contribui com 100 milhões de toneladas anuais, cerca de 13% dos resíduos domiciliares.[25]

---

23. Poupar luz pode gerar crédito de carbono. Disponível em: <www.pnud.org.br>. Acesso em: 15 maio 2007.

24. O que são Créditos de Carbono? Amyra El Khalili. Disponível em: <www.ambientebrasil.com.br>. Acesso em: 20 out. 2007.

25. Série *O desafio do lixo*. Produção e apresentação de Washington Novaes. São Paulo: TV Cultura, série para TV, cor, 2001.

A geração de RSU no Brasil, em 2011, foi de 61.936.368 t/a, registrando um crescimento de 1,8% em relação a 2010 (60.868.080 t/a), índice percentual que é superior à taxa de crescimento populacional urbano do país, que foi de 0,9% no mesmo período[26]. Esses dados confirmam uma tendência que se mantém desde a década anterior. Segundo o IBGE, entre os anos de 1991 e 2000 a coleta de resíduos cresceu 49% em todo o Brasil, enquanto o aumento populacional foi da ordem de 15%, sinalizando as consequências da intensificação da descartabilidade.[27]

O Brasil é o país, dentre os ditos emergentes, que produz o maior volume de "lixo eletrônico" por habitante/ano, além de ser campeão no descarte de geladeiras (também *per capita*) e um dos líderes em descarte de celulares, TVs e impressoras, sendo que esse fenômeno não vem obtendo a devida atenção dos gestores públicos, de tal sorte que o país sequer dispõe de dados sobre o assunto[28].

Quanto ao destino final dos resíduos, 90% são destinados a aterros sanitários, aterros controlados e lixões. Os 10% restantes são distribuídos entre compostagem, unidades de triagem/reciclagem, incineração, vazadouros em áreas alagadas e outros destinos ou locais não fixos. Há também um aumento significativo de 120% nos resíduos encaminhados para aterros sanitários e uma diminuição de 18% na disposição em lixões entre 2000 e 2008. Segundo o mesmo estudo, somente 29% dos municípios utilizam aterros sanitários, sendo que 71% ainda utilizam aterros controlados e lixões[29].

Esta situação coloca o sistema de manuseio e armazenagem dos resíduos — já em condições precárias — à beira do colapso, com registro de um caso de desmoronamento do aterro São João, na zona leste de São Paulo em agosto de 2007, para o qual eram destinadas 15 mil toneladas diárias de lixo.

---

26. Panorama dos Resíduos Sólidos Urbanos 2011. Disponível em: <www.abrelpe.org.br>. Acesso em: 18 maio 2012.

27. Erthal. "Reféns do lixo". Disponível em *Carta Capital*, ano XII, n. 463, 2007.

28. "*Recycling* — from E-Waste to Resources". Disponível em: <www.pnuma.org.br>. Acesso em: 8 abr. 2011.

As estimativas são da própria ONU: por ano, o Brasil descarta 96,8 mil toneladas métricas de PCs, perdendo apenas para a China, com 300 mil toneladas. No entanto, em termos *per capita*, o Brasil lidera o *ranking*. Cada brasileiro descarta, anualmente, meio quilograma desse lixo eletrônico, enquanto na China a taxa *per capita* é de 0,23 kg, contra 0,1 kg na Índia.

29. Hendges, A. S. *Diagnóstico dos Resíduos Sólidos no Brasil*. Disponível em: <http://www.ecodebate.com.br>. Acesso em: 17 nov. 2011.

De fato, estamos diante de um desfecho dramático para um problema que historicamente foi tratado como incomodidade. O que predominou na gestão de resíduos sólidos no Brasil foi um esforço dos governos e empresas para esconder o lixo, resolvendo a questão estética sem uma preocupação com a dimensão ambiental do problema. O aumento da descartabilidade torna inviável esta estratégia e obriga os gestores públicos a voltarem a atenção para a regulação pública da questão, tanto na definição de um marco legal[30] quanto no desenvolvimento de incentivos a formas alternativas de gestão: de um lado, incentivando a reciclagem e, de outro, estimulando a gestão mais adequada dos resíduos, através da troca dos lixões pelos aterros sanitários, em conformidade com as normas técnicas de funcionamento.

Também a problemática do lixo revela que, sob a lógica capitalista, a busca pela introdução de um padrão tecnológico sustentável acaba por converter-se em novos mecanismos de poluição e depredação. Se quisermos nos ater apenas à natureza "limpa" das tecnologias de origem microeletrônica, veremos que apesar de serem assim consideradas, a dinâmica de produção de tais mercadorias as integra à cadeia da obsolescência programada, indo somá-las a tantos outros produtos nos lixões das grandes e pequenas cidades, especialmente dos países periféricos. "Estima-se que são produzidas no mundo, a cada ano, 40 milhões de toneladas de lixo tecnológico (...) há dez anos, a vida útil média de um computador era de seis anos, tempo reduzido para dois anos em 2005, com o volume de descartes crescendo na mesma proporção."[31]

Em matéria histórica sobre o destino do lixo tecnológico dos Estados Unidos e da Europa (entre outros), lê-se que grande parte deste é remetida aos países asiáticos. Apenas a cidade de Guiyu, próxima a Hong Kong, importa anualmente um milhão de toneladas de computadores, impressoras e aparelhos de fax, destinadas à reciclagem (reaproveitamen-

---

30. Foi homologada, no ano de 2010, a Política Nacional dos Resíduos Sólidos. Lei n. 12.305/10.

31. Bezerra propõe regras para destinação do lixo eletrônico. Disponível em: <recicláveis.com.br>. Acesso em: 15 out. 2007. A mesma matéria afirma que "hoje, o destino da maior parte da sucata de milhares de televisores, geladeiras, fogões, computadores, impressoras e tantos outros equipamentos são os lixões, os aterros sanitários e os ferros-velhos. Isto quando não são abandonados em terrenos baldios, ou simplesmente jogados nos cursos de água".

to de suas partes "nobres" — metais, fios e as placas dos computadores). As partes não aproveitadas são atiradas nos lixões dos arredores ou jogadas nos canais de irrigação,[32] contribuindo para a degradação ambiental, seja pelos produtos químicos utilizados no processo de beneficiamento dos metais, seja pelo acúmulo de entulhos, sem nos atermos aos riscos à saúde dos trabalhadores no desmanche e seleção dos materiais, atividades realizadas sem nenhum equipamento de proteção, numa demonstração inconteste de que mesmo ações consideradas ecologicamente sustentáveis não raro firmam-se em processos de degradação humana, em si mesmas negadoras da sustentabilidade social.[33]

Por sua vez, China, Índia e Paquistão estão se transformando em uma lata de lixo eletrônico.[34] Os registros apontam para a incineração, a céu aberto, de componentes eletrônicos descartados para retirada de resto de ouro e chumbo. Neste caso, a chamada "reciclagem" é na verdade uma operação de contaminação do solo, das águas e do ar, segundo os especialistas das ONGs que condenam os Estados Unidos por serem o único país industrializado que não ratificou a Convenção da Basileia,[35] que restringe a exportação de lixo tóxico.

Além de ser apontada como uma das regiões que mais sofrerão com o aquecimento global em função da seca e da fome, a África vem se transformando em uma espécie de "aterro sanitário" do imperialismo. Lixo radioativo na Somália, mais de 5 mil litros de cloro abandonados em Camarões, são apenas alguns exemplos que tornam o continente o destino de uma boa parte lixo tóxico exportado do mundo e produzido, fun-

---

32. Revista *Veja*, ano 35, n. 44 de 6/11/2002. A mesma publicação informa que este negócio movimenta 120 milhões de dólares e "emprega" 100 mil pessoas, em sua maioria migrantes das áreas rurais — mulheres e crianças, cuja remuneração não ultrapassa 1,5 dólar por dia.

33. Desde 1995 a água subterrânea da região não pode ser utilizada para abastecimento e os gases emitidos pela combustão dos componentes eletrônicos contêm dioxinas e furanos, segundo os ambientalistas. Lixões semelhantes existem nas cidades de Nova Délhi, na Índia e Karachi, no Paquistão. Disponível em: <aguaonline.org.br>. Acesso em: 27 fev. 2005.

34. Segundo informe divulgado pela Rede de Jornalistas Ambientais da Ásia, com base em denúncias de entidades como o Greenpeace, a Sociedade de Proteção do Ambiente do Paquistão e a Rede de Ação Basileia. Disponível em: <aguaonline.org.br>. Acesso em: 27 fev. 2003.

35. A Convenção da Basileia regulamenta o comércio transfronteiriço de Resíduos Perigosos, estabelecendo algumas regras que podem ser regulamentadas e mais restritivas nos países signatários. Foi ratificada pelo Brasil através do Decreto n. 875/93.

damentalmente, por multinacionais europeias. Neste sentido, a produção e destinação do lixo, como expressão das contradições do capitalismo contemporâneo, também integra as estratégias do imperialismo ecológico, impondo severas penalidades aos países periféricos. A expansão da reciclagem, ainda que insuficiente, constitui uma importante estratégia de enfrentamento desta questão, embora, como veremos adiante, também se revela portadora de um conjunto de novas problemáticas, na medida em que se incorpora ao circuito mercantil.

Outra manifestação importante da "questão ambiental" é a *poluição e rarefação da água* destinada ao uso humano, seja como resultado dos desmatamentos, da poluição dos mananciais ou diretamente do desperdício, fato é que a água torna-se cada vez mais escassa, ao mesmo tempo que converte-se em veículo de transmissão de inúmeras doenças. A precária destinação do lixo e dos esgotos acentua esta tendência. Estima-se que cerca de 2 milhões de toneladas de lixo são jogadas diariamente em rios e lagos da Terra e que 12 mil km^3 de água estejam poluídos em todo o mundo. Se as taxas de poluição mantiverem o atual ritmo de crescimento, cerca de 18 mil km^3 serão perdidos até 2050.[36]

Segundo a União Mundial para a Natureza — UICN,[37] um bilhão de pessoas vive em áreas onde não há suficiente água para cobrir as necessidades básicas, enquanto cerca de 70% de água usada para a agricultura é descartada. No caso da América Latina e Caribe, dados da Organização Mundial da Saúde — OMS mostram que 86% das águas residuais urbanas chegam sem tratamento aos rios, lagos e mares. Isto é especialmente alarmante se levamos em conta que um grande número de vírus e bactérias causadoras de enfermidades como diarreia, cólera, disenteria, febre tifoide e helmintíases seguem junto à água, a qual é bebida por crianças e adultos.[38]

O Brasil concentra 12% da capacidade dos recursos hídricos mundiais, mas este recurso não se distribui igualmente no território, assim

---

36. Urban. Quem vai falar pela terra? Disponível em: <www.redetec.org.br>. Acesso em: 20 jan. 2008.

37. Criada em 1948, a UICN é formada por 83 estados, 110 agências governamentais, 800 ONGs e aproximadamente 10 mil cientistas e especialistas de 181 países.

38. Disponível em: <www.adital.com.br>. Acesso em: 28 abr. 2008.

como a disponibilidade da água é prejudicada pelos esgotos doméstico e industrial atirados nos rios. Segundo a Agência Nacional de Águas — ANA, apenas 54% dos domicílios no Brasil, hoje, têm coleta de esgoto e serão necessários mais de R$ 178 milhões até 2020 para efetuar as melhorias que garantam a universalização do sistema de esgoto e de água.[39]

Decerto que o Brasil expandiu os serviços de água e esgotamento nos últimos anos. Estudo da Associação Brasileira de Infraestrutura e Indústrias de Base (ABDIB) mostra a evolução na oferta destes serviços, a partir de um cruzamento de dados do IBGE. Segundo este estudo, o Brasil ampliou o acesso à estrutura básica, de uma maneira geral, mas, ao mesmo tempo, tem deixado crescer a fila de espera dos mais pobres. Há hoje, no Brasil, 34 milhões de pessoas sem acesso adequado ao serviço de abastecimento de água. Destes, 24 milhões (cerca de 70%) têm renda familiar de até 3 salários mínimos. Em 1999, a fila de espera tinha 34,6 milhões de pessoas, dos quais 21,8 milhões (63%) pertenciam a esta faixa de renda mais baixa.

Com relação aos serviços de esgotamento sanitário, a mesma lógica se repete. Existem, atualmente, 95,6 milhões de brasileiros sem acesso adequado a este serviço. Deste total, 59,2 milhões têm renda familiar doméstica de até 3 salários mínimos (61,9%). Em 1999, a fila tinha 90,1 milhões de pessoas. Os mais pobres, entre este contingente, somavam 45,9 milhões — o equivalente a 51%. Ou seja, entre os anos de 1999 e 2006, cresceu *dez pontos percentuais* a proporção de pobres sem acesso à rede de esgotos.[40]

Neste intricado cenário, em que se entrecruzam números e variáveis sociais e ambientais, se evidencia a complexidade da "questão ambiental" e seus determinantes políticos e sociais, demonstrando que o conjunto das manifestações às quais nos referimos neste tópico guarda uma estreita relação entre si, bem como integra as crescentes contradições do sociometabolismo do capital em sua fase madura.

---

39. Disponível em: <www.cartamaior.com.br>. Acesso em: 7 mar. 2007.
40. AGGEG. Os esquecidos pelo Estado. *Jornal do Comércio*, Recife, 23 mar. 2008.

2.1 Obstáculos materiais e simbólicos ao desenvolvimento do capital: a "questão ambiental" e seus mecanismos de controle

Vimos discutindo, no curso deste trabalho que, para o capital, a "questão ambiental" se constitui numa problemática tão somente na medida em que impede, ou cria obstáculos, às formas que historicamente utilizou para apropriar-se da natureza, isto é, a propriedade dos bens sociais e naturais e a sua transformação em mercadorias. Estes obstáculos podem ser de ordem material — como é o caso da escassez de alguns produtos não renováveis, o despejo e tratamento dos resíduos industriais — ou limitações de ordem comercial ou mesmo jurídico-políticas (Mota, 2002).

No que diz respeito à *escassez de recursos naturais*, o capital investe na pesquisa de novas matérias-primas, na recomposição da base de fornecimento em caso de recursos renováveis (reflorestamento, por exemplo) além de alterações nas regras mercantis. A ciência econômica incorpora os custos ambientais a seus cálculos, atribuindo valor aos elementos antes gratuitos (o ar, os oceanos, a água) à medida que desenvolve o conceito de internalização das (antes consideradas) *externalidades*. Do ponto de vista do capital, esta ciência se divide em duas correntes essenciais: A Economia ambiental e a Economia ecológica.[41]

A *economia ambiental* considera um "bem econômico" o recurso que estiver em situação de escassez, desconsiderando o que for abundante. No caso dos bens transacionados no mercado (insumos materiais, energia), a escassez crescente de um determinado produto teria como consequência a elevação de seu preço, o que induziria a inovações que permitiriam poupá-lo, substituindo-o por outro recurso mais abundante.

No caso dos elementos naturais não mercantis (água, ar) devem, segundo esta concepção, ser reduzidos à lógica de mercado, precisam ser privatizados. Propõe, então, a privatização como possibilidade objetiva e única de protegê-los, seja diretamente através da definição dos direitos de propriedade sobre estes ou, indiretamente, pela valorização econômica da degradação.

---

41. Embora os economistas considerem a existência de uma terceira vertente do pensamento econômico — a marxista — não a incluem no debate das estratégias capitalistas, por razões bastante plausíveis.

Trata-se, neste caso, de "internalizar as externalidades", de estabelecer ou fixar preços para os bens públicos em conformidade com a lógica de mercado. "O desafio da economia é alocar os recursos escassos de maneira a obter o maior benefício social a partir desses recursos. Em relação aos recursos ambientais, um problema econômico existe na medida em que esses recursos estão disponíveis em quantidades finitas" (Ortiz, 2003, p. 82). Neste sentido, fixar cotas de contaminação, por exemplo, é uma forma de privatizar um elemento natural público, o que tende a abonar a culpa do poluidor privado: uma vez pagando pelo que contamina, transfere para o espaço público — camada de ozônio, mares, atmosfera, entre outros — os problemas ambientais por ele gerados.

De acordo com os pressupostos da economia ambiental, a única forma de gerenciar adequadamente os recursos naturais seria privatizando-os, o que implica uma drástica, porém planejada, redução dos bens públicos. "Sendo assim, a economia ambiental termina propiciando vantagem econômica para os poluidores que tiverem condições de pagar pelos seus estragos, legitimando a apropriação e o uso de recursos ou espaços públicos para contemplar interesses privados" (Lima, 2004, p. 121).

Para a *Economia ecológica,* são insustentáveis as explicações dos economistas ambientais, servindo apenas para justificar relações abusivas da indústria em relação à natureza. A partir dessa crítica, os economistas ecológicos recusam a tese de que a economia é um sistema hermético e autorregulável.[42] Para eles, o sistema econômico pode até ser fechado em termos materiais, mas é aberto ao universo no que tange à captação de energia — posto que depende de um sistema mais amplo, o planeta Terra.

Nessa perspectiva, os ecossistemas não são apenas uma fonte de recursos para a atividade econômica, mas também cumprem uma gama maior de funções, tanto para o ser humano como para todos os seres vivos que dele se utilizam. Eles partem de tais pressupostos para tentar demonstrar os limites físicos do planeta e consideram que tais pressupostos

---

42. "Para a Economia ambiental tudo se passa como se o sistema econômico fosse capaz de se mover suavemente de uma base de recursos para outra, à medida que cada uma é esgotada, sendo o progresso científico e tecnológico a variável-chave para garantir que esse processo de substituição não limite o crescimento econômico a longo prazo" (Romeiro, 2004, p. 7).

são suficientes para questionar as teses do crescimento ilimitado, demonstrando uma clara influência do pensamento derivado do Clube de Roma.

Diante dessa realidade, os economistas ecológicos propõem políticas econômicas que tenham como finalidades: 1) orientar a utilização mais eficiente dos recursos ambientais; 2) a substituição de recursos não renováveis por recursos renováveis; e, por fim, 3) a redução de processos contaminantes que estão alterando os ciclos biogeoquímicos de muitos ecossistemas (Rocha, 2004). Esta proposição ganha expressão ideopolítica na formulação de Desenvolvimento Sustentável, a qual vai orientar um conjunto de ações neste campo desde o início dos anos 1990. Em face desta estratégia, a reciclagem de resíduos sólidos e o tratamento dos resíduos industriais passam a configurar como alternativas privilegiadas à escassez de matérias-primas e ao comprometimento ambiental provocado pela obsolescência programada do uso das mercadorias.

Ainda que estas mudanças se façam indispensáveis, vale considerar que a economia ecológica — assim como a economia ambiental — não realiza uma crítica à economia de "livre mercado": ambas admitem que deverá haver medidas de correção para tentar superar/amenizar a "questão ambiental". A vertente ambiental (neoclássica) tem recorrido ao conceito de externalidade e propõe medidas para internalizar essas externalidades negativas; já a ecológica recorre a leis da física para melhor entender a forma de atuar sobre os efeitos perversos do sistema produtivo (Rocha, 2004). No entanto, faz-se necessário reiterar a impossibilidade de se enfrentar as degradações ambientais sem levar em conta as tendências econômicas que regem as formas produtivas próprias ao capital e que visam, ao fim e ao cabo, a busca do lucro.

Outro componente importante da incorporação do meio ambiente na agenda econômica é o peso dos *obstáculos comerciais*, levados a efeito pelas grandes corporações transnacionais, que passam a restringir o campo de ação das empresas que não atendam às exigências ambientais e tornam o mercado mais seletivo. Estas barreiras são manifestações da formação de uma ampla redefinição do lugar ocupado pelas corporações no plano político global, ampliando sua intervenção nas expressões da questão social e ambiental como parte das suas estratégias de legitimação e enfrentamento das contradições com as quais se deparam.

Na conformação dessa nova cultura empresarial comparecem as ações voltadas à gestão ambiental,[43] com a adoção de "tecnologias limpas", o uso de matérias-primas de menor impacto ao meio ambiente e a utilização de metodologias de redução de resíduos e poluentes, além das práticas socioambientais, constitutivas da chamada responsabilidade social.

Se, por um lado, as barreiras ambientais significam a incorporação da dimensão ambiental nas transações mercantis, por outro têm sido denunciadas como um instrumento de proteção velada — já que permitem que os países limitem a entrada de produtos em seus territórios sob alegação de descumprimento de normas ambientais — ao passo que estariam favorecendo os países centrais, os quais estariam em melhores condições de atenderem às exigências neste campo.

Este é um quadro que expressa a acentuação da competição no mercado mundial. As estratégias de competitividade ganham expressão na introdução dos chamados "selos verdes" e nas normas e certificações de qualidade, como é o caso das ISOs 9000 e 9001/2000; 14000 a 14065.[44]

No *plano jurídico-político* o capital se defronta com um conjunto de normas destinadas a induzir as diversas atividades econômicas a adotarem procedimentos menos agressivos ao ambiente externo, a exemplo da redução de poluentes e da utilização dos recursos naturais na produção. A regulação pública do uso do meio ambiente resulta, conforme assinalamos anteriormente, da pressão dos movimentos sociais envolvidos com a causa ambiental e ecológica. O respeito às normas ambientais, antes tido apenas como fator de custo, se relaciona cada vez mais com a imagem das empresas e define, em grande medida, o seu lugar no mercado, passando, assim a integrar as suas estratégias de lucratividade.

---

43. Em razão da importância que assume como discurso e prática empresarial, daremos um tratamento destacado à questão adiante.

44. As duas primeiras estabelecem os requisitos para assegurar o "manejo da qualidade" dos processos de produção, enquanto "todas as características de um produto ou serviço que são exigidas pelo consumidor" (...) "o que a organização necessita assegurar que seu produto tem em conformidade com as exigências do consumidor" (ISO 2000). As demais se referem, diretamente, à incorporação da dimensão ambiental pelas organizações: Sistemas de Gerenciamento Ambiental, Auditorias Ambientais e Avaliação de Desempenho Ambiental.

Assim esclarece Vinha:

> Cada vez mais as empresas compreendem que o custo financeiro de reduzir o passivo ambiental e administrar conflitos sociais pode ser mais alto do que o custo de "fazer a coisa certa", isto é, de respeitar os direitos humanos e o meio ambiente de todos os povos, pois estes influenciam a percepção da opinião pública sobre a corporação, dificultando a implementação de novos projetos e a renovação de contratos (2003, p. 174).

E, em seguida, conclui a autora:[45]

> Se o atendimento às normas ambientais representa um custo alto (...) os acidentes e os crimes ambientais provocam escândalos corporativos que abalam a confiança dos investidores, consumidores e acionistas, refletindo-se em queda de vendas e, consequentemente, em prejuízos financeiros (p. 174).

A incorporação da dimensão ambiental no cálculo econômico assume feições cada vez mais evidentes. As empresas atualizam seu discurso, consolidando um novo *Ethos* em torno das chamadas *práticas positivas*, que propalam o respeito à vida, à natureza, como parte das estratégias mercantis.

2.2 A administração da "questão ambiental": principais mecanismos de enfrentamento

Decerto que o conjunto dos obstáculos anteriormente referidos — que vão desde a escassez de produtos não renováveis até as barreiras comerciais e jurídico-políticas — converteu-se em estratégias que inflexionaram o discurso e as práticas do Estado e do empresariado brasileiro e mundial, notadamente no fim do século XX. Aí comparecem tanto os efeitos da intensificação da competitividade entre os grandes monopólios na busca por abocanhar fatias cada vez mais significativas do mercado mundial, quanto um conjunto de novas orientações das agências internacionais, em particular do Banco Mundial no trato com os danos ambientais. A *gestão ambiental*,

---

45. Idem.

com ênfase na *reciclagem dos resíduos sólidos*,[46] nos investimentos em *pesquisas científicas* e em *novas tecnologias* e a *educação ambiental*, além da *ideologia do progresso técnico* são as expressões mais emblemáticas deste movimento.

2.2.1 A gestão ambiental privada

A gestão ambiental vem sendo objeto de discussão em diversos segmentos da sociedade brasileira — empresariado, ONGs, organizações ambientalistas e poder público — em razão da necessidade de oferecer respostas ao agravamento da "questão ambiental" e seus desdobramentos para a reprodução da vida planetária.

Se nos períodos anteriores a gestão ambiental era entendida como função exclusiva do Estado, centrada nas orientações, na legislação ambiental e exercida pelas instituições públicas — cujo objetivo é impor limites e condições para o uso e apropriação dos recursos naturais — agora as empresas passam a incorporar a dimensão ambiental como mediação do processo produtivo, adotando as chamadas "práticas sustentáveis".[47]

É o próprio Banco Mundial (2006) quem esclarece:[48]

> A nova abordagem emergente incorpora o conceito de desenvolvimento sustentado e produção mais limpa, associado com boas práticas de gerenciamento (...) O Grupo do Banco Mundial reconhece e promove o conceito de desenvolvimento sustentado, no qual o crescimento e a proteção ambiental são compatíveis (p. 1).

E conclui:

---

46. "O termo reciclagem aplicado a lixo ou a resíduos designa o reprocessamento de materiais de sorte a permitir novamente sua utilização. Trata-se de dar aos descartes uma nova vida. Nesse sentido, reciclar é 'ressuscitar materiais', permitir que outra vez sejam aproveitados" (Calderoni, 1996, p. 19).

47. Aqui estamos tão somente nos referindo aos rebatimentos ideopolíticos do debate, na relação entre gestão ambiental na esfera pública e privada, sem que isto implique a substituição de uma por outra. Vale dizer: não é com a incorporação da temática ambiental pelo empresariado que as ações regulatórias e estruturadoras no âmbito do Estado devam perder importância.

48. Relatório Banco Mundial. *Princípios da gestão da poluição industrial*. Disponível em: <www.bancomundial.org.br>. Acesso em: 20 mar. 2007.

O Grupo do Banco Mundial encoraja a adoção de abordagens que levem em conta o conceito de produção mais limpa (...). A produção mais limpa abrange processos de produção e procedimentos de gerência que implicam em um uso de recursos menor que o da tecnologia convencional e também envolve menor desperdício e gera menor quantidade de substâncias tóxicas ou outras substâncias perigosas. Enfatiza as dimensões humanas e organizacionais do gerenciamento do meio ambiente, incluindo operações eficazes para evitar emissões deliberadas ou acidentais (...). Atualmente, a produção mais limpa tem como meta incluir tudo, desde o projeto inicial até a deposição final ou reutilização dos produtos (...). Ele encoraja o crescimento contínuo dos processos, a instalação de controles e a monitoração de desempenho (p. 5).

Neste sentido, as empresas devem demonstrar o seu compromisso com uma maior responsabilidade socioambiental, através da mudança do seu *modus operandi*.

De acordo com Meyer, apud Kraemer (2003) a gestão ambiental pode ser entendida da seguinte forma:

1) Tem como objeto manter o meio ambiente saudável (à medida do possível), para atender às necessidades humanas atuais, sem comprometer o atendimento das necessidades das gerações futuras;

2) Busca meios de atuar sobre as modificações causadas no meio ambiente pelo uso e/ou descarte dos bens e detritos gerados pelas atividades humanas, a partir de um plano de ação viável técnica e economicamente, com prioridades perfeitamente definidas;

3) Adoção de instrumentos de monitoramentos, controles, taxações, imposições, subsídios, divulgação, obras e ações mitigadoras, além de treinamento e conscientização;

4) Definição de base de atuação de diagnósticos (cenários) ambientais da área de atuação, a partir de estudos e pesquisas dirigidos em busca de soluções para os problemas que forem detectados.

Por fim, afirma a autora (2003):

Assim, para que uma empresa passe a realmente trabalhar com gestão ambiental deve, inevitavelmente, passar por uma mudança em sua cultura empresarial; por uma revisão de seus paradigmas. Neste sentido, a gestão ambiental tem se configurado com uma das mais importantes atividades relacionadas com qualquer empreendimento (p. 9).

É neste contexto que surgem as normas internacionais de gerenciamento ambiental e desenvolvimento sustentável, tais como: a BSI 7750 (britânica),[49] a EMAS — Eco Management and Audit Scheme (da Comunidade Europeia) e a série ISO14000 — International Organization for Standardization, que constitui o SAGE — Grupo Estratégico Consultivo sobre o meio ambiente. Assim, ao "capitalizar" os "ativos ambientais", a empresa abriria espaços para obter ganhos como: sucesso perante os clientes, fortalecimento da marca, colher vantagens do pioneirismo, aumento da rentabilidade e conquista da confiança do mercado, dado o fato de a empresa explorar, estrategicamente, as oportunidades emergentes.

Segundo Carvalho,

> Nesse contexto, o discurso de representantes do setor empresarial incorpora o meio ambiente como justificativa para suas escolhas técnicas, comerciais, administrativas e comunicativas. Afirma-se que em função do meio ambiente, as empresas teriam ultrapassado o patamar das preocupações relativas ao combate da poluição ao final do processo e teriam chegado ao nível de usar tecnologias mais limpas e mais eficientes ao longo de todo o processo de produção. Nesse discurso, as questões ambientais e sociais seriam consideradas como atribuições de toda empresa. (...) Por outro lado, o discurso também incorpora o meio ambiente como "oportunidade de negócios" (2006, p. 93).

De acordo com Kraemer,

> Os empresários, neste novo papel, tornam-se cada vez mais aptos a compreender e participar das mudanças estruturais na relação de forças nas áreas ambiental, econômica e social. Também, em sua grande parte, já decidiram que não querem ter mais passivo ambiental. Além disso, desenvolvimento sustentável introduz uma dimensão ética e política que considere o desenvolvimento como um processo de mudança social, com consequente democratização do acesso aos recursos naturais e distribuição equitativa dos custos e benefícios do desenvolvimento (2003, p. 6).

Outra importante manifestação deste processo é a incorporação de indicadores socioambientais no *ranking* de valorização das ações empre-

---

49. A BSI 7750 — British Standarts Institutions — é uma norma britânica com versão definitiva publicada em fevereiro de 1994. Baseou-se nos 16 princípios da Carta empresarial da Câmara de Comércio Internacional — ICC.

sariais nas bolsas de valores, a exemplo do *Índice Dow Jones Sustainability Indexes (DJSI)* — (New York) e do *Índice de Sustentabilidade Empresarial — ISE*, instituído pela Bovespa em 2005. A inclusão da empresa em índices com esse perfil costuma dar maior segurança ao investidor, em especial os institucionais, como fundos de pensão e fundações, além dos gestores estrangeiros. O objetivo é contribuir para aumentar ainda mais a visibilidade da empresa e a liquidez das ações, além de produzir impactos tanto no clima organizacional quanto conferir maior segurança aos acionistas, posto que indica uma busca de consolidação em longo prazo.

Por outro lado, o incremento da gestão ambiental privada ocorre em um contexto de crescente tensionamento das ações do Estado, a gestão ambiental pública, seja através do questionamento aos avanços da legislação ambiental — tida como obsoleta e trava ao desenvolvimento econômico —, seja do esvaziamento dos organismos fiscalizadores com vistas a conferir mais liberdade ao capital para avançar sobre os recursos naturais.

No caso brasileiro, a Constituição Federal de 1988, em seu artigo 225, expressa que é dever do poder público e a da coletividade defender e preservar o ambiente ecologicamente equilibrado para as presentes e futuras gerações, posto que se trata de bem de uso comum do povo e essencial à sadia qualidade de vida. Impõe-se, assim, ao ente público e à sociedade a responsabilidade de preservar o meio ambiente, a fim de assegurar as condições de reprodução da vida no planeta.

No entanto, o processo de apropriação e uso dos recursos ambientais não ocorre mediado pela afirmação dos interesses comuns ou coletivos, mas pautado pelas necessidades da acumulação de capitais o que supõe, ao fim e ao cabo, a privatização dos elementos da natureza e sua conversão em mercadoria, como expressão de interesses particularistas. Estabelece-se, desta feita, o conflito entre classes e segmentos sociais distintos, em permanente disputa pela apropriação do meio físico-natural e do ambiente construído.

É na tensão entre a necessidade de assegurar o direito ao meio ambiente ecologicamente equilibrado, como bem de uso comum da população e as necessidades do processo de acumulação que se interpõe a ação regulatória e estruturadora do Estado. Trata-se, segundo Quintas, da definição do modo como devem ser apropriados os recursos ambientais na sociedade: é neste campo que o processo decisório sobre a sua destinação (uso, não uso, quem usa, como usa, quando usa, para que usa etc.) opera (Quintas, 2004).

Neste campo de atuação a *gestão ambiental*, de acordo com o autor é definida como

> um processo de mediação de interesses e conflitos entre atores sociais que agem sobre os meios físico-natural e construído (...) define e redefine, continuamente, o modo como os diferentes atores sociais, através de suas práticas, alteram a qualidade do meio ambiente e também como se distribuem os custos e os benefícios decorrentes da ação destes agentes (Quintas, 2000, p. 17).

O quadro legal e institucional que emoldura a gestão ambiental pública no Brasil resulta, sobretudo, de duas décadas de existência da política ambiental no país — Lei Federal n. 6.938/81, que institui a Política e o Sistema Nacional de Meio Ambiente (Sisnama) — o qual supõe o maior envolvimento de todos os setores do governo federal, dos estados, municípios e da sociedade em geral na dinâmica de compartilhamento e articulação da gestão ambiental.

Os avanços obtidos no âmbito legal, então, devem-se, em larga medida, à ação dos movimentos sociais e ambientalistas, da luta pela democratização do país. No entanto, a despeito dos avanços obtidos neste campo, é possível identificar um quadro de fragilidade políticoorganizativa, especialmente na esfera dos municípios, indicando a necessidade de refletir sobre os determinantes deste processo, bem como identificar as estratégias mais adequadas para o fortalecimento dos interesses coletivos na condução da política pública.

2.2.1.1 A reciclagem dos resíduos sólidos

A cadeia do lixo[50] é lucrativa, por isso a expansão da indústria de reciclagem em todo o mundo é exponencial e apresenta índices de cres-

---

50. Cadeia produtiva, processo pelo qual os resíduos transitam, desde a coleta, passando pela seleção, comercialização, transporte, até chegar à industria que irá transformar esse resíduo em matéria-prima

cimento da ordem de 10% ao ano. Os especialistas envolvidos com o problema dos resíduos industriais afirmam que, se fosse organizada, a gestão desse material poderia movimentar negócios da ordem de R$ 1 bilhão por ano no Brasil. Atualmente, no entanto, o tratamento de dejetos gera um faturamento de R$ 240 milhões — um quarto do valor potencial — segundo os cálculos da Associação Brasileira de Empresas de Tratamento, Recuperação e Disposição de Resíduos Especiais — ABETRE.

De fato, a cadeia do lixo integra a produção globalizada, controlada pelos grandes grupos econômicos, de sorte que os preços dos produtos não é mais definido localmente, mas obedece às regras do mercado internacional. E são estas que influenciam o preço a ser pago na ponta do circuito inferior, onde estão os catadores e os de poseiros. "Desta forma, são os compradores do material reciclado os que determinam o valor do produto e não o possuidor da mercadoria que deveria fazê-lo baseado no seu custo de produção" (Legaspe, 1996, p. 4).

Tabela 1
Tabela ilustrativa dos principais produtos reciclados no país

POR TIPO DE MATERIAL	Volume	Índice de reciclagem
Papel de escritório (ofício branco)	1milhão de t	28%
Papelão	1,685 milhão de t	79,6%
Plásticos (exceto PET)	953 mil t	19%
PET	282 mil t	56%
Alumínio (embalagens)	239,1 mil t	98%
Vidro (embalagens)	470 mil t	47%
Longa Vida	50 mil t	25%
Pneus	311 mil t	92%

Dados de 2010— CEMPRE. Disponível em: <www.cempre.org.br>.

---

novamente. Comporta ações políticas e sociais que interferem na política do lixo. Panis e Salamoni. Disponível em: <www.ufpel.edu.br>. Acesso em: 18 mar. 2007.

A reciclagem já evidencia sua importância no Brasil.[51] O país é o primeiro colocado no *ranking* mundial da reciclagem de embalagens de alumínio, o que implica uma economia de energia suficiente para abastecer uma cidade de um milhão de habitantes. Se a isto agregarmos a economia de matéria-prima e a redução da poluição que causariam tais embalagens caso fossem lançadas na natureza, sem dúvida estamos ante um vasto campo de possibilidades de redução de danos ambientais. Por outro lado, o Brasil vem melhorando seu posicionamento no mercado de reaproveitamento de plásticos.

Alardeada como alternativa ambiental, diante da incomensurável produção de lixo, esta atividade econômica se beneficia, diretamente, *tanto da produção descartável quanto do discurso que a refuta*. Do ponto de vista estritamente ecológico, a reciclagem configura um ícone das práticas "sustentáveis", posto que contribui para a redução do volume total dos resíduos sólidos, ao mesmo tempo que ameniza os efeitos da poluição e economiza matérias-primas e insumos. Por isso, conta com apoio do conjunto da sociedade, sobretudo dos veículos de comunicação, cada vez mais preocupados em disseminar uma cultura ambientalista.

Por outra via, um dos traços distintivos da indústria recicladora é a utilização de matéria-prima obtida no lixo. Ao fazê-lo, impulsiona um processo de trabalho atípico, externo aos muros da empresa, o qual mobiliza trabalhadores precarizados e miseráveis, sucateiros ou deposeiros, o próprio Estado e ONGs, tecendo, assim, uma rede que se articula desde a separação de materiais, a coleta, a seleção, o armazenamento e o transporte destes, constituindo um processo de trabalho que se inicia na rua (ou ainda no espaço doméstico e no interior das empresas) e termina na fábrica.

Indubitavelmente, a indústria recicladora se expande no final do século XX, gozando de larga legitimidade social. Se, por um lado, o seu surgimento é determinado pelas contradições inerentes ao processo de apropriação privada dos elementos da natureza — via limitações na oferta de matérias-primas, energia etc. ou pelas consequências da utilização

---

51. Embora a reciclagem e/ou reutilização de mercadorias tenha acompanhado a industrialização, o fez em condição marginal, através dos grandes depósitos de sucatas, tidos como atividade de segunda categoria.

de tecnologias com alta produção de resíduos e poluentes, ou, ainda, pela incomensurável produção de "lixo" —, por outro, também o é pela ampliação das pressões políticas, seja na esfera das políticas públicas de controle ambiental, seja através dos movimentos sociais organizados.

No entanto, a sustentabilidade propalada pela indústria recicladora não leva em consideração o trabalho do catador, embora a sua existência seja uma das condições para a expansão e o avanço tecnológico daquele ramo industrial. Esmaecido *pela* e *na* matéria-prima que recolhe, este trabalhador torna-se reconhecido *ironicamente* como um "agente ambiental", seja pelo Estado, seja pela sociedade civil, enquanto é destituído da condição de produtor da riqueza social.

Paradoxalmente às altas cifras que envolvem a transação de reciclados, o catador se apresenta alheio à rentabilidade deste setor, sendo insuficientemente atendido pelos programas assistenciais do governo e estando apartado das condições legais de proteção do trabalhador e sua família.

Considerados "excluídos sociais", estes trabalhadores da rua cumprem papel decisivo no processo produtivo da indústria de reciclados, visto que são fornecedores de trabalho "materializado" — fornecem a matéria-prima daquelas indústrias — sendo a compra e venda de sua força de trabalho encobertas na forma de compra e venda de mercadorias. Assim sendo, o sucesso pessoal, a capacidade de satisfação de suas necessidades no mercado depende do *quantum* de mercadorias que remete cotidianamente às empresas — através de intermediários (deposeiros ou cooperativas) — as quais fixam o valor de remuneração da força de trabalho pelo número de unidades/peso (ou peças) e pelo tempo dispensado para obtê-las (Teixeira, 1995). Este processo tem como resultado imediato o aumento dos lucros das empresas.[52]

Embora estejamos nos remetendo a um contexto que não é exclusivo da indústria de reciclagem, o que a diferencia é o papel que o Estado exerce ao mediar a relação entre o trabalho no espaço público e as neces-

---

52. De acordo com pesquisa realizada no município de São Paulo, no ano de 1996, os ganhos econômicos com a reciclagem de lixo ficaram assim distribuídos: 66% para as indústrias, os sucateiros ou deposeiros ficaram com 10% do total e aos catadores couberam 14%, sendo, o restante, obtido pela prefeitura municipal (Calderoni, 1996, p. 237).

sidades materiais das empresas privadas, seja através da organização do trabalho do catador, da intermediação na compra e venda dos resíduos sólidos, do agenciamento das exigências da indústria quanto à qualidade do material, ou, ainda, através da implementação de inúmeras ações educativas, voltadas à formação de uma cultura de preservação ambiental. Na realidade, ao viabilizar direta ou indiretamente o processo de transformação do lixo em mercadoria, as empresas públicas responsáveis pela chamada limpeza urbana das grandes cidades apropriam-se não da mercadoria reciclável, mas do trabalho do catador de lixo que se torna partícipe do processo de coleta do lixo urbano.

Parece certo afirmar que a indústria de reciclados, como expressão emblemática do capitalismo reestruturado, manifesta, de modo particular, a dinâmica da intervenção do Estado na vida social, própria do capitalismo monopolista.

Como nos lembra Netto,

> Na idade do monopólio, ademais da preservação das condições externas da produção capitalista, a intervenção estatal incide na organização e na dinâmica econômicas desde dentro, e de forma contínua e sistemática. Mais exatamente, no capitalismo monopolista, as funções políticas do Estado imbricam-se organicamente com as suas funções econômicas (...) No capitalismo monopolista, a preservação e o controle contínuos da força de trabalho, ocupada e excedente é uma função estatal de primeira ordem (1996a, p. 21-22).

A ação do catador e o trabalho por este desenvolvido são aceitos pelo Estado, pelas empresas e pela sociedade como uma alternativa ao crescente desemprego, tornando-se objeto de uma política voltada para geração de renda. Mais, ainda, a realização da catação é absorvida como parte da política ambiental para minimização dos efeitos causados pela incomensurável produção de resíduos sólidos em ambientes urbanos, alçando esta atividade à condição de ente público. No entanto, não é reconhecida a centralidade do papel do catador na "cadeia do lixo", fato que o destitui do estatuto de trabalhador, e portanto, gerador da riqueza socialmente produzida, reforçando um dos traços centrais do capitalismo reestruturado.

Em plena era da informatização do trabalho, do mundo maquinal e da era da acumulação digital estamos presenciando a época da informalização do trabalho, caracterizada pela ampliação dos terceirizados, pela expansão dos assalariados do call center, subcontratados, flexibilizados, trabalhadores em tempo parcial, teletrabalhadores, pelo ciberproletariado, o proletariado que trabalha com a informática e vivencia outra pragmática, moldada pela desrealização, pela vivência da precarização (...) (Antunes, 2006. p. 25).

A despeito deste paradoxo, este ramo da produção industrial conta com uma legitimidade social crescente. Ancorado na legislação ambiental ou mesmo em função das pressões de organismos internacionais, sob a bandeira do Desenvolvimento Sustentável, essas empresas transformam em matérias-primas uma parte dos produtos da sociedade dos supérfluos e descartáveis. Em outros termos, parte do lixo urbano adquire a forma mercadoria.

Como em toda mercadoria, também neste caso o valor de troca adquire prevalência sobre o valor de uso, de tal sorte que apenas reingressam no circuito produtivo os materiais recicláveis mais lucrativos.[53] Por sua vez, a incorporação do trabalho do catador no circuito produtivo institui um conjunto de novas problemáticas, posto que esta atividade é exercida sob condições subumanas, extremamente insalubres. A sua função, por excelência, é a coleta dos resíduos, dos entulhos produzidos pela sociedade do descarte e do desperdício. A má-remuneração e a desproteção social, além da discriminação de que são vítimas esses trabalhadores, revelam um quadro de barbárie social em contraste com os avanços científicos e tecnológicos utilizados na produção de reciclados.

O que nos parece essencial destacar é que a indústria recicladora, que assume como referência teórica e política o discurso da sustentabilidade — com efetivos impactos sobre o meio ambiente —, realiza o seu processo produtivo desconsiderando o trabalho do catador, tomando-o como algo *externo*, e, nestes termos, "*natural*", a despeito de se tratar de

---

53. Segundo os especialistas, até 90% de todos os materiais usados pela indústria podem ser reciclados. As exceções existem porque alguns produtos não compensam financeira ou ambientalmente, como é o caso das fraldas descartáveis. Sem coleta seletiva, reciclagem pode fazer mais mal do que bem. Disponível em: <recicláveis.com.br>. Acesso em: 19 abr. 2008.

um processo de trabalho que demanda uma larga articulação social, a qual envolve a catação do lixo, os depósitos, o próprio Estado, ONGs e a população em geral, a qual vem sendo sistematicamente convidada a integrar as práticas vinculadas à reciclagem, tratando-se, portanto, de um processo de trabalho que começa na rua e termina na fábrica.

Este contexto, de significativas contraditoriedades, manifesta um conjunto de possibilidades ambientais e sociais ora como estratégia de enfrentamento da produção destrutiva — e do desperdício que lhe é próprio —, ora como expressão das capacidades humanas universais de lidar com a natureza de forma mais racional, ainda que, neste momento histórico, sejam estas mediadas pela lógica da lucratividade. Trata-se, por isso, de agarrar os seus determinantes sociais e econômicos, de tal maneira que não sejamos aprisionados pela lógica fetichizante que apresenta a reciclagem como benefício direto ao cidadão — o que exige o seu engajamento no processo originário de separação e armazenagem dos materiais — apartando-a das condições nas quais se inscreve e dos objetivos que porta no interior da reprodução capitalista.

2.2.1.2 A pesquisa científica e as inovações tecnológicas

Ao longo deste trabalho, vimos apontando os investimentos na pesquisa científica e no desenvolvimento de novas tecnologias como uma das estratégias privilegiadas de enfrentamento da "questão ambiental". As biotecnologias e as nanotecnologias são depositárias de um rol de expectativas quanto aos seus desdobramentos econômicos, ambientais e, sobretudo, éticos.

Se, de um lado, a biotecnologia pode trazer enormes benefícios à humanidade em várias áreas, como o combate a doenças, melhoramento da qualidade dos alimentos — com consequências positivas para a saúde, para a produção de mais e saudáveis alimentos, para combater a fome e para a preservação e melhoria da qualidade do meio ambiente —, por outro lado, o uso inadequado da biotecnologia pode proporcionar também danos irreparáveis ao meio ambiente e à saúde humana. A polêmica em torno dos transgênicos, da clonagem de seres vivos e de pesquisas com células-tronco é reveladora das potencialidades desta área científica, seja como promessas animadoras e redentoras, seja por representar ameaças à civilização e aos valores humanísticos, dependendo dos fins para os quais seja utilizada.

De igual maneira podemos nos referir às nanotecnologias. Estas concentram, cada vez mais, a atenção dos investidores. O mercado e o desenvolvimento nesse campo constituem uma atividade estratégica importante na corrida rumo à inovação.[54] Estima-se que o investimento público global entre 2000-2011 foi da ordem de 65.000 milhões de dólares, com liderança dos EUA; já os investimentos medidos em PPP colocam China, Rússia e Japão disputando a liderança com EUA[55].

Os possíveis benefícios da utilização das nanotecnologias são amplos: tecnologia da informação, medicina e saúde, produção e armazenagem de energia, produção de novos e mais resistentes materiais, de fármacos, entre outros. São muitas as promessas, o que faz crescer as expectativas neste campo, desde a possibilidade de acabar com a fome até a renovação da matriz energética mundial, com largas repercussões ambientais, seja pela redução no uso de recursos, seja pela diminuição e tratamento da poluição.

A despeito das imensas possibilidades que as nanotecnologias portam, não se pode deixar de considerar que o seu desenvolvimento, bem como a sua utilização, estarão submetidas aos desígnios da reprodução do capital, fato este que nos remete a outra dimensão da questão: os riscos. A simples especulação em torno da criação de uma civilização robótica (ou nanobótica) mobiliza a ética, a religião e coloca a humanidade face a face com o sentido de sua reprodução, o que, em última análise, repõe a natureza do desenvolvimento tecnológico e sua subordinação aos imperativos do capital.

Os estudiosos apontam que estamos diante de uma maior aproximação entre o ciclo de inovação tecnocientífica e o ciclo de comercialização destas inovações, como expressão da consolidação de novos campos de

---

54. Segundo os *experts*, as nanotecnologias poderão representar um mercado de 2,600 bilhões de dólares, em 2014. Disponível em: <http://www.nature.com/nnano/>. Acesso em: 20 out. 2007.

55. Rede Latino-americana de Nanotecnologia e Sociedade. Invernizzi, Noela. Disponível em: <www.redesist.ie.ufrj.br>. Acesso em: 18 maio 2012.

valorização de capitais, sobretudo a partir dos anos 1990. Isto explica a intensificação dos investimentos neste campo, bem como o aumento da competição e das pressões por resultados atraentes do ponto de vista mercantil e em ritmo acelerado[56] (Braga e Martins, 2007).

Segundo os autores,

> Vivemos, atualmente, uma espécie de financeirização da ciência com o ciclo comercial passando à frente do ciclo de inovação e exigindo do campo científico resultados de curtíssimo prazo cada vez mais espetaculares, no intuito de sustentar a agitação dos mercados financeiros (p. 144).

A questão que se coloca em relação à pesquisa científica e tecnológica em sua totalidade é a necessidade de se atentar para o princípio da precaução,[57] tendo em vista a voracidade do capital no sentido de ela se apropriar a fim de convertê-la em novos campos de acumulação, pouco se importando com as consequências de médio e longo prazos para a humanidade e para o meio ambiente. A questão da transgenia é bastante reveladora desta tendência. Os especialistas em biossegurança há muito alertam, com pouco sucesso, para a necessidade de incremento das pesquisas destinadas a identificar os efeitos desses produtos.

Na realidade, a utilização das técnicas de modificação genética vem sendo disseminada em todos os países, inclusive no Brasil, assentada em um discurso da ausência de riscos, numa ofensiva ideológica frontal ao pensamento opositor. Pior: os consumidores nem sequer são informados a respeito do uso de produtos transgênicos no fabrico dos alimentos. A

---

56. Os interesses dos investimentos privados são inegáveis: sua parte representa até 60% do orçamento americano neste campo (perto de 2 bilhões de dólares), 70% do orçamento japonês e 30% do orçamento total europeu. O investimento privado para as nanotecnologias é, assim, muito maior nos Estados Unidos que na Europa. Disponível em: <http://www.nature.com/nnano/>. Acesso em: 20 out. 2007.

57. A Declaração do Rio de Janeiro/92, em seu Princípio 15, determina: De modo a proteger o meio ambiente, o princípio da precaução deve ser amplamente observado pelos Estados de acordo com suas capacidades. Quando houver ameaça de danos sérios ou irreversíveis, a ausência de absoluta certeza científica não deve ser utilizada como razão para postergar medidas eficazes e economicamente viáveis para prevenir a degradação ambiental. Assim, é possível verificar que o princípio mencionado busca a identificação dos riscos e perigos eminentes para que seja evitada a destruição do meio ambiente, utilizando-se de uma política ambiental preventiva. Luciana Neves Bohnert. Disponível em: <www.webartigos.com>. Acesso em: 8 maio 2008.

ausência de informações tem dado a tônica deste processo, o qual coloca a agricultura familiar cada vez mais dependente dos grandes grupos transnacionais, enquanto subordina o consumidor à sua ganância.[58]

2.2.1.3 A educação ambiental

Uma das ferramentas mais largamente utilizadas pelo sistema capitalista no "enfrentamento" da "questão ambiental" é a chamada educação ambiental. Ancorada na ideia-força do Desenvolvimento Sustentável, a educação ambiental emerge como propagadora de uma nova relação ética entre sociedade e natureza, projeto este colocado acima das clássicas disputas entre capital e trabalho e seus projetos societários: capitalismo e socialismo. Diversos programas governamentais e não governamentais, de viés educativo, colocam a "questão ambiental" para fora do terreno político e ideológico, "situando-a no campo da mudança de comportamentos do ser humano, associada à conversão tecnológica na direção da ecoeficiência" (Layrargues, 2006, p. 73).

---

58. O mais importante estudo sobre plantas transgênicas em escala nacional foi elaborado pela tetracentenária academia científica britânica, a Royal Society of London. O informe, publicado em 2/3/2008 num dos mais sérios veículos de informação científica, o Proceedings of the Royal Society B: Biological Sciences da Royal Society resultou numa vitória para as plantas convencionais. A série de experiências constatou que as plantas geneticamente modificadas causam sérios danos à fauna e flora silvestre. O documento final é o resultado de uma série de quatro estudos realizados em grande escala em 65 fazendas (Farm-Scale Evaluations — FSEs) com plantação de colza de inverno. Os estudos demonstraram que os poderosos pesticidas que essas plantas tolerariam, causam significativos danos às terras rurais, áreas que hoje se encontram devastadas pela agricultura intensiva. Outros experimentos apontaram que os OGMs — Organismos Geneticamente Modificados causam graves danos às flores selvagens, borboletas, abelhas e, provavelmente, às aves canoras, afetando toda a cadeia alimentar e de reprodução da biodiversidade natural. Plantios com sementes convencionais e sementes resistentes aos agrotóxicos mais conhecidos foram comparados em 65 fazendas diferentes ao longo de todo o Reino Unido. Os resultados foram contundentes, revelando que a biodiversidade estava mais bem preservada nos plantios convencionais de colza e beterraba. Paradoxalmente, o mesmo não aconteceu com o milho OGM, sendo que ele, pela pressão popular, não é mais cultivado na Inglaterra.

Os cientistas monitoraram cuidadosamente as flores selvagens, gramas, sementes, abelhas, borboletas e outros invertebrados. Os números são impressionantes: ao longo dos cinco anos de experiência, os cientistas analisaram amostras de milhões das denominadas "ervas daninhas", acompanharam de perto dois milhões de insetos e fizeram 7.000 visitas de campo. Farfan, E. Relatório britânico condena as sementes transgênicas. Disponível em: <www.ambientebrasil.com.br>. Acesso em: 18 maio 2008.

Pretensamente neutra, a educação ambiental inserida na perspectiva hegemônica presta um importante papel ideológico: ao delimitar como foco de sua ação pedagógica o convívio humano com a natureza — ignorando, moto-contínuo, as determinações sociais deste intercâmbio — converte a "questão ambiental" em uma problemática individual, cuja superação dependeria de uma radical mudança de comportamento, cabendo a todos os cidadãos assumirem "a sua parte". O "consumo consciente" e o fim das práticas predatórias seriam responsabilidade de toda a humanidade.

Conforme vimos indicando, não se trata de negar a imperativa necessidade de uma relação radicalmente diferente com a natureza (a sobrevivência da humanidade cada vez mais se vincula a esta possibilidade), mas à medida que reitera os valores, os princípios e fundamentos do mundo capitalista reduz as possibilidades de os indivíduos estabelecerem, *individualmente*, relações ambientalmente saudáveis — ainda que possam efetivamente contribuir para tal — posto que as formas de se relacionarem com a natureza são mediadas socialmente e estratificadas em classes sociais, guiadas por interesses particulares.

Mas a educação ambiental constitui um conjunto de possibilidades, sendo, portanto, um campo de disputas. Os estudiosos desta temática têm apontado duas vertentes ideopolíticas desta prática pedagógica: uma educação instrumental e outra emancipatória. No primeiro caso, marcado pela ausência de crítica política e de análises estruturais da "questão ambiental", a educação reduz-se a aspectos gestionários e comportamentais, impedindo que a ação pedagógica participe da construção de processos de democratização da sociedade, bem como da consolidação de uma nova relação sociedade — natureza, caucionada nas condições materiais de igualdade social e efetivamente sustentáveis (Loureiro, 2002b).

Em outra perspectiva, a educação ambiental pode ser entendida a partir de um duplo papel: participando dos processos de socialização humana e cumprindo uma função ideológica de tensionamento das bases da reprodução da "questão ambiental". Neste caso, trata-se de localizar a ação pedagógica no interior das múltiplas dimensões que compõem a temática do meio ambiente — dimensão econômica, social, geopolítica, cultural e ecológica — questionando os pilares da organização da sociedade capitalista e sua natureza predatória do meio ambiente.

Nestes termos, a educação ambiental tem como objetivo a formação de uma consciência crítica, do ponto de vista ambiental, posto que seja capaz de, criticamente, compreender a desigualdade social, a padronização cultural e o fetichismo da política como dimensões de uma mesma totalidade complexa.

Embora se trate de uma posição não hegemônica, esta vertente ancora-se em uma dinâmica societária que a reafirma cada vez mais à medida que expõe as fragilidades das saídas gestionárias e a incapacidade do sistema do capital de resolver a "questão ambiental", por mais que conte com "sujeitos de boa vontade". A disputa está aberta.

2.2.2 A ideologia do progresso técnico

Outra ferramenta privilegiada de que lança mão o capitalismo, como esteio ideopolítico às alternativas por este engendradas, é a *ideologia do progresso técnico*, a qual se traduz em uma crença na onipotência da tecnologia, como instrumento capaz de solucionar o conjunto dos obstáculos com que se depara o sistema ao longo de sua trajetória. Tem como suposto uma ordem social imutável, a qual não pode ser desafiada, visto que se assenta em uma "racionalidade técnica", sendo, portanto, capaz de suprir as necessidades do conjunto da sociedade.

Nestes termos, o desenvolvimento científico e tecnológico teria adquirido um poder autônomo e uma força invencível (Mandel, 1985), a partir do qual seria possível explicar a dinâmica da vida social. Sendo assim, a história da humanidade e os seus diversos modos de produzir e de viver teriam como força motriz o desenvolvimento da ciência e da técnica. Funda este pensamento uma concepção de neutralidade das forças produtivas: inflexões na política e na economia fazem-se necessárias para dar conta das novas exigências derivadas dos avanços tecnológicos.

No capitalismo do século XXI esta ideologia se manifesta em diversas versões da crise contemporânea. Neste contexto, afirma-se que o incremento tecnológico em substituição ao trabalho vivo, o aumento do desemprego em escala mundial e a redução do poder dos sindicatos são expressões de uma nova realidade, radicalmente distinta da anterior. Agora, *o trabalhador e sua força de trabalho não mais seriam produtores de valor* e novas formas de acumulação de riquezas estariam sendo gestadas na esteira da automatização do trabalho, na importância crucial da ciência e das tecnologias da informação, as quais estariam configurando novas formas de organização social. Evidencia-se, assim, uma leitura reducionista da realidade social.

Contestando os prognósticos do fim do trabalho abstrato — e da sociedade organizada em função deste — análises marxianas[59] apontam que as transformações ocorridas na sociedade e, especialmente, o uso de novas tecnologias na produção, estão longe de ter decretado o fim do trabalho vivo. Este foi descolado do interior da grande fábrica, assentado nas unidades familiares, artesanais, domésticas ou nas pequenas e microempresas, num movimento que busca travestir a compra e venda de força de trabalho em compra e venda de produtos semielaborados. A particularidade desta forma de produção de mais-valia consiste em que diferentemente do salário por tempo, do salário negociado e estabelecido no contrato de trabalho, a receita dos trabalhadores "vendedores de trabalho objetivado", ao contrário, depende do *quantum* de mercadorias que eles fornecem às unidades finais de produção.

A interpretação destas mudanças, como decorrência dos avanços científicos e tecnológicos, revela uma visão fatalista e fetichizante da realidade, já que emoldura como "naturais" — portanto intocáveis — as contradições do sistema, desconsiderando a complexidade das condições histórico-sociais que as determinam.

Ao defrontar-se com o conceito de "desemprego tecnológico", afirma Neto:

> Assim, podemos dizer que os condicionantes tecnológicos, tidos como "inevitáveis" e dotados de uma "objetividade pura e natural", são produ-

---

59. Refiro-me aqui a trabalho de autores como: Antunes (1998), Teixeira (1995), Mota (1998), Souza (1994), Braga (1997), Dias (1997), para citar alguns.

zidos pelo sistema como tentativa de recuperar o controle do capital sobre o trabalho, tanto na esfera da produção simbólica, como na materialidade do chão da fábrica. Trata-se de recolonizar a base material, através da forma social capitalista de reanimar o "espírito vital" do capital em busca de lucratividade (1996, p. 79).

De igual maneira, as correntes ideopolíticas que buscam atribuir ao produtivismo capitalista e à ausência de uma consciência preservacionista as razões da destruição ambiental incorrem em idêntico reducionismo.[60] Para estas, as saídas para a "questão ambiental" se encontram na adoção de um novo modelo tecnológico — ancorado nas ditas "tecnologias limpas" — e nas inversões comportamentais, especialmente na promoção de um novo padrão de consumo que privilegie as transações mercantis de produtos não poluentes e duradouros. Esta proposição, ao mesmo tempo em que obscurece as razões da obsolescência programada — e a sua capacidade material e simbólica de induzir ao consumo crescente — culpabiliza o consumidor, sendo que a este não pertence o poder decisório sobre o que circula no mercado;[61] tampouco o consumidor dispõe do poder de eliminar a tendência crescentemente perdulária do sistema.

Conforme vimos demonstrando, a despeito de o capital incorporar a dimensão ambiental aos processos produtivos, o faz inteiramente subordinado à sua autorreprodução, impedindo, assim, que a liberação das potências da natureza se faça em sua inteireza. Ao contrário: o saque dos recursos naturais tem-se aprofundado e a biodiversidade tem cada vez mais pago o preço da reafirmação cotidiana da ganância e do lucro. Este processo vem demonstrar a fragilidade do argumento assentado na prevalência do determinismo tecnológico e da naturalização das relações sociais, com a consequente eliminação da luta de classes, exaurindo-se, assim (ou pretendendo), as possibilidades de superação da ordem social vigente.

---

60. Referimo-nos a estas vertentes teóricas no item 1.2.1 deste livro.

61. Com isto não estamos negando a importância de o consumidor ter consciência crítica, tanto no que diz respeito às suas reais necessidades quanto à natureza (origem, componentes, impactos etc.) dos produtos que adquire. Ressaltamos, no entanto, que as determinações históricas da produção do valor de troca subtraem do indivíduo as possibilidades de ser livre no exercício de sua condição de consumidor.

Segundo Braga (1997), este movimento tem como finalidade engendrar novas modalidades de exercício do poder político:

> A tecnificação da política e a neutralidade (universalização) dos progressos da ciência e da técnica apresentam uma imagem desmaterializada e desideologizada da dissolução virtual do poder político sob sua aparência econômica necessária (racional e técnica). O desenvolvimento das forças produtivas do trabalho é reduzido, aí, à sua essência pura (transcendental) captada, curiosamente, em sua aparição imediata enquanto sistema técnico e científico, imediaticidade sob a qual se dissolvem (e podem ser recompostas) as modalidades concretas do poder burguês (p. 19).

Nestes termos, a evocação do "progresso técnico" obscurece a exploração do capital, ao mesmo tempo em que faz sucumbir a luta de classes ao campo gravitacional da técnica, tida como neutra. Apresenta-se, ainda, como recurso para tornar as relações sociais "relações exteriores e autônomas frente ao trabalho, muito embora o capital esteja, a todo o momento, invocando a força de trabalho para compor a sua totalidade" (Amaral, 2005, p. 74).

O percurso argumentativo que vimos desenvolvendo até aqui tem como horizonte a contraposição a este campo ideopolítico: as relações de produção se inscrevem nas forças produtivas de tal sorte que a dinâmica de evolução tecnológica é impulsionada pelo sistema com o fim de aprofundar a exploração do trabalho e da natureza, submetendo-os, progressivamente, aos desígnios do capital.

Assim advoga Foladori:

> Ademais e simultaneamente a esse tipo de relações (técnicas) os seres humanos estabelecem relações sociais de produção pelo simples fato de que os meios com os quais trabalham, sejam estes instrumentos, maquinaria, insumos ou os próprios espaços físicos em que realizam as atividades estão distribuídos segundo regras de propriedade e/ou apropriação antes de ser realizada a atividade e condicionam a repartição do produto e também o próprio ritmo e tipo de técnica a utilizar (2005, p. 69).

Neste campo de argumentação não há qualquer intenção de esmaecer as consequências ambientais do uso da ciência e da tecnologia; tampouco se trata de ignorar as iniciativas técnicas destinadas a atenuar os efeitos da produção destrutiva: as mudanças que vêm sendo operadas nos processos produtivos com a adoção de "tecnologias limpas", a reciclagem e as alterações na base energética, entre outras, constituem respostas do capital à "questão ambiental" e cujos impactos devem ser incentivados e acompanhados.

Por outro lado, se a degradação ambiental resulta da forma como capital se utiliza da ciência e da técnica para converter a natureza em fonte de lucro, não é no âmbito da técnica que reside a superação da "questão ambiental", pois "não são a ciência e a tecnologia contemporâneas 'em si mesmas' que arriscam a sobrevivência da humanidade, mas sim sua organização e aplicação capitalista" (Mandel, 1985, p. 403). Qualquer formulação que se afaste desta determinação histórica acaba por incorrer nos "naturalismos" e "fatalismos" já referidos.

O que tratamos de demonstrar até aqui, ao apontarmos as estratégias de enfrentamento da "questão ambiental", é a notável capacidade do sistema capitalista de converter em seu favor as mazelas de sua produção destrutiva, seja através da transformação dos dejetos e poluentes em objeto mercantil, seja incorporando parte das necessidades dos movimentos ambientalistas, transmutando-as em poderosos instrumentos de legitimação social.

Neste contexto, as saídas apontadas em face da "questão ambiental" têm centralidade técnica e gravitam em torno a um conjunto de medidas que vai desde a gestão ambiental — com a adoção de "tecnologias limpas", a utilização de matérias-primas ditas ecológicas, a redução dos danos causados pela poluição, a reciclagem de resíduos sólidos e as mudanças comportamentais, entre as quais a adoção de um "consumo consciente", sem, no entanto, atingir as bases da obsolescência programada e suas determinações intrínsecas.

O largo espectro das alternativas propostas já elencadas encontra-se mediado pelo Desenvolvimento Sustentável, cujos supostos têm sido amplamente alardeados, oferecendo um suporte ideopolítico à implementação de ações socioambientais de naturezas pretensamente neutras ou supraideológicas. Por esta razão, reuniriam condições de unificar interesses os mais diversos em nome de uma causa comum: a preservação do meio ambiente. Embora o Desenvolvimento Sustentável seja permeado por um conjunto de disputas conceituais, fato é que vem congregando um leque de sujeitos sociais de natureza diversa: organismos internacionais, empresários, movimentos ambientalistas e sindical, organizações governamentais e não governamentais de tal sorte que podemos falar de um pacto social cujo objetivo é oferecer alternativas à "Questão ambiental".

Por outro lado, o Desenvolvimento Sustentável adquire centralidade nos discursos de amplos segmentos da sociedade, configurando uma estratégia global do capital — impulsionada por seus intelectuais orgânicos (as agências multilaterais) — afetando um conjunto de iniciativas que se objetivam nacional e localmente, tanto nas práticas governamentais quanto nas ações da chamada sociedade civil.

2.3 A "questão ambiental" e os desafios ao Serviço Social

A ordem do capital tem, sucessiva e crescentemente, evidenciado as suas contradições e a força brutal com que impõe a destrutividade ambiental e social, como requisições de sua autorreprodução. Para fazer face ao aprofundamento da crise mundial, o sistema faz recair sobre a parte majoritária da humanidade a quebra de direitos, o aumento da fome, da miséria e do desemprego em escala mundial, além da exacerbação dos conflitos étnico-raciais e da destruição ambiental.

Ao mesmo tempo em que assegura a contínua produção e reprodução da "questão ambiental"[62] — assim como ocorre com a questão social —, o capital se empenha em atenuar as suas manifestações, administrando suas contradições através do impulsionamento de programas compensatórios, lastreados pelo discurso do solidarismo, do respeito aos direitos humanos e da defesa do meio ambiente.

---

62. Referimo-nos ao conjunto das manifestações da destrutividade ambiental, resultantes da apropriação privada da natureza, mediadas pelo trabalho humano.

O processo de administração da "questão ambiental" encontra amparo no discurso da sustentabilidade o qual constitui uma resposta aos limites com que depara a ordem do capital, expressos no esgotamento de algumas matérias-primas, na baixa produtividade do solo, nas intempéries, na destruição da biodiversidade, além da decrescente capacidade do planeta de absorver os dejetos e poluentes diversos, resultantes da produção de mercadorias.

Neste processo, a pobreza é concebida quer como causalidade, quer como agravante às já degradadas "condições ambientais", tidas estas como exterioridade, como sinônimo do ambiente físico em si mesmo, embora este tenha sofrido os efeitos da ação humana. Perde-se, assim, o sentido de totalidade da "questão ambiental" — como dimensão natural e sócio-histórica — posto que esta sequer poderia ser aventada sem a estreita imbricação com conjunto das relações sociais que lhe deram origem.

As razões ideopolíticas que dão esteio a esta concepção residem na impossibilidade de a ordem do capital superar o fosso social por este gerado sem comprometer a sua dinâmica de acumulação, razão pela qual o debate ambiental tem conferido centralidade aos aspectos biofísicos do ambiente — de forte inspiração na ecologia — secundarizando a dimensão social, tratada esta como complementar, suporte para a edificação de uma sociedade "ambientalmente sustentável". Nestes termos, naturaliza a pobreza ou a reduz a uma condição secundária, oferecendo-lhe como saída os tratamentos tópicos, desde que tenham como fim último a proteção da "natureza" ou de outra sorte, agravando-lhe, quando esta finalidade assim o requerer.

No plano teórico, esta concepção confere centralidade à dimensão ecológica da "questão ambiental". Neste sentido, a defesa da natureza comparece divorciada do enfrentamento da questão social *ou como hierarquicamente superior a esta,* negando-se, moto-contínuo, a estreita vinculação entre ambas. Nestes termos, as dimensões social, econômica, ideológica, cultural e política aparecem descoladas, despojadas de sentido crítico, posto que não são apreendidas como partes constitutivas de uma totalidade complexa.

Assim, o que se revela é a implementação de "saídas técnicas", posto que elas não colocam em questão os determinantes históricos e sociais da produção destrutiva, cujas bases encontram-se fincadas na apropriação privada do trabalho alheio, dos elementos naturais e sua conversão em fatores de produção, mediada pelo uso da ciência e da tecnologia.

Por essa razão, tais alternativas, implementadas no âmbito da administração da "questão ambiental", têm-se revelado insuficientes diante da dilapidação da natureza: a gestão ambiental dos negócios empresariais, a redução do desperdício na produção e a formação do "consumidor consciente" contrastam com a intensificação da destrutividade planetária, franca e largamente divulgada pelas agências internacionais e pela mídia.

Mais: constata-se que a cisão entre sustentabilidade ambiental e sustentabilidade social acaba por aprofundar a contradição entre ambas, visto que as ações de proteção à natureza, desenvolvidas a partir da lógica de reprodução do capital, afetam de forma diferenciada as classes sociais, e são, em grande medida, reveladoras e em muitos casos portadoras de insustentabilidade social.

O discurso supraclassista, imbricado na programática da sustentabilidade, apregoa a indistinta responsabilidade de todos os humanos pela atual situação do planeta, da qual deriva a imperativa necessidade de mudanças atitudinais e um comportamento mais respeitoso ante a natureza para superar este contexto de destruição. A "questão ambiental" é, assim, tratada na perspectiva do indivíduo, ignorando-se, por esta via, o papel da organização social burguesa, impulsionada pela acumulação privada, no desfecho deste quadro.

Por outro lado, o que se evidencia é que a "questão ambiental" é encarada como uma problemática afeta ao ambiente material, físico, não social, manifestando um processo de naturalização da pobreza e de respostas tópicas às suas mais gravosas manifestações.

A temática ambiental vem interpelando o Serviço Social brasileiro, desde o início da década em curso, seja diretamente como espaço de intervenção seja como campo de pesquisa, período em que cresce a produção acadêmica nesta área.[63] Observa-se, nestes termos, uma inferência no mercado de trabalho profissional, adensada tanto pelas ações desenvolvidas no âmbito do próprio Estado quanto nas nos programas de responsabilidade socioambiental das empresas.

Segundo a referida pesquisa, os trabalhos apresentados por assistentes sociais nos anais de eventos científicos, na primeira metade da década em curso, são reveladores de que os debates sobre o meio ambiente emergem para o Serviço Social como uma *temática transversal* às outras áreas já tradicionalmente pesquisadas, quais sejam: questão agrária e urbana, saneamento, populações tradicionais, formação profissional, mundo do trabalho, juventude etc.

Observa-se, aí, uma contínua inquietação dos profissionais sobre a "questão ambiental", o que se reflete na intensificação dos estudos e pesquisas, cuja intencionalidade é a apreensão dos movimentos do real que conformam esta complexa temática. As comunicações publicadas em anais de eventos científicos,[64] no curso desta década, resultam tanto da intervenção dos assistentes sociais nos seus campos de trabalho quanto da realização de pesquisas científicas, ambas destinadas a problematizar os processos e movimentos da realidade que apresentam demandas ambientais para o Serviço Social.

O que se constata a partir dos estudos empreendidos é que a exacerbação da "questão ambiental" e de suas múltiplas expressões vem configurando um novo campo de intervenção profissional, mediado pela incorporação dessa temática ao universo das empresas, das ONGs e do Estado.

---

63. Os dados analisados neste trabalho originam-se de pesquisa desenvolvida pelo GET — Grupo de Estudos e Pesquisas sobre o Trabalho, vinculado ao Programa de Pós-graduação em Serviço Social da UFPE, sob coordenação da profa. dra. Ana Elizabete Mota. Da pesquisa *Da rua para a fábrica: a indústria de reciclagem, o trabalho dos catadores de lixo e a mediação do Estado* originaram-se duas dissertações, dentre as quais *A "questão ambiental" e o trabalho das assistentes sociais nos programas socioambientais das empresas em Recife*, de autoria de Paula Raquel Bezerra Rafael, além de uma monografia e deste trabalho.

64. A pesquisa analisou os anais dos Encontros Nacionais de Pesquisadores em Serviço Social de 2004 e 2006 (IX e X ENPESS, respectivamente).

Ao se debruçar sobre a inserção dos assistentes sociais no mercado de trabalho local,[65] afirma Rafael (2008, p. 97):

> A intervenção das assistentes sociais na área ambiental está bem próxima daquela desenvolvida em outras áreas onde atuam estes profissionais: são intervenções voltadas para a administração institucional, gestão de programas e projetos, sendo estas atreladas às tradicionais formas de atuação pautadas em ações pedagógicas de caráter educativo e orientador, subsidiadas por uma gama de conhecimentos e de atribuições que dão suporte à profissão.

O traço distintivo das demandas atuais, nas unidades empresariais pesquisadas, reside no fato de que o setor de recursos humanos não constitui o foco da ação profissional como, tradicionalmente, ocorrera. De uma intervenção prioritariamente focalizada nos funcionários e suas famílias, com a finalidade de levar o trabalhador a atingir os índices de produtividade exigidos pela empresa, o Serviço Social passa a uma atuação "extramuros", vinculada à chamada gestão socioambiental, evidenciando um processo de atualização das demandas, as quais se voltam aos usuários dos serviços prestados, às comunidades, aos fornecedores, ao poder público etc., além daquelas relacionadas ao corpo funcional das empresas.

Este movimento vincula-se à tendência mundial de incorporação do empresariado às práticas socioambientais, como parte de suas estratégias de aumento da lucratividade e de construção de hegemonia: a "responsabilidade social" é aventada como resposta à questão social e à degradação ambiental na esteira da crescente omissão do Estado na proteção social e na garantia do usufruto coletivo dos recursos ambientais.

Segundo Mota et al. (2007):[66]

---

65. A mesma pesquisa envolveu sete empresas (públicas e privadas) e uma autarquia em Pernambuco: todas identificadas por ramo de atividade (prestação de serviços públicos e/ou atividades essenciais), cujas ações impactam diretamente o meio ambiente, tendo sido entrevistadas treze assistentes sociais.

66. Trabalho publicado nos anais do Congresso Brasileiro de Assistentes Sociais — CBASS 2007, intitulado: "A nova cultura empresarial nos marcos do capitalismo contemporâneo".

"O que está em disputa é a capacidade das classes dominantes reorganizarem o pensamento, a cultura e a moral; em suma, a ideologia, em torno das mudanças no padrão de acumulação capitalista e dos mecanismos de enfrentamento das suas contradições. Torna-se necessário à burguesia exercer a direção política do processo através da criação de práticas que, frente à emergência de novas expressões das contradições sociais — de que são exemplos o agravamento da questão social e da "questão ambiental" — passam a oferecer respostas que amenizem o acirramento das expressões daquelas contradições na dinâmica social.

Esta dinâmica é levada a termo, na realidade pesquisada, através de programas e projetos socioambientais, os quais absorvem o Serviço Social no planejamento, execução e monitoramento das atividades, em razão do papel que, historicamente, desempenhou como integrante dos processos de formação e organização da cultura.[67]

Relembrando Abreu (2002, p. 17):

A função pedagógica do assistente social em suas diversidades é determinada pelos vínculos que a profissão estabelece com as classes sociais e se materializa, fundamentalmente, por meio dos efeitos da ação profissional na maneira de pensar e de agir dos sujeitos envolvidos nos processos da prática.

O que constatamos no estudo realizado no período de 2003 a 2008, é que a profissão vem se inserindo no âmbito da gestão ambiental, com destaque para as atividades de educação ambiental, as quais constituem uma mediação do conjunto das ações neste campo. Trata-se da formação de uma cultura ambientalista que, conforme sinalizamos anteriormente, apregoa a preservação da natureza, ainda que, hegemonicamente, não questione as bases da produção destrutiva.

Embora não configure um campo de intervenção exclusivo dos assistentes sociais, a educação ambiental — como foco dos programas

---

67. Cultura aqui é entendida no sentido gramsciano, como parte dos processos de construção de hegemonia e se refere aos modos de viver, pensar e agir de uma dada sociedade, das classes sociais e segmentos de classes.

voltados ao meio ambiente — ganha forma através de campanhas educativas, da realização de seminários, oficinas, reuniões e vem adquirindo visibilidade na agenda profissional seja no âmbito da pesquisa, criando novos objetos de estudo, seja na intervenção cotidiana em projetos e programas socioambientais.

Este processo, que incide sobre o mercado de trabalho, criando novas demandas, reafirma o caráter pedagógico da profissão, tencionando as intencionalidades profissionais e o projeto de classe que portam.

Ainda de acordo com Abreu (2004, p. 46):

> Entende-se que a função pedagógica da prática do assistente social, na sociedade capitalista, vinculada aos processos político-culturais na luta pela hegemonia, objetiva-se a partir de estratégias educativas, aqui identificadas como propostas subalternizantes, envolvendo a pedagogia da "ajuda" e da "participação" e propostas de construção de uma pedagogia emancipatória pelas classes subalternas.

Ao perscrutar sobre os horizontes ideopolíticos da educação ambiental é possível identificar um amplo leque de correntes de pensamento que se enfrentam no debate.[68] No entanto, quando defrontadas com os projetos societários, é possível distinguir duas grandes vertentes: uma que se vincula à administração da "questão ambiental" e de adaptação à ordem — sendo esta uma visão largamente disseminada, sobretudo nos meios de comunicação — e outra que formula a crítica anticapitalista — evidenciando as contradições do sistema, aponta uma perspectiva transformadora. Tal como ocorre com a questão social, a "questão ambiental" recebe tratamento cuja mediação fundamental é, em sentido último, uma questão de classe: ora diz respeito à administração de suas manifestações sob o prisma da reprodução do capital, ora inscreve-se na perspectiva da superação do sistema e, neste caso, da construção de uma sociedade emancipada.

---

68. Analisando diversos matizes do pensamento que norteia a educação ambiental, Loureiro (2006, p. 11) identifica três agrupamentos: um vinculado a uma "mudança cultural associada à estabilidade social; uma mudança social associada à estabilidade cultural; e, finalmente, a mudança cultural concomitante à mudança social".

No primeiro caso, a ação educativa ora ganha expressões comportamentalistas, ora encontra-se ancorada em uma crítica aos excessivos traços concentradores de riqueza e de poder da sociedade contemporânea, focada na ausência ou insuficiência de políticas públicas que poderiam assegurar um "enfrentamento" à pobreza e iniquidade: a inclusão social como possibilidade de inserção de largos segmentos sociais no mundo mercantil, no acesso a bens e serviços, se revela como horizonte possível à educação ambiental e ao exercício profissional. Nestes termos, a inclusão social funde-se no horizonte da sustentabilidade social, reafirmando as possibilidades de "democratização do capitalismo" ao mesmo tempo que oferece um conjunto de alternativas técnicas para sua efetivação.

Em outra ponta, a afirmação de uma perspectiva transformadora para a educação ambiental vincula-se a um projeto de classe. Trata-se não somente de eleger os segmentos mais pauperizados da sociedade como destinatários privilegiados de suas ações, mas o seu reconhecimento como sujeito político. Esta é uma dimensão que não se restringe ao orbe da ação profissional mas assume uma natureza essencialmente social, posto que a educação ambiental e as ações a esta correlatas referenciam-se — seja no plano material ou simbólico — nas lutas sociais, relaciona-se com o conjunto das ações de classe e com as possibilidades de superação expressas em uma dada conjuntura histórica.

Neste sentido, a educação ambiental não se restringe a elemento mediador da implementação de ações socioambientais, submetida *exclusivamente* à busca por políticas públicas e acesso aos bens e serviços disponibilizados no mercado. A educação ambiental referenciada numa perspectiva emancipatória — ainda que transite no âmbito das ações públicas ou mesmo privadas — realiza-se (ou busca realizar-se) como espaço de luta pela autodeterminação dos sujeitos, pela radical democratização do poder político e da riqueza social e da necessária apropriação social (não privada) da natureza.

De natureza essencialmente política, este processo invoca a dimensão teórica como possibilidade de sua efetivação. Em outros termos: o aporte da teoria como instrumento para apanhar o movimento da história e suas multifacetadas expressões conjunturais revela-se imprescindível diante da necessidade de definição das estratégias políticas no nível das ações cotidianas, a partir da identificação dos nexos que as vinculam aos processos de produção e reprodução da "questão ambiental" e seus determinantes.

Constitui, portanto, um dos principais desafios ao Serviço Social desvelar a natureza teórica e política das propostas de educação ambiental nas quais a profissão é convocada a intervir: analisar os fundamentos de tais formulações, ao tempo em que se investigam os seus desdobramentos ideoculturais, perante os usuários e a sociedade, impõe-se como tarefa precípua a todos os que se propõem uma intervenção crítica.

No primeiro caso — a afirmação dos valores afetos à reprodução da ordem burguesa — observa-se uma educação instrumental, cujos supostos conferem centralidade à dimensão ecológica da "questão ambiental". Neste sentido, a defesa da natureza comparece divorciada do enfrentamento da questão social ou como hierarquicamente superior a esta, negando-se, moto-contínuo, a estreita vinculação entre ambas. Nestes termos, as dimensões social, econômica, ideológica, cultural e política aparecem descoladas, despojadas de sentido crítico, já que não são apreendidas como partes constitutivas de uma totalidade complexa.

Estas concepções caracterizam-se pelo subjetivismo e pelo individualismo, ao asseverar que a irrefutável destrutividade encontra suas bases explicativas na "essência humana", competitiva e egoísta, cuja sanha dominadora ignora as necessidades das demais espécies e acaba por colocar em risco a vida planetária.

Ao exibir uma leitura metafísica e a-histórica da existência, esta concepção assume uma visão dicotômica da relação entre sociedade e natureza: ao mesmo tempo que afirma a condição natural da vida humana — o que torna a defesa da natureza imprescindível para assegurar a reprodução da espécie — esmaece as determinações histórico-estruturais da "questão ambiental", o que implica, ao fim e ao cabo, uma negação do *homo sapiens* como ser natural-histórico.

Em luminosa passagem, afirma Pedrosa (2007, p. 108):

> Estas definições, comuns nas mensagens ambientalistas, sintonizam-se com a ideologia da produção e do consumo na medida em que a natureza é tida

apenas como o meio ambiente, *o habitat, o lá fora, a casa do homem*. Assim, o homem, ele próprio, não é um ser natural. O habitante não é natureza (...) não compreendem o homem como ser natural- histórico, desqualificam e objetualizam a natureza e confundem humanidade com animalidade (grifos nossos).

Negar a condição, a um só tempo, de imanência e de diferencialidade que ocupa o gênero humano diante das demais espécies vivas e do mundo abiótico, atribuindo um sentido pretensamente universal e perene aos traços essenciais do homem burguês — egoísta, individualista e competitivo — implica conceber que o limite de nossa "existência genérica" está na formação social-capitalista, tal qual propagam as teses do fim da história. Assim, caberia-nos, tão somente, atenuar os efeitos da ação destrutiva sobre a natureza, seja através de recursos tecnológicos ou da disseminação de uma "consciência ambiental".

A defesa de uma nova ética ambiental — como esteio de uma nova modalidade de relação entre sociedade e natureza — comparece em teses de caráter moralista e normatizador, descolada das condições sociais, como se fosse possível afirmar uma nova ética, no contexto da racionalidade do capital.[69]

A referida dualidade entre o *social* e o *ambiental* acaba por produzir uma dissociação entre subjetividade e objetividade como dimensões da existência humana, como se o processo de individuação constituísse uma esfera autônoma e não resultasse de um complexo movimento de socialização que se opera na "concretude da vida social" em um dado contexto histórico.[70] Do ponto de vista da intervenção cotidiana, esta vertente tende a privilegiar a dimensão da subjetividade.

---

69. Com isto, não estamos negando o papel da reflexão ética. Nos dizeres de Barroco: "A reflexão ética supõe a suspensão da cotidianidade; não tem por objetivo responder às suas necessidades imediatas, mas sistematizar a crítica da vida cotidiana, pressuposto para uma organização da mesma para além das necessidades voltadas exclusivamente ao 'eu', ampliando as possibilidades dos indivíduos se realizarem como individualidades livres e conscientes" (2001, p. 55). Para nós, trata-se, tão somente, de afirmar o caráter ideológico desta vertente ao sugerir uma nova racionalidade dissociada das condições históricas de sua realização.

70. Conforme discutimos no capítulo primeiro deste trabalho, a constituição do ser social, mediada pelo trabalho, implica a crescente complexificação do gênero humano, produzindo dimensões cada vez mais complexas e diferenciadas das necessidades e impulsos originários, embora permaneçam a estes vinculados.

Nestes termos, a finalidade da Educação Ambiental passa a ser, de acordo com Loureiro (2006, p. 7-8):

> o entendimento dos discursos sem historicidade, a intersubjetividade transforma-se na única variável de interesse na explicação dos fatos sociais e a natureza acaba por se esgotar na condição de categoria conceitual e simbólica humana (...). A verdade torna-se subjetiva e não mais objetiva-subjetiva (...). Aceita-se o diverso e o plural sem contextualizar e perceber que tal diversidade natural é formada por *agentes sociais concretos* em relações *desiguais* na sociedade capitalista, que buscam hegemonia ou dominação e não apenas a convivência harmônica de ideias divergentes. Com isso passa-se a priorizar o diverso em detrimento do igual como se fossem categorias estanques. Assim, a emancipação torna-se discursiva, relativa à autonomia das ideias e não uma relação dialógica entre esta capacidade de "liberdade simbólica", de consciência, de escolhas racionais em cada cultura e a liberdade objetiva diante da expropriação material.[71]

Este modelo idealmente concebido desborda para o campo político-pedagógico através das múltiplas proposições que enfatizam a responsabilização do indivíduo e a culpabilização abstrata da sociedade diante da "questão ambiental"; de igual maneira, propõem-se, como saídas privilegiadas, as mudanças atitudinais e gestionárias, as quais se tem demonstrado insuficientes como mecanismos de enfrentamento da "questão ambiental", fato este comprovado em todos os relatórios e documentos expedidos pelas agências internacionais e por estudiosos de diversos matizes do ambientalismo, conforme apontamos ao longo deste capítulo.

Em se tratando de um contexto societário de intensificação da crise estrutural do capital, de exacerbação da competitividade capitalista, de desorganização do mercado de trabalho (com uma previsão de aumento de dois milhões de desempregados no mundo), de redução das proteções sociais, de "desengajamento do Estado" de suas funções regulatórias, tanto social quanto ambientalmente, o discurso da "responsabilização

---

71. Lembrando Frigotto: "Na educação, da nobre convicção do direito à democratização dos meios de vida para todos e à transformação da sociedade desigual, da valorização do saber gerado na vida dá-se um salto no escuro, de que todos os saberes são iguais" (2001, p. 11).

individual" se mostra e se afirma no campo das "saídas possíveis" para a reprodução da ordem burguesa.

Para falarmos com Frigotto (2001 p. 25):

> Como consequência e ao mesmo tempo reforço afirma-se com força extraordinária a ética individualista que no campo pedagógico se manifesta sob as noções de competências, competitividade, habilidades, qualidade total, empregabilidade, mas que no âmbito social mais amplo se define por noções constitutivas de um "novo paradigma".

Ao intervir na administração da "questão ambiental", o Serviço Social se depara com um conjunto de requisições de caráter técnico-operativo, tendo em vista as necessidades institucionais, via de regra marcadas pelos imediatismos e formalismos. A perspectiva gestionária no enfrentamento da destrutividade da natureza invoca as habilidades profissionais sob um viés psicologizante e comportamental, restringindo o discurso ambiental aos objetivos institucionais. Nestes termos, a questão das competências[72] se inscreve no horizonte do capital, posto que se assenta sobre uma leitura fragmentada e formalista das múltiplas manifestações da destrutividade planetária.

A atividade profissional balizada por esta lógica opera uma identificação entre os objetivos institucionais e profissionais e o discurso de preservação da natureza subsume-se à manutenção da qualidade dos serviços, esmaecendo-se, neste contexto, as mediações com a totalidade da "questão ambiental", seus determinantes e suas largas repercussões para a existência das múltiplas formas de vida.

A ausência (ou insuficiente) problematização das demandas estreita o leque de possibilidades da profissão, confinando-a a limites previamente estabelecidos. Assim, corre-se o risco de se verem questões referentes ao lixo, à água, à energia, ao saneamento básico, entre outras — as quais

---

72. "Podemos dizer que a competência refere-se à capacidade do indivíduo agir eficazmente diante de uma situação ou problema, mobilizando conhecimentos frente aos desafios colocados na prática (...). Afinal, devemos ser competentes para o quê? Para quem? Caso essa problematização não seja explicitada, a tendência é desenvolver a competência para os interesses do mercado, para uma inserção individual competitiva que ignora o outro e os interesses públicos" (Loureiro, 2006, p. 13).

vêm requisitando cada vez mais o Serviço Social —, serem tomadas em si mesmas, como problemáticas circunscritas aos limites territoriais específicos de uma dada área e deslocadas do universo complexo que implica a "questão ambiental". As estratégias a serem adotadas, como consequência, remontam às mudanças comportamentais e à incorporação, acrítica, das requisições institucionais pelos usuários. "Neste âmbito, a competência profissional fica restrita ao atendimento das demandas institucionais e a intervenção profissional se identifica à adoção de procedimentos formais, legais e burocráticos" (Guerra, 2007, p. 12).

Como resposta parcelar às manifestações da destrutividade ambiental e da alienação humana diante da natureza esta opção teórico-metodológica e ideopolítica revela, contraditória e dialeticamente, sua ineficácia como estratégia de adequação dos usuários às expectativas institucionais, posto que nem sempre opera os "resultados esperados". Observa Loureiro (2006, p. 12), que esta situação "acarreta contradições entre o que se pretende e o que de fato se faz quanto aos objetivos e os resultados de um projeto de intervenção em educação ambiental".

Não por acaso, tornou-se lugar-comum ouvir, de profissionais que desenvolvem programas de educação ambiental, seguidas indagações quanto às razões de comportamentos recorrentemente poluidores e agressores ao meio ambiente — os quais precarizam as já degradantes condições de vida das populações envolvidas — ainda que venham sendo estes objeto de seguidas ações educativas, as quais, muitas vezes, tratam de explicitar as repercussões sociais e ambientais destas atitudes. Neste caso, cabe indagar: como esperar que tais indivíduos desenvolvam comportamentos respeitosos ao meio ambiente quando este, na maioria das vezes, se resume ao espaço doméstico e a natureza é tomada como algo abstrato, idealizado? Mais: como isso seria possível na medida em que este indivíduo encontra-se apartado do meio natural e de sua própria espécie?

Estas questões por si mesmas dão a dimensão dos desafios postos aos profissionais que atuam nos processos de educação ambiental: reafirmar as práticas autoritárias, hierárquicas e reiterativas da ordem, de base comportamental ou por outra via, empenhar-se na busca por romper as bases da alienação e favorecer a formação de uma consciência humano-genérica. Esta deve indicar não apenas as mudanças atitudinais, mas sobretudo que estas se encaminhem em uma direção crítica, a partir da qual os sujeitos individuais e coletivos se apropriem de sua condição histórica e natural no sentido de romper o fosso entre ser social e natureza, sentido último da alienação a que estamos submetidos.

Nestes termos, uma proposição de exercício profissional balizada por um projeto profissional caucionado em valores emancipatórios permite aos assistentes sociais realizarem as escolhas ético-políticas sintonizadas com os valores universalistas, com a necessidade de superação da desigualdade social e com a "construção de uma nova ordem societária, sem dominação — exploração de classe, etnia e gênero" (Princípio 8º do Código de Ética Profissional).

Conforme destacamos anteriormente, o Serviço Social passa a integrar o escopo de profissões interpeladas a oferecerem respostas ao agravamento da "questão ambiental", a partir de uma forte mediação da educação ambiental, embora a mobilização e organização das comunidades de usuários dos serviços institucionais também integrem as demandas postas à profissão.

Neste contexto, emerge como necessidade imperiosa a reflexão teórica acerca da realidade imediata, a fim de identificar as suas determinações causais, historicamente constituídas. Este movimento deve ter como objetivo identificar as possibilidades de uma intervenção qualificada, a partir da escolha de estratégias condizentes com os valores universalistas, considerando a realidade institucional, seus limites e contradições.

Do ponto de vista ambiental, este desafio implica indagar-se acerca dos determinantes dos processos sobre os quais somos chamados a intervir, bem como suas vinculações com os fenômenos imbricados no agravamento da "questão ambiental" e da desigualdade social. A perspectiva teórico-crítica, conforme vimos sinalizando ao longo deste trabalho, fornece amparo a uma leitura radical das manifestações da destrutividade ambiental, ao inscrevê-la como parte da dinâmica da sociedade do lucro. Isto supõe que é a propriedade privada e o modo de vida por ela regido que se postam como mediação essencial entre a humanidade e a natureza, determinando as formas de apropriação desta e o conjunto das relações sociais.

Ora, se o desenvolvimento do ser social — mediado pelo trabalho como "atividade exercida exclusivamente pelos homens" — tem se constituído em crescente diferencialidade em relação ao mundo natural, é com a sociedade burguesa, através da apropriação privada da natureza e do trabalho alheio, que este processo opera uma radical transformação: o homem é apartado do seu "corpo inorgânico" e o trabalho alienado inaugura uma nova etapa na relação com o meio ambiente, na qual o domínio da terra em mãos do capitalista avança para o domínio da natureza, em nível planetário, e da própria humanidade.[73]

Vale lembrar Pedrosa (2007, p. 95):

> Se na origem da história o homem se aliena na natureza para constituir-se sujeito, no capitalismo tardio a socialização radical condiciona todo indivíduo a alienar-se da natureza para integrar-se na lógica da produção e do consumo. Isso é que define a alienação e é essa alienação que é agora mais que o bloqueio do progresso, proporciona um retorno à barbárie: a indiferenciação humana dos animais. Na alienação, "altera-se a consciência que o homem tem da própria espécie": nesse sentido o senso comum ecológico é verdadeiro ao definir o homem como animal. Quando a vida é alienada, o homem torna-se estranho a si próprio.

Este é um ponto de partida inelutável, para aqueles que se destinam a uma leitura radical e histórica da problemática ambiental, mas de igual maneira, insuficiente. A complexidade da "questão ambiental" requer um significativo empenho no sentido de identificar as particularidades geopolíticas, sociais e culturais que adensam suas múltiplas manifestações, em cada situação específica, como partes de uma totalidade: a destrutividade impulsionada pela anarquia da produção e as reações a esta, empreendidas pela sociedade.

Assim, a definição de estratégias e táticas que confiram maior alcance à ação profissional supõe referenciar-se no projeto ético-político da

---

73. Em sua magnífica obra *Manuscritos econômicos e filosóficos*, de 1844, Marx sintetiza um denso estudo sobre a alienação no mundo do capital, a qual adquire as seguintes dimensões: a alienação do trabalho (dos produtos do trabalho e com o "ato da produção"), a alienação frente a si e à sua espécie e a alienação da natureza.

profissão, como portador de um conjunto de valores universalistas e de uma direção social de ruptura com arquitetura civilizatória do capital, propiciando, assim, "a condição de meio para que os profissionais reflitam sobre seus valores, sobre suas decisões e as implicações das ações e posturas profissionais adotadas" (Guerra, 2007 p. 26).

Mais: o Serviço Social precisa abarcar a "questão ambiental", intervir nos processos a ela relacionados, movido pelo espírito investigativo — com atenção especial à pesquisa e ao estudo sistemático da realidade concreta —, buscando identificar e analisar os movimentos que a vinculam à "questão social" em cada situação específica. Trata-se de afirmar a dimensão da política, neutralizando as visões idealistas que tentam confinar a "questão ambiental" à sua dimensão ecológica. Neste caminho, o sistemático aprimoramento intelectual representa uma real possibilidade de ultrapassagem tanto do "teoricismo" estéril quanto do pragmatismo e dos militantismos de toda ordem que se insinuam no cotidiano da profissão.

Neste percurso, a abertura para o diálogo interdisciplinar torna-se decisiva, ao mesmo tempo em que desafiante, posto que supõe uma interlocução com múltiplas habilidades e competências, o que exige maior nitidez de princípios e respeito ao escopo jurídico-político que rege a profissão. Neste sentido, "o trabalho coletivo não impõe a diluição de competências e atribuições profissionais. Ao contrário, exige maior clareza no trato delas e o cultivo da identidade profissional, como condição de potenciar o trabalho conjunto" (Iamamoto, 2002, p. 41).

Merece destacada atenção os processos de articulação com a sociedade civil organizada, especialmente com os segmentos mais envolvidos com a problemática ambiental. Colocar o conhecimento mobilizado pela profissão a serviço do fortalecimento dos sujeitos coletivos, da construção de alianças com os usuários dos serviços e de reforço das lutas sociais constitui uma estratégia importante na afirmação do Serviço Social neste campo. Trata-se de impulsionar a edificação de uma consciência ambiental e socialmente crítica e de uma cultura política assentada nos princípios da autonomia e da autodeterminação dos sujeitos na busca pela satisfação de suas necessidades e da apropriação coletiva dos recursos da natureza.

Lembrando Iamamoto:

Reafirma-se, portanto, o desafio de tornar os espaços de trabalho do assistente social espaços de fato públicos, alargando os canais de interferência da população na coisa pública, de modo a permitir maior controle por parte da sociedade nas decisões que lhes dizem respeito. Isto é viabilizado através da socialização de informações: da ampliação do conhecimento de direitos, e interesses em jogo; do acesso às regras que conduzem à negociação dos interesses, atribuindo-lhes transparência; da abertura e/ou alargamento de canais que permitam o acompanhamento da implementação das decisões por parte da coletividade; da ampliação dos fóruns de debate e de representação etc. (1999, p. 126).

Isto confere uma amplitude de sentido à educação ambiental, tendo em vista a possibilidade de os profissionais contribuírem para a organização e mobilização de diversos agrupamentos sociais, a fim de que eles intervenham nos espaços institucionais e para além destes, demarcando, assim, uma atuação democrática que garanta ampla participação dos sujeitos. Reforçar a luta cotidiana contra as práticas privatistas e pela apropriação social da natureza tensiona as bases de reprodução do sistema do capital e coloca em questão a necessidade de transformação de sua ordem societária.

Nestes termos, a educação ambiental desenvolvida em uma sociedade desigual não deve esmaecer os conflitos — decorrentes dos múltiplos interesses em disputa, das trajetórias individuais e grupais, dos diversos saberes, das diferenças étnicas, geracionais ou de gênero, entre outras — mas contribuir para clarificá-los pelo diálogo, na busca de alternativas democráticas e universalistas. Assim, a educação ambiental se inscreve no horizonte da educação em geral, do papel histórico que tem a cumprir na formação de sujeitos que transformam e constroem a história.

Para falar com Mészáros (2007, p. 217):

O papel da educação é soberano, tanto para a elaboração de estratégias apropriadas e adequadas para mudar as condições objetivas de reprodução, como para automudança consciente dos indivíduos chamados a concretizar a criação de uma ordem societária metabólica radicalmente diferente (...).

Portanto não é surpreendente que na concepção marxista a efetiva transcendência da autoalienação do trabalho seja caracterizada como uma tarefa inevitavelmente educacional (...) A universalização da educação e a universalização do trabalho como atividade humana autorrealizadora. Nenhuma das duas é viável sem a outra. Tampouco é possível pensar em sua estreita inter-relação como um problema para um futuro muito distante. Ele surge "aqui e agora" e é relevante para todos os níveis e graus de desenvolvimento socioeconômico.

Nesta seara, os assistentes sociais devem ter como elemento norteador a busca por incorporar os avanços legados pela teoria crítica ao debate sobre o meio ambiente, os quais têm propiciado a problematização da "questão ambiental" em sua radicalidade histórica ao mesmo tempo que têm favorecido a construção de propostas efetivas de intervenção neste campo. Não existem fórmulas neste caminho. Mais do que em qualquer outra época os assistentes sociais são convocados a registrarem a sua contribuição tanto no plano teórico quanto no âmbito da intervenção cotidiana. O projeto ético-político do Serviço Social constitui ferramenta essencial e referência a todos os profissionais que buscam imprimir um diferencial de qualidade no pantanoso terreno do debate ambiental.

No capítulo seguinte, trataremos da natureza conceitual e ideopolítica do Desenvolvimento Sustentável e sua defesa pelos diversos sujeitos políticos: os organismos internacionais e as principais representações das classes sociais fundamentais no Brasil contemporâneo.

Capítulo 3

A (in)sustentabilidade do Desenvolvimento Sustentável

A questão da sustentabilidade assume, no século que se inicia, uma importância crescente nas discussões em torno da problemática do desenvolvimento e de suas alternativas, visto ser cada vez mais generalizada a ideia de que o crescimento econômico não tem propiciado melhorias nas condições de vida da grande maioria da população, nem padrões adequados de exploração dos recursos naturais. O agravamento da "questão ambiental" — e sua imbricação com as refrações da "questão social" — impõe-se como desafio a ser enfrentado por todos aqueles que se preocupam com a deterioração da vida no planeta.

A conjuntura de crise do capital, aberta em meados dos anos 1970, bem como as sucessivas demonstrações de falência das experiências do bloco soviético, oferecem a moldura decisiva para este debate e impulsionam a busca de alternativas que apontem para uma relação menos predatória dos recursos naturais e das potencialidades humanas. As críticas direcionadas aos modelos de desenvolvimento implementados desde o pós-guerra — seja o pacto keynesiano europeu, seja o modelo desenvolvimentista-periférico — indicam o aprofundamento do fosso entre os países do centro e da periferia, sendo este último responsável por produzir uma dinâmica crescente e continuada de aumento da desigualdade social, elevando o contingente de desempregados, "sem terra", "sem teto", entre outros. Por outro lado, o aumento da poluição do ar e da água, a destruição da camada de ozônio, o acúmulo de lixo, o esgotamento dos recursos naturais não renováveis, o avanço da desertificação etc. são manifestações da "questão ambiental" cada vez mais evidentes, convertendo-se em imperativo, em face da agenda pública.

O pensamento de Sachs (1986) é revelador desta perspectiva, acentuando que as "teorias do desenvolvimento" deste período — para referir-se tanto às experiências capitalistas quanto às do "socialismo real" — pecam pela "frustrante simplicidade" e pelo seu

> Estreito economicismo (pois) levavam a pensar que, uma vez assegurado o crescimento rápido das forças de produção provocaria um processo completo de desenvolvimento que se estenderia mais ou menos espontaneamente a todos os domínios da atividade humana. De certa forma, uma condição sem dúvida nenhuma necessária ao desenvolvimento era, ao mesmo tempo, considerada suficiente (...). E para que esta condição suficiente e necessária fosse preenchida recomendava-se aos países em via de desenvolvimento a repetição mimética de um modelo histórico (...) uns propondo refazer o caminho percorrido pelos países industrializados a partir da Revolução Industrial, outros defendendo as virtudes universais do modelo soviético. As duas escolas de pensamento, na verdade, acreditavam igualmente, pois, em um desenvolvimento linear, mecanicista e repetitivo da história e reduziam inteiramente o processo histórico a uma mecânica sociológica, erigindo a mecânica de sua escolha em mecânica universal (p. 30).

Na realidade, gravitando em torno do tema do desenvolvimento encontrava-se um amplo leque de questões que expunham a natureza destrutiva do capitalismo, ambiental e socialmente. No entanto, para os países da América Latina — há muito envoltos no debate acerca da particularidade de sua formação social e dos caminhos para a superação de sua condição de subalternidade na divisão internacional do trabalho — o apelo inicial do discurso ambientalista tem pouca efetividade. A polarização do debate sobre desenvolvimento — o qual foi em grande parte do continente sufocado pelos regimes autocrático-burgueses — encontrava-se em torno da relação entre *crescimento econômico* e *desenvolvimento*.

Os elementos centrais a serem enfrentados gravitaram em torno do *progresso material* e da *distribuição de renda*: a relação entre países centrais e periféricos, o papel do Estado e do mercado, as desigualdades regionais foram temas recorrentes na agenda de debates no continente, tendo a CEPAL — Comissão Econômica para América Latina e Caribe,[1] cumprido um papel de destaque neste processo. Para alguns autores, o enriquecimento levaria, espontaneamente, à melhoria dos padrões de vida do conjunto da população; para outros, adeptos de uma leitura mais complexa, fazia-se necessário considerar a dimensão política — para além da regulação das forças de mercado — fazendo com que o crescimento tomasse rumos diferenciados, sendo que o Estado deveria ser agente impulsionador do desenvolvimento (Veiga, 2005).

Para os últimos, somente mediante a realização de reformas estruturais importantes — entre estas a reforma agrária, educacional, na saúde, nas relações de trabalho etc. — poderiam os países periféricos superar a profunda desigualdade social, que em última instância acaba por adquirir expressão em desigualdades regionais e de renda. A inversão da lógica concentradora de renda, como traço marcante do capitalismo latino-americano, possibilitaria ampliar o mercado interno de forma a tornar a região menos vulnerável às forças do grande capital internacional (Bielschowsky, 2000).

Decerto que os movimentos por reformas, que antecederam as ditaduras militares no continente, não colocaram em xeque "imediatamente" a ordem capitalista, embora tenham oferecido uma firme oposição a uma modalidade de desenvolvimento concentradora de riquezas e de poder. Neste sentido, a implantação de regimes "autocrático-burgueses" na

---

1. "A CEPAL é uma das cinco comissões econômicas regionais das Nações Unidas (ONU). Foi criada para coordenar as políticas direcionadas à promoção do desenvolvimento econômico da região latino-americana, coordenar as ações encaminhadas para sua promoção e reforçar as relações econômicas dos países da área, tanto entre si como com as demais nações do mundo." Disponível em: <www.cepal.org/brasil>. Acesso em: 2 fev. 2008.

América Latina destinou-se a criar as condições ideopolíticas de aprofundamento da subordinação de suas economias ao capital internacional, através de um modelo desenvolvimentista descomprometido com as reformas sociais.

Para Netto:

> A finalidade da contrarrevolução preventiva era tríplice, com seus objetivos particulares íntima e necessariamente vinculados: adequar os padrões de desenvolvimentos nacionais e de grupos de países ao novo quadro de inter-relacionamento econômico-capitalista, marcado por um ritmo e uma profundidade maiores de internacionalização do capital; golpear e imobilizar os protagonistas sociopolíticos habilitados a resistir a esta inserção mais subalterna no sistema capitalista; e, enfim, dinamizar em todos os quadrantes as tendências que podiam ser catalisadas contra a revolução e o socialismo (1996b, p. 16).

A hegemonia absoluta do *desenvolvimentismo* perdurou até a entrada da década de 1980. A crise estrutural do capitalismo, aberta desde meados dos anos 1970, se aprofunda e se generaliza, atinge os países periféricos e coloca em xeque as bases da acumulação. A decisão estadunidense de elevar as taxas de juros, em 1979, além da explosão dos preços do petróleo, trouxe mais instabilidade aos países endividados, exigindo um reordenamento macroeconômico. As agendas nacionais são absorvidas por problemas de curto prazo e pelas altas taxas de inflação; por sua vez, a "incapacidade" do Estado de eliminar a instabilidade macroeconômica abre espaço, no âmbito local, para hegemonia do pensamento neoliberal, já em franca expansão no plano internacional.

A crise, que para alguns, é inerente ao "modelo de desenvolvimento" ou ao "modo de acumulação"; para outros, revela sua radicalidade estrutural à medida que manifesta uma queda da taxa de lucros, o aumento do desemprego, inclusive nos países centrais, além do acirramento de problemas estruturais do capitalismo. Na verdade, após um quarto de século de crescimento econômico acelerado persistem — e em muitos casos se agravaram — a questão agrária, a depredação ambiental, a precária condição das minorias étnicas, dos imigrantes, entre outros, demonstrando a incapacidade do sistema capitalista de resolver problemas vitais para a humanidade.

O processo que culminou com mudanças significativas no debate sobre desenvolvimento nos anos 1990 pode ser entendido como parte das iniciativas levadas a termo pelo capital no sentido de fazer face à sua crise de lucratividade, aberta desde meados dos anos 1970. O retorno do debate sobre desenvolvimento, neste contexto, não mais se encontra permeado pela questão das reformas sociais, bem ao contrário: acalentado pela ambiência neoliberal, o discurso da sustentabilidade ambiental ganha força na agenda internacional e de diversos países, angariando simpatias de múltiplos segmentos da sociedade.

Por sua vez, a questão da pobreza, agora incorporada ao debate ambiental, é, progressivamente, remetida à esfera das políticas compensatórias, na proporção em que se agravam os indicadores sociais em todos os quadrantes do planeta.

A primeira metade dos anos 1990 foi um período de inegável hegemonia das ideias neoliberais, da ideia da "primazia do mercado", caracterizado pelo profundo reordenamento na estrutura institucional dos estados-nação, sob orientação das agências internacionais.[2] Neste período, as agendas nacionais são absorvidas pelas políticas de "estabilização econômica", nas quais ganham centralidade a política cambial, as privatizações e uma política industrial e comercial voltada a favorecer as grandes corporações transnacionais. O discurso do "desenvolvimento sustentado"[3] passa a dar o tom do amplo movimento de contrarreformas, de ajustes econômicos e de reordenamento político. Este processo foi

---

2. "O Banco Mundial chegou a divulgar textos em que apontava o que seria uma 'boa política econômica', entendida como aquela que garantiria, da melhor forma possível, a maximização das condições de desenvolvimento dos países membros. Este ideário foi utilizado intensamente nas relações bilaterais e multilaterais, com efeitos tanto maiores quanto foram as necessidades dos países de buscarem recursos nas agências oficiais" (Almeida Filho, Niemeyer, p. 1).

3. Derivado da ideia da sustentabilidade (longo prazo) este termo vai ser utilizado para qualificar ações, projetos, modelos que portem as condições de se manterem por si sós, independentemente do apoio do Estado e de outras instituições. Na linguagem econômica, serviu de justificativa às medidas de ajuste impulsionadas pelo governo, sob a orientação das agências internacionais.

marcado por uma retração nas políticas de proteção social, o que acabou por promover um profundo retrocesso no exercício dos direitos e na universalização da seguridade social (Mota, 2007).

Encontra-se em andamento, segundo a autora,

> uma reforma social e moral que cuida de estabelecer novos pactos e parâmetros para o atendimento das necessidades sociais, sem romper com a lógica da acumulação e da racionalidade do lucro e da mercadoria, expressas em alguns princípios e diretrizes, tais como: a desresponsabilização do Estado e a socialização, com toda a sociedade, da problemática da fome, da pobreza e da degradação da natureza (p. 22-23).

É neste contexto que ocorre um conjunto de inflexões na agenda do desenvolvimento. Na realidade, a formulação Desenvolvimento Sustentável representa uma tentativa de oferecer respostas à problemática do meio ambiente a partir de uma crítica às teorias desenvolvimentistas, hegemônicas no pós-guerra, sem, no entanto, inscrevê-las no contexto da crítica ao modo capitalista de produção; em outras palavras, trata-se de uma tentativa de articular expansão capitalista e utilização racional dos recursos naturais, crescimento econômico, respeito ao meio ambiente e redução da pobreza.

Os arquitetos do Desenvolvimento Sustentável propõem um processo de incorporação dos critérios ambientais *na* e *pela* atividade produtiva, a fim de que seja assegurado o crescimento econômico (tido como condição para obter-se os padrões desejados de desenvolvimento), ao mesmo tempo que sejam respeitadas as condições de renovação e a capacidade dos ecossistemas existentes no planeta.

Em síntese, o desenvolvimento sustentável se apresenta como reação social e política à "estreiteza do cálculo econômico-financeiro", embora de conteúdo impreciso e de exequibilidade um tanto controversa. Por essa razão, abordaremos a evolução e disseminação deste conceito, o seu tratamento a partir das agências internacionais, a sua disseminação na sociedade, bem como a sua incorporação na agenda do capital e do trabalho, analisando os princípios da sustentabilidade ambiental e social, no curso do seu desenvolvimento histórico.

3.1 O Desenvolvimento Sustentável e a institucionalização da "questão ambiental": uma breve contextualização

O conceito de Desenvolvimento Sustentável, como expressão mais abrangente da tentativa de incorporação da problemática ambiental na agenda econômica e social, tem como antecedentes os debates que culminaram com a realização do Clube de Roma e, mais especificamente, com a Conferência das Nações Unidas sobre o Homem e o Meio Ambiente, realizada em Estocolmo — Suécia, em 1972.[4] Este evento, que marcou o ambientalismo mundial, foi convocado em razão da necessidade de discutir temas ambientais que poderiam gerar conflitos internacionais, a exemplo da poluição da água, do ar e do solo.

No entanto, é na questão dos recursos não renováveis que reside o ponto crítico dos debates que antecederam e se fizeram presentes na citada conferência. As teses do Clube de Roma comparecem ao evento, apontando o crescimento demográfico e a pressão por este exercida sobre os recursos naturais da Terra como elemento central a ser enfrentado pela humanidade. O alardeado fim das reservas de petróleo serviu de argumento para as propostas de limitação do aumento populacional e do crescimento econômico dos países periféricos.

Ao relacionar as variáveis: *população, produção de alimentos* e *poluição*, os neomalthusianos constataram que os países de desenvolvimento industrial avançado têm as menores taxas de natalidade, ocorrendo o inverso nos países de industrialização tardia, o que levaria estes últimos a exercerem uma pressão maior sobre os recursos naturais.

Nestes termos, os ideólogos do capital buscaram justificar os problemas ambientais como sendo criados por razões externas aos processos produtivos, pelo aumento populacional ou pelo comportamento humano, em geral. Os problemas ambientais seriam decorrentes da "extrema rapidez" pela qual se dá o aumento da população e as calamidades ambientais se agravariam pela pressão das aglomerações humanas, ainda que

---

4. Embora só em 1987 apareça pela primeira vez esta formulação através do relatório Brandthland, suas bases foram instituídas na Conferência de Estocolmo, de 1972, à qual compareceram 113 países.

sejam de origens diversas. Os países mais pobres são acusados pelo aumento da população, já que mais de 90% do aumento populacional ocorre nestes países.[5]

As teses do Clube de Roma foram amplamente criticadas por diversos segmentos do pensamento social e dos movimentos ambientalistas, visto a clara defesa do padrão de consumo dos países centrais — isentando-os de sua condição de poluidores — ao mesmo tempo que responsabilizam "os pobres" pela degradação do planeta. O argumento utilizado não poderia ser mais contundente: dado o caráter finito dos recursos naturais, o estilo de vida da população dos países industrializados não poderia ser estendido a toda a humanidade, sob pena de colocar em risco as condições de existência na Terra.

É notório que o Clube de Roma opera uma inversão em sua lógica explicativa das contradições expressas pelo capitalismo. Para estes ideólogos, a pobreza não resulta da desigualdade social, mas ao contrário: são as expressões desta última (entre elas as altas taxas de natalidade entre os mais pobres) que explicam o aumento da pobreza e da depreciação das condições de vida na sociedade industrial.

Ignacy Sachs (1986), em crítica contundente a esta tese, acusa-a de "estreiteza do campo referencial" ou de "ignorância da história"; em outras palavras:

> Mais valeria acusá-la das liberdades que toma com relação à história, da escolha voluntarista e parcial das variáveis estratégicas (ora o progresso técnico, ora o crescimento demográfico conjugado com o esgotamento dos recursos e o aumento das poluições), ao lado de um determinismo mecanicista e da negação do papel ativo e criador dos homens (p. 22).

Por sua vez, os defensores do desenvolvimentismo, presentes na Conferência de Estocolmo, ofereceram um contraponto às teses neomalthusianas, ao realizarem a defesa intransigente do crescimento econômi-

---

5. Neste período ganham força nos países periféricos, especialmente na América Latina e na África, os programas de controle de natalidade, os quais tinham na laqueadura tubária e na distribuição indiscriminada de pílulas contraceptivas os seus carros-chefes.

co como condição para a melhoria das condições de vida da população, ao mesmo tempo que ressaltaram o "progresso" trazido pela indústria e o direito dos países-membros estabelecerem suas próprias estratégias de desenvolvimento, livres de qualquer regulação externa. Do confronto entre as teses "desenvolvimentistas" e as do "crescimento zero" resultou a afirmação da primeira, sobretudo no que diz respeito à afirmação do crescimento da atividade econômica, embora o texto final[6] tenha incorporado elementos significativos da segunda.

A Declaração de Estocolmo afirmou a "proteção e o melhoramento do meio ambiente humano" como uma questão fundamental ao mesmo tempo que considera ser o desenvolvimento econômico e social indispensável para assegurar ao homem um ambiente de vida e de trabalho favorável e para criar na Terra as condições necessárias para a "melhoria da qualidade de vida".[7]

Assim:

> As deficiências do meio ambiente originárias das condições de subdesenvolvimento e os desastres naturais colocam graves problemas. A melhor maneira de saná-los está no desenvolvimento acelerado, mediante a transferência de quantidades consideráveis de assistência financeira e tecnológica que complementem os esforços internos dos países em desenvolvimento e a ajuda oportuna que possam requerer (Princípio 9º).[8]

Por outro lado, a referida declaração refuta qualquer possibilidade de restrições ambientais externas ao desenvolvimento de cada país. Tanto os países centrais quanto os periféricos, por distintas razões, contribuíram diretamente para este resultado. Os interesses de manutenção

---

6. A Declaração da Conferência de ONU de Estocolmo conta com 26 princípios orientadores das políticas de desenvolvimento dos países-membros.

7. "A defesa e o melhoramento do meio ambiente humano para as gerações presentes e futuras se converteu na meta imperiosa da humanidade, que se deve perseguir, ao mesmo tempo em que se mantêm as metas fundamentais já estabelecidas, da paz e do desenvolvimento econômico e social em todo o mundo, e em conformidade com elas" (1972, p. 1). Disponível em: <www.mma.gov.br>. Acesso em: 10 set. 2007.

8. Declaração da Conferência de ONU — Estocolmo, realizada entre os dias 5 a16 de junho de 1972. Disponível em: <www.mma.gov.br>. Acesso em: 10 set. 2007.

dos ritmos acelerados de produção e de consumo dos países centrais e a necessidade dos países periféricos de imitá-los tomaram amparo nas teorias hegemônicas no pós-guerra, assentadas na "Lei de vantagens comparativas".

Esta lei foi enunciada por David Ricardo no início do século XIX, com a finalidade de dar sustentação teórica à argumentação em favor da liberdade de comércio e contra o protecionismo estatal. Os defensores do livre comércio explicavam que a maior eficiência produtiva, derivada da especialização, contribuiria para a elevação do bem-estar social global, ao colocar à disposição dos consumidores maiores volumes de bens e serviços, a preços mais convenientes. Os bens seriam produzidos a um custo menor e a concorrência se encarregaria de reduzir os preços de venda.[9]

Tendo em vista assegurar a expansão da produção os participantes da Conferência de Estocolmo firmaram acordos que sinalizaram para um "movimento de dupla conveniência entre Norte e Sul, onde o primeiro, desejando omitir a poluição da riqueza, e o segundo, desejando obter investimentos para mitigar a pobreza, orquestraram seus interesses particulares em total harmonia" (Layrargues, 1997, p. 9).

Este movimento se dá no interior de um amplo processo de exportação de capitais, a partir do qual as grandes corporações internacionais transferiram para os países periféricos partes de suas plantas produtivas — especialmente aquelas demandantes de maior utilização de trabalhadores — deixando nos países industrializados os setores de pesquisa e de desenvolvimento de produtos. Ao fim e ao cabo, estas empresas otimizaram os seus lucros, assegurando novo impulso à economia mundial, por contarem com uma força de trabalho farte e barata, com a expansão de novos mercados e com incentivos fiscais, entre outros.

Na esteira deste processo, verifica-se a transferência de indústrias poluidoras para os países periféricos, corroborando, assim, para "a divisão internacional dos riscos técnicos do trabalho que consiste na propa-

---

9. Plá, J. *Economia internacional: a economia dos países individuais no contexto mundial*. Disponível em: <www.ufrgs.br/decon/publionline/textosdidaticos>. Acesso em: 8 jun. 2007.

gação de subsidiárias poluidoras de empresas transnacionais em países cuja legislação ambiental não impõe restrições. Os países periféricos ficaram com a parte suja do trabalho" (Ribeiro, 2001, p. 80).

A influência das teses neomalthusianas também se fez representar no texto final da Conferência, embora em condições não hegemônicas. Este se refere à necessidade de que sejam adotadas "normas e medidas apropriadas" para enfrentar os problemas relacionados à preservação ambiental, oriundos do crescimento populacional. Os Princípios 15 e 16 da carta final são bem ilustrativos desta afirmação:

> Deve-se aplicar o planejamento aos assentamentos humanos e à urbanização com vistas a evitar repercussões prejudiciais sobre o meio ambiente e a obter os máximos benefícios sociais, econômicos e ambientais para todos. A este respeito devem-se abandonar os projetos destinados à dominação colonialista e racista (Princípio 15).
>
> Nas regiões onde exista o risco de que a taxa de crescimento demográfico ou as concentrações excessivas de população prejudiquem o meio ambiente ou o desenvolvimento, ou onde a baixa densidade de população possa impedir o melhoramento do meio ambiente humano e limitar o desenvolvimento, deveriam ser aplicadas políticas demográficas que respeitassem os direitos humanos fundamentais e contassem com a aprovação dos governos interessados (Princípio 16).

Pode-se afirmar que a Conferência de Estocolmo constituiu um marco importante na busca por conferir visibilidade à "questão ambiental", embora as suas deliberações de caráter genérico — assumindo a verdadeira forma de uma carta de princípios — tenham obtido pouca efetividade. As principais teses em confronto não ofereceram uma análise mais contundente às causas da "questão ambiental" e sua relação com o modo de produção burguês.

Ao mesmo tempo que colocou os assuntos ambientais na agenda pública, esta Conferência indicou e a Assembleia Geral da ONU, deste mesmo ano, criou o PNUMA — Programa das Nações Unidas para o Meio Ambiente, o qual deveria dar seguimento às discussões internacionais com vistas a mobilizar e sensibilizar os países-membros no tocante às problemáticas ambientais mais emergentes. Foi só em 1987 que a Comissão Mundial sobre Meio Ambiente e Desenvolvimento — CMMAD,[10] presidida por Gro Harlem Brundtland, emite relatório sob o título "Nosso Futuro Comum", o qual notabilizou o termo Desenvolvimento Sustentável.

Este relatório tinha como objetivo "propor estratégias ambientais de longo prazo para se obter um *Desenvolvimento Sustentável* por volta do ano 2000 e daí em diante". Para tanto, propunha uma maior cooperação entre o Norte e o Sul. Retomando a tese da finitude do planeta e constatando os elevados níveis de degradação ambiental, o documento estende, indiferenciadamente, a toda a humanidade, os esforços pela superação das depredações ambientais e pela preservação dos recursos naturais da terra em benefício das gerações presentes e futuras.

Ao distribuir, indiferenciadamente, as responsabilidades pela degradação do planeta bem como pela superação desta, o citado relatório reproduz um discurso em cuja essência deixa de apreender as determinações da "questão ambiental". Para Layrargues (1997), o relatório revela um conjunto de limites, em cujo cerne reside a ausência de contextualização do problema que se dispõe a enfrentar:

> Na tentativa de generalizar os fatos, omite um contexto histórico, e cria o "homem abstrato", cuja consequência significa a retirada do componente ideológico da questão ambiental, que passa a ser considerada com uma certa dose de ingenuidade e descompromisso, frente à falta de visibilidade do procedimento histórico que gerou a crise ambiental (p. 4).

A pobreza, a deterioração do meio ambiente e o crescimento populacional estão imbricados, na visão do Relatório Brundthland, sendo impossível enfrentá-los, isoladamente: a pobreza subtrai das pessoas as opções de uso dos recursos naturais de modo sustentável, pressionando o meio ambiente. A depredação do ambiente torna-se inevitável, já que essa pressão se faz maior à medida que as pessoas não dispõem de condições de satisfazerem, adequadamente, as suas necessidades. Desta

---

10. Esta comissão foi criada na Conferência das Nações Unidas de 1983.

forma, "(...) os povos pobres são obrigados a usar excessivamente seus recursos ambientais a fim de sobreviverem, e o fato de empobrecerem seu meio ambiente os empobrece ainda mais, tornando sua sobrevivência ainda mais difícil e incerta" (CMMAD, 1991, p. 29).

Reitera-se, neste caso, a hipótese do "círculo vicioso", a qual passa a alimentar uma ofensiva ideológica no sentido de justificar a necessidade de intensificação do crescimento econômico — condição para se atender às necessidades básicas de todos — e, com isso, reafirmar a necessidade de superação do binômio desenvolvimento-subdesenvolvimento a partir da adoção do modelo seguido pelos países centrais, esmaecendo, assim, o peso dos países industrializados na destruição ambiental.

De fato, até meados dos anos 1990, o binômio *pobreza* e *degradação ambiental* esteve presente nos debates acerca da problemática ambiental configurando uma visão hegemônica — a do "círculo vicioso" — segundo a qual os pobres são sujeitos e vítimas do processo de degradação ambiental. Na ausência de condições materiais para pensar o futuro e movidos pela sobrevivência imediata, utilizam mais intensivamente os recursos naturais. Isto se agravaria pelas altas taxas de natalidade entre os segmentos mais pauperizados da população, o que os tornaria agentes da degradação ambiental.

Por outro lado, estes mesmos segmentos eram considerados vítimas, posto que a ausência de recursos materiais os obrigaria a migrar para as áreas mais degradadas, mais baratas, intensificando ainda mais o quadro ambiental. Afirma-se, portanto, que a "pobreza endêmica" poderá ser fator de desencadeamento de "catástrofes", ecológicas ou de qualquer outra natureza.[11] Neste caso, a receita para a ruptura do "círculo vicioso" seria o desenvolvimento econômico. A hipótese do "círculo vicioso" foi questionada nos fóruns das Nações Unidas, sobretudo pelas ONGs representantes do ambientalismo radical, as quais alegaram serem os ricos

---

11. Esta tese fez-se presente em Estocolmo (1972), no relatório Brundthland (1987), no relatório do Banco Mundial sobre Desenvolvimento e Meio Ambiente (1992) e no informe sobre Pobreza e Meio Ambiente do Programa das Nações Unidas para o Desenvolvimento — PNUD (1995) (Foladori, 2005).

os principais agentes da degradação ambiental e os que mais consomem os recursos naturais.[12]

Decerto que o relatório Brundthland se refere à questão da pobreza, apontando como alternativa o Desenvolvimento Sustentável, o qual é definido como sendo "aquele que atende às necessidades do presente sem comprometer a possibilidade de as gerações futuras atenderem a suas próprias necessidades" (WCED, 1987, p. 7). Como princípio norteador do planejamento de políticas, este conceito incorpora como elemento-chave as "necessidades, sobretudo as necessidades essenciais dos pobres no mundo, que devem receber a máxima prioridade", ao mesmo tempo que estabelece a solidariedade diacrônica, com as gerações futuras, como imperativo ético, cuja mediação essencial é o respeito às condicionalidades ambientais e à capacidade de se submeter aos preceitos de "prudência ecológica".

O conceito de Desenvolvimento Sustentável tem sido enfocado, majoritariamente, a partir de uma visão tridimensional de desenvolvimento, na qual à eficiência econômica combinam-se requisitos de justiça social e de prudência ecológica. "Os encaminhamentos políticos com vistas ao desenvolvimento sustentável deveriam envolver assim três dimensões: o cálculo econômico, os aspectos sociopolíticos e biofísicos" (Moreira, 2000, p. 42). Neste sentido, o ideário do Desenvolvimento Sustentável ganharia expressão através de um modelo "socialmente includente, ambientalmente sustentável e economicamente sustentado" (Sachs, 2007, p. 22).

---

12. Desde a Conferência de Estocolmo, as ONGs organizaram o *Fórum do Meio* que serviu de base para suas reivindicações e denúncias. Na Conferência de Nairobi (1982) emitiram um documento denominado Mensagem de apoio à vida, assinada por representantes de 55 países na qual se lê: "O processo atual ataca a todos os componentes do meio ambiente natural, desde os pássaros, as baleias e as árvores até os seres humanos. *A degradação ambiental e a injustiça social são, como a conservação e o desenvolvimento, as duas faces de uma mesma moeda (...). A cultura uniforme do alto consumo, que faz ricos a uns poucos e pobres a muitos, deve ser alterada para criar as condições políticas, econômicas, tecnológicas e espirituais que estimulem a coexistência de uma multiplicidade de culturas e seu consequente crescimento. Os problemas do meio ambiente não se resolverão somente com medias tecnológicas, ainda que sejam necessárias novas tecnologias ambiental e socialmente sensatas, assim como outras mudanças sociais e políticas relevantes*" (Tamames, apud Ribeiro, 2001, p. 86; grifos do autor).

Partindo desta base de entendimento, a questão da sustentabilidade passa a ser mediada por diferentes interesses econômicos e sociais, conferindo-lhe diversas perspectivas que oferecem respostas às questões nacionais ou globais, bem como as estratégias de enfrentamento da dimensão ecológico-ambiental (Moreira, 2000).

De fato, o debate da sustentabilidade segue as pegadas da discussão sobre a "questão ambiental". Ora é defendida como estratégia de equacionamento da depredação do planeta pela via da compatibilização entre acumulação privada e preservação do meio ambiente, ora é entendida como princípio ético cujas possibilidades de realização encontram-se comprometidas diante do caráter destrutivo do sistema do capital, sendo, portanto, impresci'ndível superá-lo para que se estabeleçam as bases de uma relação, efetivamente sustentável entre sociedade e natureza.

Esta polarização em torno da questão da sustentabilidade desborda para o campo da Ciência econômica. O embate entre os princípios da "Economia ambiental" e os da "Economia ecológica" é revelador das alternativas apontadas para o enfrentamento da problemática ambiental, sob a ótica da reprodução do capital e vai se manifestar na disputa em torno do conceito de *sustentabilidade*, ou da construção de um modelo que lhe dê "efetividade".

Para a *economia ambiental*, a privatização dos recursos naturais é a estratégia privilegiada para protegê-los pela via da introdução destes no circuito mercantil, tanto pela valorização econômica da degradação, através da "internalização das externalidades", quanto pela atribuição de valor econômico aos recursos não mercantis. Nestes termos, o gerenciamento adequado dos recursos naturais dar-se-ia pelas mãos do mercado.

Foladori (2001) contesta o potencial racionalizador desta visão através do seguinte argumento: A organização da produção, distribuição e consumo pela via do mercado é o mecanismo naturalmente mais antiecológico que pode existir; tanto é assim que deixa "naturalmente" de lado a natureza e os detritos que não têm preço (p. 157).

Para a *Economia ecológica*, o sistema econômico não pode ser considerado hermético, como totalidade, visto que mantém intercâmbio com o conjunto dos ecossistemas, o que remete aos limites físicos do planeta. Em face dessa realidade, a economia ecológica defende políticas voltadas para a utilização mais eficiente dos recursos ambientais e o investimento em recursos renováveis e a implementação de medidas de prevenção e de combate à poluição. Assim, a reciclagem dos resíduos sólidos constitui uma das estratégias fundamentais para enfrentar a escassez de recursos naturais. Nestes termos, a economia ecológica defende que a economia, a ecologia e a política sejam tratadas em relação direta, de forma a extinguir as "externalidades".

O que se constata, neste embate, é que a sustentabilidade vai adquirir conotações distintas quando tratada do ponto de vista do mercado: a "mão invisível do mercado" e a incorporação de elementos reguladores da relação entre sociedade e meio ambiente constituem pontos de tensão entre alguns teóricos e intelectuais que se debruçam sobre a questão.

Porém, no debate sobre sustentabilidade também está presente uma visão que oferece uma crítica radical às relações entre sociedade e natureza, conforme nos referimos, anteriormente. Alega que, ainda que mudanças na base técnica sejam fundamentais, nem economia ecológica nem a economia ambiental realizam uma crítica à economia de "livre mercado". Desta forma, faz-se necessário reiterar a impossibilidade de se assegurar uma existência sustentável no planeta sob a ordem burguesa.

Dado a marcada hegemonia que detém as teses defensoras da compatibilidade entre sustentabilidade e desenvolvimento capitalista, esta acaba por assumir uma forma de verdadeira ideologia, posto que se destina a assegurar as bases simbólicas e materiais da reprodução do sistema — cada vez mais destrutivo — a despeito da sustentabilidade que propala.

3.2 O "Estado da arte" do debate sobre Desenvolvimento Sustentável

Decerto que o Desenvolvimento Sustentável comparece na agenda das ONGs e das agências internacionais como respostas tanto ao fracasso das experiências do chamado "socialismo real" quanto à quebra dos estados de bem-estar social, constituindo um ideário supraclassista, capaz de aglutinar amplos segmentos dos movimentos sociais, ONGs, governos, entidades classistas e órgãos governamentais empenhados em sedimentar novos referenciais políticos e ideológicos que ofereçam respostas à crise societária.

O discurso da sustentabilidade ganha ampla repercussão desde os organismos internacionais aos agentes locais, configurando uma efetiva ideologia. As imprecisões do termo e as indefinições quanto aos seus reais componentes *econômicos, sociais* e *ambientais* têm mobilizado esforços no sentido de elucidar a natureza da proposição, ao mesmo tempo que têm revelado os objetivos políticos e ideológicos que subjazem as múltiplas formulações. Ao fim e ao cabo, emerge um confronto entre as teses hegemônicas — que se acercam da possibilidade de compatibilizar sustentabilidade e acumulação de capital — e as teses que defendem a superação da ordem. Vale salientar que os documentos estudados, em sua totalidade, afiliam-se à primeira vertente, revelando o caráter ideopolítico de que se reveste como elemento de indiferenciação de classes.

Conforme sinalizamos na introdução deste trabalho, os principais sujeitos da construção desta ideologia, os formuladores deste ideário, são os organismos internacionais, os quais ocuparam e ocupam um lugar de destaque no debate e na disseminação dos princípios da sustentabilidade, contando, para tanto, com um envolvimento de amplos segmentos de classes. Por essa razão, fez-se essencial para o trato do objeto de pesquisa analisar todos os que participam da construção desta ideologia, qual o lugar que ocupam, assim como a programática que daí resulta. Neste caso, privilegiamos a ONU, através do *PNUMA* (2006), *PNUD* (2007), *CEPAL* (2006), além do *Banco Mundial* (2003).[13]

Como síntese dos esforços empreendidos por estes órgãos, nos debruçaremos sobre a *Agenda 21 Global* (1992), a qual tornou-se referência mundial para o desenvolvimento de ações voltadas à "questão ambiental".

---

13. Na introdução deste trabalho denominamos todos os documentos analisados e suas fontes.

No caso brasileiro, abordaremos a incorporação pelo trabalho e pelo capital do ideário do Desenvolvimento Sustentável, tendo como ponto de partida a *Agenda 21 brasileira* (2002), com desdobramentos no pensamento do empresariado brasileiro e dos trabalhadores, através da CNI (2002) e da CUT.

No item seguinte, abordaremos as formulações das agências internacionais e seus desdobramentos políticos em nível nacional.

3.2.1 Desenvolvimento sustentável: rumo a uma conceituação

A apresentação conceitual do desenvolvimento sustentável aparece, conforme sinalizamos anteriormente, como esteio para a constituição de um novo *modelo de desenvolvimento* para o capital, distinto dos predecessores, à medida que "vincula o desenvolvimento social e econômico à proteção e melhoria do meio ambiente" (*Agenda 21 global*, cap. 10, p. 1).

Analisando o caso da América Latina, a CEPAL aponta as dificuldades de incorporação desta formulação, tendo em conta que a modalidade de desenvolvimento prevalecente no continente, bem como a grande maioria dos avanços econômicos e sociais, têm-se realizado à custa de um preço ambiental muito alto. Neste caso, a temática ambiental ou se faz ausente ou comparece de forma marginal, contrastando com a disseminação e legitimidade que galgou na região, a partir dos anos 1990. Por essa razão, falar de "equilíbrio" entre as três dimensões da sustentabilidade parece descontextualizado para o caso em questão. "É necessário indagar sobre as contradições do 'equilíbrio', problema que nasce do fato de que qualquer artificialização da natureza implica um custo ecológico" (p. 10).

E o mesmo documento conclui:

> É muito importante esclarecer que o equilíbrio, tal qual se divulga, não existe. O que existe, normalmente são estratégias, políticas, linhas de ação, projetos, que têm um maior ou menor custo ecológico, e que são adotados em função de racionalidades que têm que ver com decisões econômicas,

sociais, étnicas, antropológicas, e que em muitas ocasiões, a racionalidade ambiental é marginal ou não está presente (2006, p. 11).[14]

O apelo ao "equilíbrio" entre distintas dimensões da sociabilidade, evocado pela CEPAL, implica tencionar o peso da dimensão econômica na definição da relação entre sociedade e meio ambiente, de tal sorte que este saia de sua condição marginal para ocupar lugar de destaque nas preocupações dos planejadores e gestores do desenvolvimento na América Latina.

No entanto, este mesmo texto reconhece que o discurso do "equilíbrio" se baseia na necessidade de pagar determinado custo ecológico em função do crescimento econômico e de responder às demandas relacionadas à sobrevivência e ao bem-estar da sociedade, o que implica a impossibilidade de que a região venha a adotar os parâmetros ambientais dos países desenvolvidos, sob pena de aprofundar a pobreza e iniquidade locais.

Diz o texto:

> Visto desde este enfoque, o meio ambiente não é uma dimensão que potencie e enriqueça a concepção de desenvolvimento, senão que constitui um reservatório de recursos que há que lançar mão para cumprir as metas do crescimento econômico (2006, p. 10).

Neste sentido, sinaliza o texto que o pretenso "equilíbrio" entre o ambiental, o social e o econômico não ultrapassa os limites de um chamamento, cujo eco tem ganho pouca efetividade.

O PNUD, por sua vez, ressalta a dimensão ética para evocar a adoção da sustentabilidade como paradigma norteador da sociabilidade humana. Afirma em seu texto:

> Sem dúvida, o desenvolvimento sustentável não pode significar que as gerações deixem o ambiente exatamente como o encontraram. O que se deve conservar é a possibilidade das gerações futuras gozarem das suas

---

14. Tradução nossa.

liberdades, poderem fazer escolhas e terem uma vida que possam valorizar (...). O fundo ético de qualquer sociedade tem, em parte, de ser avaliado com base no modo como trata os seus membros mais vulneráveis (...). O imperativo moral está assente em ideias sobre gestão, justiça social e *responsabilidade ética*" (p. 60). Não se justifica a redução do bem-estar dos que viverão no futuro só porque viverão no futuro. O modo como encaramos o bem-estar das gerações futuras é um julgamento ético (p. 62).

Indubitavelmente, o discurso do Desenvolvimento Sustentável se assenta em forte apelo ético. No entanto, dada a ausência de uma organização social que promova a utilização coletiva dos recursos naturais, assim como a geração de detritos, verifica-se o aprofundamento do fosso entre o discurso ético e a realidade objetiva, tendo em vista que a dimensão ética integra o interesse universal, relativa ao gênero humano como totalidade, enquanto a dinâmica societária regida pelo capital implica uma lógica particularista, individualista por natureza.

De fato, a expressão Desenvolvimento Sustentável tem sido questionada, desde sua origem, em razão da contradição presente em sua etimologia. O termo "desenvolvimento", conforme aponta Mészáros (2007), diz respeito às condições de reprodução do sistema capitalista, à sua lógica de acumulação, fundada no produtivismo. Demonstramos no capítulo inicial deste trabalho que esta lógica responde pela progressiva exaustão dos recursos naturais, depredação dos ecossistemas e extinção de inúmeras espécies. Sabidamente, esta mesma ordem aprofunda a desigualdade social, posto que é regida pela concorrência entre capitalistas e pela competição entre os próprios trabalhadores.

Já o conceito "sustentabilidade" é originário das ciências da vida, da biologia e da ecologia (Boff).[15]

Para o autor,

A sustentabilidade significa que no processo evolucionário e na dinâmica da natureza vigoram interdependências, redes de relações inclusivas, mu-

---

15. O texto publicado pelo autor não dispõe de ano de publicação: Boff, L. Os impasses da expressão "Desenvolvimento Sustentável". In: *Agenda 21 e sustentabilidade. Ética e sustentabilidade*. Disponível em: <www.mma.gov.br>. Acesso em: 3 jun. 2008.

tualidades e lógicas de cooperação que permitem que todos os seres convivam, coevoluam e se ajudem mutuamente para manterem-se vivos e garantir a biodiversidade. A sustentabilidade vive do equilíbrio dinâmico, aberto a novas incorporações, e da capacidade de transformar o caos gerador de novas ordens (p. 5-6).

O que se constata, neste caso, é que a trama semântica que envolve este conceito esconde contradições que precisam ser enfrentadas. O reconhecimento da necessidade de uma relação racional entre sociedade e natureza não pode esmaecer o fosso que separa a sustentabilidade ambiental e social da dinâmica societária em curso.

3.2.1.1 A relação entre "desenvolvimento" e "crescimento": meio ambiente e sustentabilidade econômica

O peso das determinações econômicas na construção do desenvolvimento sustentável aparece sob a forma de um amplo consenso quanto à importância do crescimento econômico como condição para a efetividade do novo modelo de desenvolvimento. Isto não representa nenhuma inovação, visto que a expansão econômica sempre foi entendida como condição essencial para satisfazer as necessidades da população. Todo o rico debate travado por intelectuais e governos desde o pós-guerra, no qual a América Latina teve participação marcante, se encaminha no sentido da qualificação do crescimento, não à sua contestação.

Como nos lembra Mészáros:

> No passado, o termo mágico para julgar a saúde de nosso sistema social era "crescimento", que ainda hoje perdura como estrutura em que se devem entrever as soluções. O que se pretende evitar com o louvor não qualificado do "crescimento" são precisamente as questões: que tipo de crescimento e com que finalidade? Em especial, porque a realidade do crescimento não qualificado sob nossas condições de reprodução sociometabólica se verifica como extremo desperdício e multiplica os problemas que as futuras gerações enfrentarão (...). O parente do "crescimento", o conceito de "desenvolvimento" também deve sujeitar-se ao mesmo escrutínio crítico (2007, p. 190).

Na agenda do Desenvolvimento Sustentável, a promoção do crescimento econômico é reiterada, na totalidade dos textos, especialmente para os países periféricos, "um crescimento sustentado e sustentável" (*Agenda 21 global*, cap. 2, p. 1) que possibilite a satisfação das necessidades da população.

De acordo com este texto:

> Tanto as políticas econômicas dos países individuais como as relações econômicas internacionais têm grande relevância para o desenvolvimento sustentável. A reativação e a aceleração do desenvolvimento exigem um ambiente econômico e internacional ao mesmo tempo dinâmico e propício, juntamente com políticas firmes no plano nacional (...). O processo de desenvolvimento não adquirirá impulso caso a economia careça de dinamismo e estabilidade e esteja cercada de incertezas (cap.2, p.1).

Por sua vez a CEPAL, embora admita que o crescimento econômico tem sido fator de destruição do meio ambiente, não o contesta; ao contrário, defende a adoção de normas e instrumentos para a regulação dos seus efeitos.

Afirma o seu texto:

> O discurso do meio ambiente resulta paradoxal. Por uma parte, é o próprio crescimento econômico, a industrialização, a urbanização, a exploração dos recursos naturais, a causa fundamental da degradação do meio ambiente. Mas, por outra parte, o objetivo básico que se pleiteia nos países é continuar e, inclusive, intensificar esse crescimento (...). Para as forças dominantes, a dimensão ambiental não pode ser um elemento de desestabilização do modelo econômico, por mais predador que este seja, senão que deve estar a serviço dele. Dessa forma, a complexificação jurídica, unida com a criação de todo um controle de normas, pode ser um adequado instrumento a serviço do sistema (2006, p. 45).

Decerto que a expansão econômica é condição inalienável da dinâmica de acumulação capitalista, na qual a "produção aparece como objetivo do homem e a riqueza como objetivo da produção" (Marx, 1985), de tal sorte que a riqueza aparece em forma de coisa ou objetos, resultado de uma relação externa aos indivíduos que a produzem.[16] O consenso que se estabelece em torno da necessidade do crescimento econômico deriva, por um lado, da própria dinâmica societária, impulsionada sucessiva e permanentemente pela expansão da produção material, independentemente da vontade individual dos capitalistas.

Nestes termos,

> O capital jamais permanece estacionado. Avança, ampliando o seu poder, tornando-se mais rico, substituindo equipamentos e instalações antigos por outros novos, adquirindo novas empresas e novos mercados, ou do contrário será absorvido ou esmagado pelos rivais que tiveram melhor sorte nessa impiedosa e incessante concorrência entre os capitalistas (Eaton, *apud* Netto e Braz, 2006, p. 131).

Os momentos de retração desta tendência — caracterizados por crises de superprodução — acarretam inúmeros sofrimentos e penúrias a amplos segmentos das classes trabalhadoras, além da intensificação do desperdício de forças produtivas e do poder destrutivo do capital, distanciando-se, ainda mais, da edificação de uma sociedade sustentável. Por outro lado, a reafirmação da necessidade de expansão da riqueza, vinculada à promoção de um modelo de desenvolvimento para o capital — ainda que pretensamente sustentável — subestima o caráter predatório desta ordem social a qual se tem traduzido em crescente insustentabilidade planetária.

A disseminação do Desenvolvimento Sustentável no Brasil dá-se na esteira da expansão do ideário liberal, no compasso dos processos sociais latino-americanos e mundiais dos anos 1990, já mencionado em outros pontos deste trabalho. Neste sentido, o tema da sustentabilidade econô-

---

16. "Na verdade, quando despida de sua estreita forma burguesa, o que é a riqueza senão a totalidade das necessidades, capacidades, prazeres, potencialidades produtoras etc., dos indivíduos, adquirida no intercâmbio universal? Que é senão o desenvolvimento pleno do domínio humano sobre as forças naturais — tanto sobre as suas próprias quanto as da chamada natureza? Que é senão a expressão de suas potencialidades criadoras? (...) Que é senão uma criação na qual o homem não se reproduz a si mesmo de uma forma determinada, limitada, mas sim produz sua própria totalidade se desvencilhando do passado e se integrando no movimento absoluto do tornar-se?" (Marx, 1977b, p. 80).

mica impõe-se com força, como sinônimo de ajustes econômicos, privatizações e de "reformas sociais", todos realizados com o objetivo de se obter um "desenvolvimento sustentado".

Para a Agenda 21 brasileira, o crescimento econômico é desejável porque:

> Traz mais empregos, mais renda, mais bens e serviços à população. Quanto mais rápido o ritmo do crescimento, maiores as chances de incluir um número maior de famílias nos padrões civilizados de consumo privado e público. O crescimento econômico é, no entanto, uma condição necessária, mas não suficiente, para o desenvolvimento sustentável (p. 23).

O pensamento empresarial, através da CNI, enfatiza a necessidade do crescimento econômico nos seguintes termos:

> A indústria brasileira tem ambição. A sua visão de Brasil é a de um país capaz de superar as desigualdades sobre as bases de uma sociedade democrática e de uma economia de mercado competitivo. O elo que une este ideal é a capacidade de crescer de forma expressiva e sustentada. Para que se concretize, é preciso respeitar as lições do passado e adotar ações sistemáticas dirigidas ao crescimento (...). Os princípios básicos que norteiam a atuação da CNI na área de Meio Ambiente são: a promoção do desenvolvimento sustentável e a adoção de uma política ambiental direcionada à competitividade e não inibidora do crescimento econômico (p. 25).

Ao identificar as tendências teóricas e políticas dos movimentos sociais, a partir dos anos 1990, em particular do movimento sindical e partidário, observa-se que o envolvimento destes com a "questão ambiental", no caso brasileiro, dá-se mediado pela incorporação do discurso de Desenvolvimento Sustentável e da participação, sobretudo do movimento sindical, na efetivação de políticas públicas.[17] Este processo foi revelando, ao longo da última década do século XX, uma mudança de

---

17. Observa-se, aí, uma corrida de parte expressiva dos sindicatos e do conjunto das Centrais Sindicais em busca de recursos públicos, voltados para o desenvolvimento local, programas de qualificação profissional, com o objetivo de capacitar os trabalhadores para intervenção principalmente nos espaços institucionais, secundarizando a luta direta e o enfrentamento com o capital.

estratégia dos sindicatos diante do capital, o denominado "antagonismo convergente" (Oliveira, 1993), manifestando a quebra dos núcleos centrais de resistência à classe dominante e sua incorporação à institucionalidade burguesa.

Neste sentido, não se observa, no escopo de alternativas à "questão ambiental", uma oposição ao sistema do capital; tampouco é possível identificar nos documentos a afirmação da necessidade de uma nova ordem societária: a defesa de um novo modelo de desenvolvimento configura o horizonte utópico dos trabalhadores, assim como ocorre no conjunto das agências internacionais e no discurso empresarial.

O texto da CUT é, por si mesmo, elucidativo:

A implantação de um modelo de desenvolvimento alternativo, sustentável nos aspectos econômicos, ambientais e sociais só poderia ter êxito se acompanhada da democratização do Estado com controle social, e das relações sociais (...). *A solidariedade social e econômica entre povos, entre gerações, entre categorias, entre grupos sociais e entre pessoas é uma característica da humanidade que devemos resgatar e reconstruir*. Dessa forma, a política econômica nacional, além de fortalecer instrumentos para a maior distribuição de renda, deve implementar mecanismos para o *incremento da produção e alavancar o consumo de massa* no país, através do desenvolvimento industrial e do setor de serviços"[18] (resoluções do 8º Congresso Nacional).[19]

Tendo em vista tratar-se de um momento de reconversão de amplos segmentos dos movimentos sociais[20], o discurso da sustentabilidade ganha notoriedade, não como ferramenta de contestação à ordem do capital, articulando a problemática ambiental às novas manifestações da

---

18. Chama a atenção o fato de que a CUT, central sindical construída no sabor das lutas sociais, não faça qualquer alusão à desigualdade social, à divisão da sociedade em classes (grifos nossos).

19. Grifos nossos.

20. Não nos esqueçamos de que este processo se inicia em pleno processo de reestruturação produtiva, de avanço do neoliberalismo e em meio à crise das experiências do "socialismo real", o que levou a uma guinada política dos segmentos majoritários dos movimentos sociais no Brasil, no sentido do impulsionamento da cooperação de classes. Por isso, o Desenvolvimento Sustentável passa a ancorar um conjunto de práticas colaboracionistas, oferecendo um cimento capaz de articular ações, propostas e reivindicações em nível projetual.

"questão social"; bem ao contrário, esvai-se o discurso anticapitalista e a crítica edulcorada elege como alvo os setores mais conservadores das "elites" que viram as costas para qualquer possibilidade de reformas sociais. Aí, a indiferenciação de classes assume toda a sua magnitude.

Os textos por nós analisados revelam que a proposição Desenvolvimento Sustentável mantém intocada a dinâmica capitalista como totalidade, o que acaba por assegurar a prevalência da sustentabilidade econômica sobre as demais dimensões que o conceito evoca, comprometendo a sua efetividade. Por outro lado, a incorporação da sustentabilidade ao discurso do desenvolvimento nos anos 1990 — em franca expansão da cartilha neoliberal — desvinculou este temário das agendas de reformas sociais.

Diferentemente do intenso debate sobre o temário do "desenvolvimento" que enriqueceu a agenda política latino-americana desde o pós-guerra até as décadas de 1970/80 — no qual tinha centralidade a polarização entre *produção* e *distribuição da riqueza*, entre *crescimento econômico* e *desenvolvimento social* —, a incorporação do Desenvolvimento Sustentável no Brasil não se vincula a esta questão. Ao contrário, verifica-se, neste caso, um duplo movimento: por um lado, a subscrição da agenda de reformas liberais nos anos 1990 como inevitáveis e imprescindíveis à criação de uma ambiência favorável à plena expansão das potencialidades do país e, por outro, a incorporação na agenda do desenvolvimento das pautas ambientalistas.

Isto revela uma concepção parcial e fragmentada da "questão ambiental" e de suas pautas, com influência direta sobre os mecanismos destinados ao seu enfrentamento, os quais passam a ter no mercado a sua mediação privilegiada.

Tratamos de demonstrar ao longo deste trabalho, em especial no capítulo II, que a "sustentabilidade ambiental" vem sendo, progressivamente, subordinada aos imperativos do mercado e atrelada à competitividade empresarial: a mercantilização dos recursos naturais, a gestão ambiental empresarial e a reciclagem dos resíduos sólidos, em particular, são algumas das estratégias fundamentais do capital para fazer face à depredação do meio ambiente.

Por sua vez, a "sustentabilidade social" vem sendo tratada a partir do desenvolvimento de políticas compensatórias — sobretudo através dos programas de transferência de renda. Ao abandonar-se a ideia de causalidade entre pobreza e meio ambiente — presente na tese do círculo vicioso — e apenas reconhecer a relação entre ambas, a tese do *duplo caminho* reafirma as premissas do pensamento liberal, assentada na focalização e seletividade, ou seja, na "sustentabilidade social dos mais pobres". Em síntese, ambas as teses admitem que *pobreza* e *meio ambiente* têm relação, mas como não aventam a superação da sociedade de classes, tratam, uns, de atuar moralmente (círculo vicioso) e outros, pela via das políticas compensatórias (duplo caminho).

Estas questões serão abordadas no item seguinte, ao longo da análise dos documentos.

3.2.1.2 A relação entre pobreza e meio ambiente: a sustentabilidade social em questão

Indubitavelmente, a relação entre meio ambiente e pobreza tem constituído uma das preocupações os defensores do Desenvolvimento Sustentável, ao mesmo tempo que vem sendo objeto de redefinições por parte das agências internacionais e segmentos diversos do ambientalismo.

Conforme indicamos anteriormente, até meados dos anos 1990, a relação entre *pobreza* e *degradação ambiental* foi hegemonicamente explicada pelos ideólogos do grande capital, através da tese do "círculo vicioso": "O alívio da pobreza é tanto um imperativo moral como um requisito prévio indispensável para chegar à sustentabilidade ambiental. Os pobres são ao mesmo tempo vítimas e agentes da degradação do meio ambiente" (Banco Mundial, 1992, p. 34). Nestes termos, o combate à pobreza passa a ser uma mediação importante para se mitigar a depredação ambiental.

Os debates que antecederam a Conferência das Nações Unidas para o Meio ambiente — ECO-92, ocorreram em meio à resistência crescente de setores cada vez mais amplos da sociedade aos impactos das políticas neoliberais em todo o mundo, as quais aprofundaram não só o processo de globalização da economia, mas demonstraram a necessidade de se tornarem igualmente globais as lutas sociais. Não por acaso, a partir da segunda metade da década de 1990, houve uma revisão importante no pensamento hegemônico, acerca do conceito de sustentabilidade. De acordo com a tese do "duplo caminho", a pobreza passa a não mais ser considerada a principal causa da degradação ambiental, mas deve ser enfrentada como meio para se proteger o meio ambiente.

Para ambas as teses, a pobreza não advém da desigualdade social crescentemente produzida e reproduzida sob o capital — visto que na época burguesa a sociedade está dividida em classes sociais antagônicas e hostis —, mas das distorções do mercado (o que atestaria a necessidade de intervenção do Estado através de políticas públicas), seja em razão da incapacidade de determinados indivíduos ou segmentos sociais de satisfazerem as suas necessidades por meio das trocas mercantis, ou ainda, pela intensa proliferação biológica destes segmentos populacionais.

Os documentos por nós analisados, ressalvadas as diferenças pontuais entre os diversos sujeitos do debate, ancoram-se na tese do "duplo caminho", revelando as estratégias de sua implementação.

O PNUMA relembra os Objetivos do Milênio, para afirmar a necessidade de incorporar o meio ambiente nas atividades principais da luta contra a pobreza e reafirma as estratégias de desenvolvimento através do estabelecimento de vínculos mais firmes e funcionais com outras organizações das Nações Unidas, a sociedade civil e o setor privado (2006, p. 4).

A *Agenda 21 global* dedica um dos seus 40 capítulos à questão do combate à pobreza. Esta é entendida como "complexa e multidimensional", originada nacional e internacionalmente, cujo enfrentamento não pode ser uniforme, "de aplicação universal". Antes, é fundamental para a solução desse problema que se desenvolvam programas específicos para cada país. O seu combate requer a responsabilidade de todos os países e exige um ambiente internacional de apoio.

Diz o texto:

> A erradicação da pobreza e da fome, maior equidade na distribuição de renda e desenvolvimento de recursos humanos: esses desafios continuam

sendo consideráveis em toda parte. O combate à pobreza é uma responsabilidade conjunta de todos os países (...). Uma estratégia voltada especificamente para o combate à pobreza, portanto, é requisito básico para a existência de desenvolvimento sustentável (p. 1).

As estratégias sugeridas, no referido texto, para enfrentamento da problemática são:

- Que os governos gerem oportunidades de emprego remunerado e de trabalho produtivo e em escala suficiente para absorver os possíveis aumentos da força de trabalho e cobrir a demanda acumulada;
- Capacitação de todas as pessoas para o manejo dos recursos e erradicação da pobreza. Desenvolvimento do *capital humano* (todas as pessoas possam ganhar a vida de forma sustentável);
- Participação Comunitária, caucionada no princípio de "delegação de autoridade", com atribuição de poder aos grupos locais e comunitários;
- Fornecimento de água potável e saneamento, educação primária para os pobres, facilitar linhas de crédito para o setor informal e o acesso à terra para pobres, sem-terra, promoção de segurança alimentar e planejamento familiar.

Para o Banco Mundial, "talvez não haja outro local onde o vínculo entre meio ambiente e pobreza seja tão estreito quanto nas áreas de pobreza humana" (2002, p. 107). Assim, os caminhos para superação desta realidade conduzem a uma distribuição mais igualitária das oportunidades, sendo que o mesmo poderia ocorrer com a riqueza, a saúde e a qualidade de vida, através de uma priorização à educação fundamental e, em particular, ao ensino médio; ao sistema de transferências sociais, para reduzir a desigualdade e aumentar a produtividade.

O mesmo texto afirma que a consolidação de um ambiente de estabilidade econômica e de crescimento é vista como imprescindível para assegurar condições de vida mais justas e equânimes. Essas prioridades implicam:

direcionar os gastos sociais para os mais pobres, e não para grupos cujos interesses são melhor representados; gerar o crescimento mediante o aumento da produtividade do setor privado, e não de recursos do setor público; e utilizar os recursos naturais de modo sustentável (2002, p. 17).

Decerto que a mudança de concepção sobre a dimensão social no debate da sustentabilidade representa um avanço significativo em relação ao período anterior: a tese do duplo caminho libera a pobreza de uma lógica apriorística de culpabilização e a concebe como problemática que transcende os limites das tendências demográficas. No entanto, inseridas na agenda do "desenvolvimento", as políticas de combate à pobreza circunscrevem-se no campo de defesa das reformas neoliberais — ou de contrarreformas — sinalizando a focalização e a seletividade como critérios para implementação de políticas compensatórias,[21] distanciando-as do debate clássico que confrontou *crescimento* e *desenvolvimento*, sendo este último identificado, para amplos setores da intelectualidade, com redistribuição de riqueza, resultante de uma agenda de reformas sociais.

O ideário neoliberal comparece nas análises e proposições de diversos textos estudados. Os "programas de ajuste" recomendados pelos organismos financeiros internacionais são reconhecidos em quase todos os documentos estudados como necessários e positivos, no sentido de fornecer a ambiência macroeconômica adequada à implementação do desenvolvimento sustentável.

Diz a *Agenda 21 global*:

> Em diversos países são necessárias políticas voltadas para a correção da má orientação dos gastos públicos, dos mercados déficits orçamentários e outros desequilíbrios macroeconômicos, das políticas restritivas e distorções nas áreas das taxas de câmbio, investimentos e financiamento, bem como dos obstáculos à atividade empresarial. Nos países desenvolvidos, as reformas e ajustes constantes das políticas, inclusive com taxas adequadas de poupança, podem contribuir para *gerar recursos que apoiem a transição para o*

---

21. Vide: Behring (1998), Behring e Boschetti (2006), Laurel (2002), Mota (1998), entre outros.

desenvolvimento sustentável, tanto nesses países como nos países em desenvolvimento (cap. 2, p. 10).[22]

De igual maneira, podemos nos referir ao conjunto das políticas sociais, também ferramentas importantes no debate do desenvolvimento. A questão da focalização encontra-se enfaticamente incorporada no discurso de diversas agências. O Banco Mundial é bastante contundente neste aspecto, após mencionar que o "investimento em pessoas" significa melhorar a qualidade da educação, o planejamento e a oferta de serviços públicos, além das transferências sociais.

Este documento afirma:

> As despesas com educação poderiam priorizar as escolas que estivessem abaixo dos padrões adequados e os gastos com saúde poderiam dar preferência aos serviços básicos de alta qualidade, eliminando assim uma série de operações dispendiosas e complexas *proporcionadas gratuitamente*.[23]

E arremata:

> A inclusão dos excluídos é a essência do desenvolvimento social, mas para isso será necessário *reduzir interesses particulares* (...). A integração dos trabalhadores informais às redes de proteção social irá requerer a limitação de benefícios obrigatórios conferidos ao trabalhador do setor formal (2002, p. 112).

Nestes termos, o pensamento liberal se impõe não apenas pelo sentido da focalização e seletividade, como também pela privatização da proteção social, ainda que isto se faça solapando direitos sociais há muito conquistados.

Mais uma vez os textos não nos permitem dúvidas:

> Um modo eficiente e equitativo de avançar é a redução, mediante norma de transição, nos benefícios dos servidores públicos aposentados — bene-

---

22. Grifos nossos.
23. Esta passagem é emblemática do pensamento do Banco Mundial que vimos abordando: *"Todas as famílias desejam pagar as taxas pré-escolares exceto as mais pobres, por isso os investimentos nesse setor poderiam ser direcionados às áreas mais carentes e frequentemente excluídas"* (2002, p. 26; grifos nossos).

fícios que são generosos em comparação aos que são concedidos aos trabalhadores do setor privado (...). Esse procedimento poderia elevar a poupança nacional em até 2% do PIB, aumentando o investimento e reduzindo as necessidades de financiamento externo. Várias opções estão sendo discutidas, entre elas a arrecadação de uma taxa de contribuição sobre os benefícios dos aposentados; o aumento da contribuição dos atuais funcionários públicos civis federais; a elevação da idade da aposentaria tornando-a igual para ambos os sexos (...) (Banco Mundial, p. 31).

É certo que a tendência à mercantilização dos serviços resulta da busca ininterrupta do capital de obter novos espaços de valorização. Esta dinâmica, analisada por Mandel (1985) como inerente ao capitalismo tardio, vem se aprofundando no período de mundialização financeira. Para este autor, a expansão do setor de serviços encerra as principais contradições do modo de produção capitalista, porque "a lógica do capitalismo tardio consiste em converter, necessariamente, o capital ocioso em capital de serviços e ao mesmo tempo substituir o capital de serviços por capital produtivo ou, em outras palavras, substitui serviço por mercadorias (...)" (p. 285).

Este movimento de supercapitalização incide, progressiva e ostensivamente, sobre as políticas sociais, a fim de converter o mercado em espaço único de satisfação das necessidades dos trabalhadores, reduzindo os campos de intervenção do Estado: a socialização dos custos com a reprodução da força de trabalho esvai-se, progressivamente, dando lugar à esfera privada, conforme demonstram os textos apresentados.

Para Antunes (2006),

> Nos últimos 25 anos, o neoliberalismo escolheu a via da regressão social política e cultural, desferindo ataques brutais do capital contra o trabalho, causando o empobrecimento crescente de faixas cada vez mais amplas da população (...). A competição global faz com que hoje mais de 200 multinacionais detenham a terça parte de todo o faturamento mundial (p. 55).

O Brasil reafirma esta tendência. O que chama a atenção, no entanto, é a defesa destas saídas como mecanismos de implementação do ideário da sustentabilidade.

Diz a *Agenda 21 brasileira*:

Não resta dúvida de que a reforma do Estado tem se constituído em um vigoroso evento portador de mudanças no Brasil. Em função dos processos de privatizações iniciados na última década, das concessões de serviços públicos, autorizadas a partir dos três últimos anos, das desregulamentações adotadas particularmente nas relações de comércio internacional e da integração na união alfandegária do Mercosul, a economia brasileira passou a dispor de melhores condições institucionais e oportunidades econômicas para configurar um ciclo de expansão, neste início de século XXI. A economia brasileira tornou-se, pois, mais aberta, menos regulamentada, mais privatizada e, portanto, mais propensa ao crescimento sustentado (p. 21).

Este mesmo texto propõe que o Estado execute a promoção de melhor distribuição da riqueza por meio de políticas compensatórias; articular programas de geração de emprego e renda; conceber e executar um conjunto de políticas econômicas que mantenham a consistência macroeconômica, entre outras medidas.

Neste contexto, as políticas de combate à pobreza estão presentes na agenda, mediadas pela focalização — a prioridade passa a ser o combate à extrema pobreza[24] ou por outra, referem-se à necessidade de implementar políticas que favoreçam o desenvolvimento do "capital social", "capital humano", sem, no entanto, problematizar o contexto em que elas se inserem; melhor dizendo: ao não confrontarem a necessidade de implementação das políticas de combate à pobreza com a dinâmica societária sabidamente concentradora e excludente — quando muito fazem referências às suas expressões — acabam por enfatizar os programas de transferência de renda, de natureza compensatória, reduzindo, substancialmente, seu potencial de enfrentamento à pobreza e à iniquidade.

Atualmente, vêm se proliferando em diversos países periféricos — orientados pelos organismos internacionais — os programas de transfe-

---

24. Para o Banco Mundial, apenas as famílias com renda *per capita* inferior a 1 dólar/dia são consideradas pobres. A mesma agência adota, para os países industrializados, um critério que resulta do confronto entre a renda individual e a renda média nacional. A *Agenda 21 brasileira* propõe a redução da pobreza (até um salário mínimo) nos próximos dez anos. Trabalha com a designação *pobreza extrema*.

rência de renda, destinados a oferecerem renda mínima aos segmentos mais pauperizados da população.

O Brasil, através do Programa Bolsa Família — PBF, tem sido protagonista deste modelo, seguido por diversos países.[25] Abrangendo um número de 13,4 milhões de famílias,[26] este programa tem impactado o consumo das famílias beneficiadas — embora não se possa estabelecer uma comparação com o período que antecedeu a implantação do programa por falta de dados — sendo que alimentação, material escolar, vestuário e remédios são os itens mais consumidos, em ordem decrescente,[27] portanto itens de primeiríssima necessidade. O incremento do consumo por parte deste segmento da população, além de possibilitar o acesso a bens e serviços essenciais, tem aquecido a economia, sobretudo das pequenas cidades do interior do Brasil, especialmente do Nordeste, cujas economias subsistem precariamente.

No entanto, além do evidente caráter compensatório desse programa — ao não se articular com outras ações que impulsionem as famílias a saírem efetivamente da pobreza —, a citada pesquisa revelou que mais da metade das famílias beneficiadas pelo PBF passava fome ou não tinha a quantidade de alimentos suficientes em casa, sendo que apenas 16,9% dos entrevistados foram considerados em situação de segurança alimentar. O restante — 9,2 milhões — ainda enfrentava uma condição insegura neste campo. Isto demonstra, segundo o coordenador da pesquisa, que a transferência de renda "ainda não é suficiente", realidade que se agrava sobretudo nos períodos de férias, quando as crianças não contam com a merenda escolar.

É certo que o governo federal tem conferido centralidade a este programa no conjunto das ações assistenciais, reforçando o ideário liberal que destina ao mercado a satisfação das necessidades sociais, enquanto ao Estado caberia prover os mais pobres. Ao mesmo tempo, mantém uma

---

25. No caso brasileiro, o critério definidor da "linha de pobreza" para ingresso no PBF é famílias com renda *per capita* inferior a R$ 120,00 (art. 7º, parágrafo 1º, da Portaria n. 666, Ministério do Desenvolvimento Social e Combate à Fome — MDS). Disponível em: <www.ipea.gov.br>. Acesso em: 8 dez. 2007.

26. Dados de 2012. Disponível em: <www.mds.gov.br>.

27. Segundo pesquisa realizada pelo Instituto Brasileiro de análises Sociais e Econômicas — IBASE. *Jornal do Comércio*, 28 jun. 2008.

política macroeconômica voltada à obtenção dos altos lucros pelo capital rentista, enquanto permanecem intocados dilemas seculares do país — a questão fundiária, a precarização da saúde, da educação, o déficit habitacional, entre outros — parecem revelar o peso das ações de transferência de renda na conformação de um amplo consenso em torno da direção ideopolítica do atual governo.

Referindo-se às políticas de renda mínima, manifesta-se Maranhão:

> Uma análise da totalidade das relações em que a política de combate à pobreza está inserida mostra-nos que a ampliação desses programas destinados aos cidadãos pobres foi seguida de perto pela política de mercantilização de serviços públicos essenciais, como a previdência, a saúde e a educação. Ou seja, o aumento dos investimentos em uma política social para os pobres esconde a abertura de novos e lucrativos mercados de investimentos para o capital privado, em detrimento do serviço público. Assim, é que, atualmente, a "inclusão dos excluídos" serve de discurso de legitimação para o avanço do capital sobre os ativos públicos e para o andamento de reformas neoliberais (2006, p. 42-43)

Portanto, ao conceber a pobreza como "complexa e multidimensional" "originada nacional e internacionalmente", faz-se esmaecer a dinâmica de acumulação capitalista como elemento fundante da produção e reprodução da desigualdade social; moto-contínuo, nega as saídas universais, delegando às realidades locais a busca por estratégias de mitigação da pobreza, como bem ilustra as proposições "desenvolvimento com equidade", "desenvolvimento endógeno", "desenvolvimento local e sustentável", entre outros.

É neste contexto que se insere a ação socioambiental das empresas no Brasil. Como representante do "setor privado" brasileiro, a CNI reconhece que a educação, a erradicação da pobreza, a promoção da saúde e a eliminação da exclusão social são fundamentais. Os princípios da responsabilidade social vão orientar ações voluntárias das empresas, regidas pelo ideário da sustentabilidade.

Nestes termos, a CNI defende:

> A aplicação extensiva pela indústria dos princípios do Desenvolvimento Sustentável, desenvolvendo políticas industriais que levem em conta a

inclusão dos socialmente excluídos e fomentando programas sistêmicos e integrados de educação, cultura, lazer, saúde e esporte (p. 28).

Na perspectiva da *sustentabilidade social*, as ações do empresariado — seja diretamente através das empresas, de fundações empresariais ou em parceria com organizações da sociedade civil — são de natureza filantrópica. Trata-se de projetos e ações sociais com foco em diversos públicos, sejam crianças, adolescentes, jovens, famílias, comunidades e diversas áreas de atuação: educação, saúde, meio ambiente, cultura, comunidade, esporte, trabalho e renda.[28]

Explica Eliane Belfort, membro do Comitê de Responsabilidade Social — FIESP (Federação das Indústrias do Estado de São Paulo):

> As empresas, em geral, e as indústrias, em particular, têm feito muito em prol das comunidades em que atuam, seja por meio de iniciativas de cunho social, como aquelas que priorizam saúde e educação, seja no aspecto ambiental, por meio da implantação de mecanismos de produção mais limpa, reuso de água ou reaproveitamento de resíduos (...). Mesmo assim, quando se trata de apontar os vilões das mazelas sociais ou ambientais, sempre sobra para os setores produtivos. Está na hora de mostrar o outro lado da verdade[29] e, ao mesmo tempo, estimular cada vez mais as práticas empresariais positivas. Não falo, obviamente, em caridade ou assistencialismo. Falo em sustentabilidade, que é o capitalismo inteligente, baseado em práticas responsáveis social e ambientalmente (2007).

Estas ações integram uma ofensiva material e simbólica do capital, cujo fim último é a redefinição das bases do processo de acumulação capitalista. Melhor dizendo, a dilapidação da natureza e a perene reprodução da desigualdade social convertem-se em objeto de intervenção pelo capital reestruturado com o fim de obter novos patamares de legitimida-

---

28. Segundo a Fiesp, 60% das empresas do Brasil desenvolvem ou apoiam ações sociais. Guia da Boa Cidadania Corporativa e Avaliação dos Balanços Sociais. Disponível em: <www.fiesp.com.br>. Acesso em: 4 ago. 2007.

29. Referindo-se à "Mostra Sistema Fiesp de Responsabilidade Socioambiental" realizada no período de 2 a 4 de agosto de 2007 no Pavilhão da Bienal do Parque do Ibirapuera-SP. Disponível em: <www.fiesp.com.br>. Acesso em: 4 ago. 2007.

de: ante a retração do Estado no âmbito da "questão social" cabe às empresas participarem das tentativas de reduzir a miséria e seus efeitos dramáticos, iniciativas estas que dialética e contraditoriamente se articulam à intensificação da exploração dos trabalhadores no interior das unidades empresariais.

Assim, as empresas atualizam seu discurso, consolidando um novo Ethos Empresarial, em torno das chamadas práticas positivas, que propalam o respeito à vida e à natureza:

> Estão postos, assim, os pilares — eminentemente ideológicos — que passam a formar a nova cultura empresarial das organizações, em nível mundial e local, se transformando no cimento necessário ao processo de reforma social e moral. Constituem-se num meio para assegurar a adesão dos trabalhadores às organizações empresariais que se transformam em verdadeiros aparelhos privados de hegemonia sob os auspícios do seu reconhecimento social que se firma para além do ambiente interno de cada corporação. O que é subtraído no campo da exploração e precarização do trabalho é compensado no campo genérico da intervenção social (Mota; Silva e Bezerra, 2007, p. 8).

Ações socioambientais levadas a termo pelo empresariado, como parte das estratégias de construção de hegemonia, funda sua argumentação na compatibilidade entre desenvolvimento capitalista, preservação ambiental e justiça social. Com isso busca interditar todo o potencial de crítica à ordem do capital, bem como os projetos que lhe são antagonistas.

Independentemente dos variados indicadores que revelam a chamada "linha de pobreza", do uso ideológico que deles se fazem[30] e das estratégias utilizadas, os organismos internacionais vêm alardeando a redução da pobreza absoluta no mundo, tanto em razão dos programas de transferência monetária quanto em razão da elevação do número de empregos e de ocupações nos chamados países emergentes (Brasil, Chi-

---

30. Conforme já explicado, para o Banco Mundial quem ganha acima de um dólar/dia — no Brasil hoje acima de R$ 50,00 mensais — não se encontra abaixo da "linha de pobreza".

na e Índia). Ainda que seja discutível o grau de precarização destes vínculos, o fato é que se trata de um fenômeno a ser observado, considerando tratar-se de uma conjuntura de crise do capital.

No entanto, o caráter incontrolável do sistema do capital e sua voracidade pelo lucro surpreende até seus ideólogos mais orgânicos. A crise econômica mundial, combinada à escassez dos alimentos, tem revelado que todos os avanços obtidos no sentido de atenuar a pobreza no mundo e de inserir novos segmentos populacionais no mercado consumidor veem-se comprometidos diante da hegemonia do capital especulativo.

Estudos realizados pelo ECOSOC[31] — Conselho Econômico e Social vinculado à ONU — revelam que, por causa da alta dos preços dos alimentos e do petróleo, a crise de crédito que se agrava, a persistência dos desequilíbrios globais e o declínio da economia mundial, existem sérias ameaças aos esforços de tirar as pessoas da pobreza, sendo que o otimismo que existia sobre a redução da pobreza, graças ao rápido crescimento econômico nas nações emergentes e inclusive em algumas economias pobres, "se converteu em ansiedade".[32]

Dados da Organização das Nações Unidas para a Agricultura e a Alimentação (FAO) informam que a quantidade de pessoas que sofrem fome no mundo aumentou cerca de 50% em 2007, devido ao aumento dos preços dos alimentos.[33] Estima-se, por outro lado, que o encarecimento dos alimentos, que oscila entre 30% e 45%, teve um efeito devastador, especialmente sobre mulheres e crianças que tentam sobreviver com menos de um dólar por dia, de acordo com estudos do "Global Call to

---

31. O Conselho Econômico e Social (ECOSOC) é o órgão coordenador do trabalho econômico e social da ONU, das Agências Especializadas e das demais instituições integrantes do Sistema das Nações Unidas. O Conselho formula recomendações e inicia atividades relacionadas com o desenvolvimento, comércio internacional, industrialização, recursos naturais, direitos humanos, condição da mulher, população, ciência e tecnologia, prevenção do crime, bem-estar social e muitas outras questões econômicas e sociais. Disponível em: <www.unicrio.org.br/Textos/onu>. Acesso em: 10 jul. 2008.

32. Deen, T. *Desenvolvimento global*. Disponível em: <www.cartamaior.com.br>. Acesso em: 11 jul. 2008.

33. Ramesh. Zona de Perigo: G-8 debate acordo para garantir segurança alimentar mundial. Disponível em: <www.cartamaior.com.br>. Acesso em: 8 jul. 2008.

Action Against Poverty (GCAP) — Chamado Mundial de Ação Contra a Pobreza.[34]

Em relatório recente (2011), a FAO indica a necessidade de aprimoramento das metodologias de pesquisa na área de segurança alimentar, tendo em vista a diversidade de processos que derivam da complexificação desta problemática em nível mundial. Afirma a existência de cerca de 600 milhões de "subnutridos" em todo o mundo[35].

Os meios de comunicação de massa se apressam em oferecer explicações as mais diversas para o fenômeno; por vezes, uma para cada tipo de alimento. No entanto, para além dos rebatimentos dos preços do petróleo, da destinação de alguns produtos para a produção de agrocombustíveis e das intempéries, os especialistas apontam cada vez mais a especulação financeira no mercado de futuros com o preço das *commodities* agrícolas, bem como os do petróleo e derivados, como responsáveis pela inflação.[36]

As motivações para a corrida do capital especulativo para estas *commodities* são de várias ordens. A possibilidade de escassez, instabilidades políticas, restrições a exportações por parte de países produtores, a depreciação do dólar, não só impulsionam o preço das *commodities* no mercado de futuros, como atraem especuladores "não habituais" a esse mercado, cujo comportamento faz elevar ainda mais os preços. Ou seja, um novo tipo de investidor está modificando a estrutura do mercado e quanto mais o preço das *commodities* aumentar, mais ele comprará na expectativa de maiores lucros futuro, protegendo, assim seus capitais das oscilações das moedas, sobretudo do dólar.[37]

---

34. Ramesh. Cúpula sem resultados: Grupo dos Oito brinca enquanto o mundo pega fogo. Disponível em: <www.cartamaior.com.br>. Acesso em: 10 jul. 2008.

35. *El estado de la inseguridad alimentaria en el mundo*. Disponível em: <www.fao.org/>. Acesso em: 14 maio 2012.

36. Entre março de 2003 e março de 2007, nas bolsas norte-americanas, o preço do petróleo cru e de alguns de seus derivados aumentou mais de 190%, em alguns casos passando dos 210%. O preço da gasolina aumentou 145% e o do gás natural 145%. O milho aumentou 134%, o óleo de soja 199%, o grão de soja 143%, e o trigo 314%. Disponível em: <www.cartamaior.com.br>. Acesso em: 9 ago. 2007.

37. "Há um novo tipo de investidor no mercado de futuros, que é chamado de 'Index Investor', porque recorre aos índices de preços e altas previstos em publicações da área. Esses investidores não têm um

Pelo acima exposto, fica evidenciado que, embora os fatores naturais estejam colaborando para a escalada inflacionária mundial dos alimentos, são os determinantes de ordem econômica, em particular a especulação financeira, que impõem uma tendência de crise a qual vem preocupando mesmo as agências internacionais patrocinadoras ideológicas desta ordem.[38] Há muito que a humanidade dispõe de alimentos suficientes para aplacar a fome no mundo.

A crescente desigualdade social e a busca desenfreada do capital por obtenção de novos campos de valorização têm interditado aos pobres o acesso às fontes elementares de seu desenvolvimento vital. As monstruosas cifras destinadas pelos países centrais aos subsídios agrícolas, além de desestimular a produção — através da garantia prévia de lucros —, inviabilizam o livre trânsito destes produtos no mercado internacional, especialmente os que são oriundos dos países periféricos, o que acaba por agravar ainda mais o problema.

Nestes termos, a contenda em torno da sustentabilidade social se faz cada vez mais paradoxal, já que os processos que, hipoteticamente, se encaminhariam no sentido de sua afirmação, acabam por esbarrar em novos mecanismos engendrados pelo próprio sistema capitalista no curso de sua reprodução, os quais são, por excelência, negadores de uma possível sociedade sustentável.

Por outro lado, este processo também sinaliza que o equacionamento da relação entre *meio ambiente* e *pobreza* parece cada vez mais quiméri-

---

comportamento tradicional perante o mercado de futuros. Em primeiro lugar, a alta dos preços não os detém, ao contrário, os atrai, porque, baseados nas previsões das dificuldades que ocorrerão, confiam em que a tendência será de aumentos ainda maiores. Não compram e vendem, como os investidores tradicionais; só compram, desequilibrando os preços para cima. Para adquirirem posições mais vantajosas, ao invés de vender os seus 'futuros', eles tendem a comprar novos prazos para suas realizações. Isso retira liquidez do mercado, inflacionando-o mais ainda. No fim de 2003, esse tipo de 'Index Investor', só nos Estados Unidos, trouxe 13 bilhões de dólares para o mercado de futuros, mas em março de 2008 essa quantia subiu para 260 bilhões". Flávio Aguiar. G8: desta cartola não sai coelho. Disponível em: <www.cartamaior.com.br>. Acesso em: 9 jul. 2008.

38. O próprio presidente do Banco Mundial, Robert Zoellick, adverte que, pela primeira vez desde 1973, o mundo enfrenta o duplo impacto de preços recordes em termos históricos de alimentos e combustíveis, que ameaçam arrastar à pobreza extrema mais de cem milhões de pessoas, revertendo os avanços realizados nos últimos sete anos para reduzir a indigência. Disponível em: <www.cartamaior.com.br>. Acesso em: 8 jul. 2008.

co: as incipientes investidas do capital para fazer face ao aquecimento global, por exemplo, — e as discussões em torno da questão energética que daí derivam — aparecem aos olhos dos capitalistas como um nicho de cobiça, atraindo parte significativa de capitais especulativos. Tanto o petróleo, enquanto elemento central da matriz energética mundial, quanto as matérias-primas potencialmente geradoras de energias alternativas, passam a figurar como um campo de manobras de capitais sobrantes, ainda que isto se faça com custos sociais altíssimos.[39] Aqui, a sustentabilidade ambiental (ou a existência de algumas iniciativas nesta direção) se faz em detrimento da sustentabilidade social.

Ao não tencionar as condições de reprodução do sistema capitalista, o conceito de sustentabilidade social se restringe a mudanças técnicas que podem, a partir de iniciativas locais, melhorar a qualidade de vida de alguns segmentos da população; porém, não há como enfrentar a miséria e a iniquidade, deixando intocadas as relações de propriedade e seus mecanismos, cada vez mais desiguais, de repartição da riqueza e dos meios de produção (Foladori, 2005).

O percurso analítico que vimos empreendendo aponta para o fato de que as iniciativas voltadas à sustentabilidade social se fazem cada vez mais restritas, tanto em razão da sua natureza compensatória quanto pela indesejável contradição entre sustentabilidade ambiental e social, resultante da própria dinâmica da sociedade burguesa. No entanto, além destes elementos afetos à conjuntura atual, outros fatores se agregam, denotando um universo de limitações à realização deste ideário.

Ora, o advento do modo de produção burguês submeteu a natureza aos imperativos do capital, mas somente o fez caucionado em uma crescente exploração da força de trabalho. Para tanto, revolucionou os meios de produção e tratou de converter as forças produtivas do trabalho em forças produtivas do capital. Neste percurso — de incorporação do tra-

---

39. "As mudanças climáticas e a maior frequência das perturbações metereológicas, o aumento dos vínculos entre os mercados energéticos e agrícolas devido à crescente demanda de biocombustíveis e o aumento da financeirização dos produtos alimentícios e agrícolas básicos apontam que a volatilidade dos preços será uma realidade perdurável." *El estado de la inseguridad alimentaria en el mundo*. Disponível em: <www.fao.org/>. Acesso em: 14 maio 2012.

balho ao capital — revela-se uma crescente contradição: sendo imprescindível à produção de valores de uso, o trabalho é, por esta via, quem realiza o capital, valorizando-o; por outro lado, o capital transforma cada vez mais trabalhadores em força de trabalho excedente, através da incorporação progressiva de máquinas e equipamentos ao processo produtivo, com o objetivo de aumentar a produtividade do trabalho e incrementar a extração de mais-valia.

O uso da ciência e da técnica para assegurar a apropriação anárquica e perdulária da natureza e sua crescente venalidade, assim como para subsumir material e subjetivamente o trabalho, expressa a essência crescentemente destrutiva da ordem capitalista. Neste contexto, as condições de produção se tornam "forças hostis" ao trabalhador, reafirmando uma tendência contraditória de subordinação — inclusão do trabalho como necessário ao processo produtivo. No mesmo movimento, expulsa sucessivamente o trabalho vivo como força produtiva, o qual passa a dar lugar ao trabalho morto. Assim, o capital se revela, cada vez com maior intensidade, um "modo de destruição social".

Os efeitos da racionalização do processo produtivo, mediada pela tecnologia, não incidem apenas no controle efetivo do processo de trabalho, com vistas ao aumento da mais-valia: ao alterar, sistematicamente, a relação entre trabalho vivo e trabalho morto, o capital contribui, sucessivamente, para a desvalorização da força de trabalho, seja através das inúmeras expressões da informalidade (trabalho doméstico, em tempo parcial, "cooperativado"), seja através da formação de um contingente crescente de desempregados, cuja função última é aumentar a concorrência e promover a redução dos custos da força de trabalho, obrigando os proletários a exercerem atividades degradantes e em condições cada vez mais desumanas, embora maquiadas com o discurso da liberdade e autonomia.[40] Assim o capital opera um duplo movimento: ao mesmo tempo que converte a maior parte da população em população proletarizada,

---

40. O discurso ideologizante da "sociedade do tempo livre" e das benesses da "sociedade informacional" obscurece a existência de mais de um bilhão de trabalhadores desempregados no mundo, de acordo com a Organização Internacional do Trabalho — OIT, cujas condições de sobrevivência revelam a crescente barbarização da vida social.

transforma uma parte desta em excedente, inútil ou "superpopulação relativa" (Rosdolsky, 2001).

Aqui fica demonstrada toda a fragilidade da equação malthusiana que relaciona determinada quantidade de indivíduos com determinado montante de meios de subsistência. Ao contrapor a reprodução do homem e a reprodução dos cereais (base dos meios de subsistência), Malthus concebe como estritamente *naturais* os termos da equação, abstraindo-os de suas determinações históricas: o aumento da população encontra-se indissoluvelmente ligado ao modo de produção social.

Como nos lembra Oliveira:

> A fertilidade do trabalhador é para o capitalismo um dado; este submete o trabalhador a uma espécie de "animalidade social". Sua fertilidade é, pois, um ethos complexo e combinado de ausência de propriedade e fundo biológico; nestas condições, sua fertilidade atingirá o máximo que suas condições biológicas permitirem (...). Os filhos são um resultado desta naturalidade social operária e nunca um pressuposto (...) resultado aleatório, não planejado, e essa aleatoriedade está presente no fato de que os salários não são pagos tendo em vista o tamanho da família do trabalhador (...) (1977, p. 142-143).

O que estamos a demonstrar é que as condições, que alijam segmentos crescentes das classes trabalhadoras dos benefícios do desenvolvimento, não se originam nos ditos "fenômenos demográficos", como querem fazer crer alguns ambientalistas; ao contrário, é o próprio processo de acumulação do capital que incide sobre a reprodução e organização espacial da força de trabalho[41] — e do conjunto da população — criando bases mais favoráveis a novos e expressivos ganhos de lucratividade.

Decerto que o capitalismo, no processo de estruturação de suas bases sociais, percorreu um caminho assentado nas múltiplas formas de vio-

---

41. "Força de trabalho não é população, mas capacidade de trabalho de uma população" (Oliveira, 1977, p. 149). Desta forma, a relação entre força de trabalho e população é de determinação da segunda na produção da primeira. A questão, portanto, deve ser assim colocada: de que modo a geração de força de trabalho ou de uma população para o capital influencia os destinos de uma população em geral.

lência social. O aumento do desemprego e da iniquidade, o trabalho de crianças, as extenuantes jornadas de trabalho, os baixos salários, o êxodo rural, as migrações, a criminalização da "questão social" entre outros, constituem recursos amplamente utilizados desde a acumulação primitiva até os dias de hoje. "Nessa dinâmica, os países periféricos têm-se transformado em imensos reservatórios de força de trabalho barata e precária para as megacorporações transnacionais (...). A miséria dos trabalhadores é mais uma possibilidade de negócio que se abre para o capital" (Maranhão, 2006, p. 35).

Vale reiterar, portanto, que o equacionamento da relação entre meio ambiente e pobreza, premido pela lógica da acumulação capitalista, far-se-á sempre limitado ou não se fará, manifestando, assim, a polarização entre o ideário da sustentabilidade ambiental e a crescente degradação do trabalho. Por essa razão, a sustentabilidade social no mundo burguês redundará, na melhor das hipóteses, na (in)sustentabilidade social dos mais pobres, ou, diretamente, em insustentabilidade social.

3.2.1.3 A sustentabilidade ambiental em foco: uma questão técnica?

A questão da sustentabilidade ambiental vem sendo objeto de crescente inquietação de diversos segmentos sociais em todo o mundo, tendo em vista o agravamento da "questão ambiental", a qual sinaliza a impossibilidade de reprodução da vida no planeta, caso sejam mantidos os atuais padrões de produção e de consumo.

Para o conjunto das organizações estudadas, parece consensual tratar-se de uma problemática de natureza planetária, o que torna emergente o seu enfrentamento.

O pensamento *cepalino* inicia a abordagem deste tema estabelecendo uma distinção entre sustentabilidade *ecológica* e *ambiental*.

A primeira é definida como:

> A capacidade de um sistema (ou de um ecossistema) de manter constante seu estado no tempo (...). Do ponto de vista físico, a sustentabilidade eco-

lógica se obtém quando se mantém a equivalência entre as saídas de materiais e energia e informação do sistema que sofreu intervenção e as entradas, sejam estas naturais ou artificiais (CEPAL, 2006, p.18).

Já a sustentabilidade ambiental implica:

Incorporar plenamente a relação sociedade-natureza. A sustentabilidade ambiental das estratégias de desenvolvimento deve incorporar conceitos temporais, tecnológicos e financeiros (...) como uma condição que, em correspondência com as estratégias de desenvolvimento de longo prazo sobre a base do acervo tecnológico que a sociedade possui, e considerando a possibilidade real que a sociedade tem de acesso aos recursos materiais e energéticos, define os graus de afetação e a possibilidade de permanência do decréscimo dos ecossistemas em seus distintos graus de artificialização (2006, p. 19).

Para enfrentar os dilemas ambientais do tempo presente a CEPAL enfatiza a gestão ambiental empresarial como desafio para incrementar os "negócios ambientais", incrementar a competitividade, evitar a degradação nas próprias empresas, além de conferir maior legitimidade a estas. O texto defende, ainda, a adoção de políticas de combate à fome, de melhoria do acesso à saúde, à educação, entre outros, como mecanismos de enfrentamento à "questão ambiental", visto que no contexto da América Latina "a preocupação fundamental da política é a sobrevivência" (p. 14), assumindo, assim, contornos distintos dos países centrais, nos quais a política ambiental está intimamente ligada ao melhoramento da qualidade de vida das populações.

A questão da *sustentabilidade ambiental*, vinculada ao desenvolvimento, diz respeito ao meio ambiente e à economia, em sua relação com o conjunto dos serviços dos ecossistemas. Para as diversas agências estudadas, a preservação dos recursos naturais, especialmente da água, do ar, da biodiversidade, da terra, ganha centralidade. Estes são objeto de inquietação e inúmeras propostas são formuladas para conter a degradação do planeta. Ênfase especial vem sendo dada à questão do aquecimento global e à produção de energia, bem como ao desflorestamento.

O relatório do PNUD 2007/2008 é inteiramente dedicado às alterações climáticas. A mitigação dos efeitos deste fenômeno sobre os mais fracos e vulneráveis da pirâmide social é uma das grandes preocupações expressa no texto. Após uma análise exaustiva das repercussões do aquecimento global em todo o planeta, o PNUD propõe uma meta bastante ousada: que as nações mais ricas reduzam as suas emissões em pelo menos 80%, com reduções de 30% em 2020. Já os países "em vias de desenvolvimento" deverão reduzir 20% em 2050.

Para tanto, são sugeridas algumas medidas:

1. Fixar um preço para as emissões de carbono, seja através da tributação direta das emissões, seja através da limitação e da negociação (p. 10-11);
2. Aumentar a eficiência energética para reduzir tanto as emissões de gases poluentes quanto para reduzir os custos energéticos (p. 11);
3. Intensificar a cooperação internacional para o combate ao desflorestamento (p. 13).

De acentuado verniz privatista, o Banco Mundial advoga que:

Um Brasil sustentável poderia se apoiar na vantagem comparativa de seus recursos naturais,[42] integrando-os a níveis mais altos de capital humano, comércio e inovação, para construir uma economia com base tanto nos recursos naturais como no conhecimento (2002, p. 19).

Para mitigar os níveis de depredação ambiental e preservar os ecossistemas são apontadas várias alternativas, compondo um amplo leque de propostas que vão desde o uso do solo à gestão da água, entre outros. Eis algumas das mais importantes:

---

42. "A vantagem comparativa dos recursos naturais leva, portanto, logicamente a uma estratégia econômica que enfatiza a abertura comercial (inclusive a necessidade de manter pressão sobre a abertura dos mercados nos países industrializados), uma força de trabalho instruída e flexível, um clima positivo para inovações (tais como vínculos entre pesquisa e comércio e, possivelmente, pesquisa e desenvolvimento do setor privado, particularmente os relacionados à agricultura e à gestão de recursos naturais) e um ambiente favorável à tecnologia da comunicação e à internet" (2002, p. 111).

a) Quanto ao uso da água, o Banco Mundial defende a privatização além da gestão descentralizada e comunitária das microbacias hidrográficas:

> Com os direitos ao suprimento de água claramente definidos e cumpridos, haverá pressões para a implementação de melhorias na gestão, uma vez que os detentores de direitos sobre a água têm fortes interesses em sua sustentabilidade. O preço da água promove a operação sustentável da infraestrutura (2002, p. 100).

b) Com relação às áreas de florestas esta agência advoga a

> Maximização do valor produtivo do solo já cultivado e da floresta em pé a fim de minimizar incentivos a invasões de áreas intocadas pelas atividades ecologicamente destrutivas (p. 102) O manejo florestal sustentável certificado, como florestamento comunitário, exploração agroflorestal, extração de produtos florestais não derivados da madeira, pesca e ecoturismo, já que todas essas opções demandam mais mão de obra intensiva do que a pecuária (2002, p. 100).

E conclui:

> O uso da floresta para pecuária ou cultivo contribui para o crescimento econômico e as exportações. Benefícios tangíveis e imediatos precisam ser comparados a ganhos futuros e incertos com a manutenção da cobertura florestal (p. 103) A primeira prioridade poderia ser a reserva de terras em unidades de conservação com várias restrições de acesso (2002, p. 103)

Por fim, o texto do Banco Mundial (2002) aponta a gestão sustentável dos recursos naturais como alternativa para o Brasil, a qual deverá incluir:

> a manutenção da gestão ambiental descentralizada, mas com atenção crescente para o cumprimento da lei (inclusive rigoroso controle da extração ilegal de madeira); a integração das políticas ambientais e de planejamento (*mainstreaming*), tornando as medidas ambientais proativas em vez de reparadoras; a utilização de incentivos econômicos onde for possível (por exemplo, para promover o manejo sustentável das florestas) e revisão dos padrões dispendiosos e não realistas (como da coleta de esgoto nas áreas

urbanas); a combinação do zoneamento ecológico-econômico com o fortalecimento institucional para sua aplicação no cerrado e na caatinga; e a revisão e esclarecimento em nível nacional da sobreposição de responsabilidades, com vistas a melhorar a integração dos órgãos federais, estaduais e municipais (p. 112).

Por sua vez, a *Agenda 21 global*, em seu Capítulo 10, recomenda uma abordagem integrada de planejamento e gerenciamento dos recursos terrestres. Esta integração deve ter lugar em dois níveis:

> Por um lado, todos os fatores ambientais, sociais e econômicos (como por exemplo o impacto dos diversos setores econômicos e sociais sobre o meio ambiente e os recursos naturais) e, por outro, todos os componentes ambientais e de recursos reunidos (ou seja, ar, água, biota, terra e recursos geológicos e naturais). Essa visão integrada facilita as opções e alternâncias adequadas e desse modo maximiza a produtividade e o uso sustentáveis" (p. 1).

A *Agenda 21 global*, dado o seu caráter abrangente, oferece recomendações para a proteção do meio ambiente em diversos campos: o uso dos recursos terrestres e marinhos, combate ao desflorestamento, proteção à atmosfera, com ênfase no desenvolvimento e consumo de energias renováveis, eficiência energética, transportes eficazes e menos poluentes, desenvolvimento industrial com eficiência no uso de recursos e matérias-primas, prevenção da destruição do ozônio estratosférico são alguns dos itens abordados para assegurar o Desenvolvimento Sustentável.

O que chama a atenção, neste caso, é a ausência de uma análise consistente sobre os fundamentos da "questão ambiental", o que acaba por semear fetiches quanto às possibilidades de superação desta, em estreita vinculação com o desenvolvimento econômico; sequer aponta o texto a existência de contradições e possíveis conflitos na implementação desta programática. Esta passagem é bastante ilustrativa desta tendência:

> Examinando todos os usos da terra de forma integrada é possível reduzir os conflitos ao mínimo, fazer as alternâncias mais eficientes e vincular o desenvolvimento social e econômico à proteção e melhoria do meio am-

biente, contribuindo assim para atingir os objetivos do desenvolvimento sustentável (p. 1).

A *Agenda 21 brasileira*, produzida a partir das recomendações da ONU, segue as diretrizes mundiais no que se refere à *sustentabilidade ambiental*, pontuando um conjunto complexo e articulado de proposições para o seu enfrentamento: gestão comunitária das bacias hidrográficas; manejo florestal sustentável certificado; controle sobre a extração ilegal de madeira e de minérios; imposto sobre o desmatamento; ICMS verde e maximização do valor produtivo do solo já cultivado e da floresta em pé, assim como os investimentos em energias renováveis e sua utilização eficiente são algumas das propostas constantes neste documento. Este também destaca como "prioridade máxima inserir o Brasil na linha de frente da produção científica e tecnológica da atualidade mundial" (p. 30).

Já para a CNI (2002), a *sustentabilidade ambiental* vincula-se diretamente à atividade produtiva: redução de perdas e refugos de materiais acabados; conservação de energia e cooperação tecnológica entre as empresas; reciclagem; tratamento e controle de ruídos; tratamento e controle de efluentes líquidos e sólidos; melhoria do projeto de design e embalagens; e, implantação dos sistemas de gestão ambiental são algumas das práticas desenvolvidas pelos empresários.

A CNI entende ser o Desenvolvimento Sustentável uma modalidade de desenvolvimento social e econômico que se utiliza de forma *competitiva* e *sustentável* seus recursos naturais (p. 28). A competitividade mencionada no texto da referida entidade aparece como mediação importante no movimento operado pela indústria nacional no processo de incorporação da temática ambiental em sua planificação econômica, movimento este que resultou tanto da pressão pelo cumprimento da legislação ambiental, quanto das exigências do próprio mercado, especialmente para os ramos ou segmentos da indústria com produtos vinculados à pauta de exportação.

É a própria CNI que esclarece:

A adequação a leis e exigências ambientais não foi o único fator que impulsionou a busca por padrões de produção mais sustentáveis, ao longo dos anos 1990. Estratégias de promoção da qualidade e da competitividade cumpriram um papel importante no processo de ajuste das indústrias brasileiras ao novo ambiente induzido pela abertura econômica, contribuindo para a melhoria da ecoeficiência nas empresas (...). A implementação de melhorias continuadas e de otimização do processo produtivo avançou também para o uso de métodos que reduzam o desperdício, melhorem o uso de insumos, reaproveitamento de resíduos, reciclagem, conservação e aumento de eficiência energética (p. 16).[43]

O que se constata, neste caso, é que a incorporação da *sustentabilidade ambiental* às prática empresariais inscreve-se na perspectiva de incremento da competitividade das mercadorias, tanto no que diz respeito à otimização do processo produtivo — com a possível redução no desperdício de matérias-primas e de energia — quanto no lançamento no mercado de produtos que não acarretem impactos negativos ao meio ambiente. As estratégias de gestão ambiental no âmbito das empresas podem reduzir os danos ambientais e o desperdício como também promover uma tomada de consciência individual e coletiva quanto à preservação da natureza.

A Declaração de Princípios da Indústria para o Desenvolvimento Sustentável (CNI, 2002, p. 24) é um indicativo destas possibilidades no interior das unidades empresariais. Compõe este documento onze princípios que regem a indústria brasileira no tocante à sustentabilidade ambiental:

1. Promover a efetiva participação proativa do setor industrial, em conjunto com a sociedade, os parlamentares, o governo e organizações não governamentais no sentido de desenvolver e aperfeiçoar leis, regulamentos e padrões ambientais;

2. Exercer a liderança empresarial, perante a sociedade, em relação aos assuntos ambientais;

---

43. O texto cita pesquisa realizada pela CNI e BNDES em 2000 em que cerca de 60% das empresas consultadas implantaram algum tipo de procedimento associado à gestão ambiental, nos dois anos anteriores. O principal tipo de investimento, segundo a pesquisa, ocorreu na área de *redução de perdas e refugos de materiais e produtos acabados*, realizado por quase dois terços das empresas. Mais da metade das indústrias investiu também em outras quatro áreas: tratamento e controle de efluentes líquidos; tratamento e controle de efluentes sólidos; tratamento e controle de ruídos; e conservação de energia (2002, p. 17).

3. Incrementar a competitividade da indústria brasileira, respeitados os conceitos de desenvolvimento sustentável e o uso racional dos recursos naturais e de energia;
4. Promover a melhoria contínua e o aperfeiçoamento dos sistemas de gerenciamento ambiental, saúde e segurança do trabalho nas empresas;
5. Promover a monitoração e a avaliação dos processos e parâmetros ambientais nas empresas. Antecipar a análise e os estudos das questões que possam causar problemas ao meio ambiente e à saúde humana, bem como implementar ações apropriadas para proteger o meio ambiente;
6. Apoiar e reconhecer a importância do envolvimento contínuo e permanente dos trabalhadores e do comprometimento da supervisão nas empresas, assegurando que eles tenham o conhecimento e o treinamento necessários com relação às questões ambientais;
7. Incentivar a pesquisa e o desenvolvimento de tecnologias limpas, com o objetivo de reduzir ou eliminar impactos adversos ao meio ambiente e à saúde da comunidade;
8. Estimular o relacionamento e parcerias do setor privado com o governo e com a sociedade em geral, na busca do desenvolvimento sustentável, bem como na melhoria contínua dos processos de comunicação;
9. Estimular as lideranças empresariais a agirem permanentemente perante a sociedade com relação aos assuntos ambientais;
10. Incentivar o desenvolvimento e o fornecimento de produtos e serviços que não produzam impactos inadequados ao meio ambiente e à saúde da comunidade;
11. Promover a máxima divulgação e conhecimento da *Agenda 21* e estimular sua implementação.

No entanto, o alcance destas iniciativas é limitado, visto que a rigorosa planificação no âmbito das empresas se faz a despeito e concomitante à perene anarquia da produção na sociedade, com excedente de mercadorias em alguns ramos da atividade econômica, com o estímulo à descartabilidade precoce de produtos, o que resulta em constante perdularidade.

Assim, a *sustentabilidade ambiental* segue uma dinâmica contraditória: constatam-se alguns avanços (medidas de redução da poluição, redução do desperdício, de formação de uma consciência ambiental), mas seguem pendentes grandes questões que afetam a reprodução da vida no planeta. O aquecimento global, a questão energética, a degradação do solo,[44] o desperdício, a produção para o descarte são dilemas cada vez mais emergentes para o futuro da humanidade e do conjunto da vida no planeta. As discussões quanto aos mecanismos de enfrentamento se deparam com interesses cada vez mais conflitantes, impasses e paralisias. A Convenção de Johannesburgo (Rio +10), assim como as reuniões do G8 são bastante ilustrativas desta tendência.[45]

Ao fim e ao cabo um paradoxo se revela: ao lado dos discursos que anunciam um futuro de catástrofes, que apelam para as ações emergenciais, que conclamam todos a se envolverem na defesa do planeta, o capital submete a humanidade — e as demais formas de vida na terra — aos riscos originários da reprodução de sua ordem sociometabólica. Opera-se, assim, uma dissociação cada vez maior entre o discurso e a realidade.

O apelo ético — a promoção da vida e da liberdade, a solidariedade intergeracional e a edificação de uma ordem global "ética, solidária, pacífica e justa" — vai lentamente degenerando em um puro mecanismo

---

44. Este fenômeno vem afetando um quarto da população mundial, segundo recente estudo da FAO. A degradação do solo está aumentando em gravidade e extensão, afetando mais de 20% das terras agrícolas, 30% das florestas e 10% dos pastos. Estudo indica que, desde a assinatura da Convenção das Nações Unidas para o Combate à Desertificação, em 1994, o problema está se agravando, ao invés de diminuir. Disponível em: <www.cartamaior.com.br>. Acesso em: 3 jul. 2008.

45. Convocada para discutir os desdobramentos da ECO-92 e os desafios futuros a Rio +10 exibiu um cenário de impasses políticos que acabou por frustrar as expectativas da maioria dos presentes. De igual maneira, as reuniões do G8 têm sido reveladoras de sucessivos impasses quanto às metas de redução dos gases de efeito estufa, entre outras questões presentes nas pautas do grupo.

formal, transmuta-se em um receituário moral,[46] destituído de sua lógica coletiva e universalizante, destinado a orientar as ações individuais, a buscar mudanças de comportamentos e de atitudes diante do meio ambiente, atitudes estas plenamente sintonizadas com o mercado, também empenhado em adotar uma face "ecologicamente correta".

Neste contexto,

> o universo dos valores éticos[47] só pode aparecer como um discurso vazio, que jamais pode ser efetivado praticamente. Trata-se, então, de um discurso vazio mas socialmente necessário (...) Essa ética abstrata não só não se opõe à desumanização da vida como é um elemento funcional a ela (...) Não pode impedir nem mudar integralmente esse movimento desumanizador. Quando muito contribui para amenizar e mesmo assim de forma bastante tópica e epidérmica os aspectos mais gravosos e perversos (Tonet, 2002, p. 20-22).

Resta, por fim, assinalar que as razões do esvaziamento da ética e da distância abismal que a separa da realidade objetiva residem no fato de que a dimensão ética integra o interesse universal, diz respeito a toda a humanidade, enquanto os processos sociais regidos pelo capital refletem uma lógica particularista, egoísta em sua essência. Daí a absoluta inconciliabilidade entre estas dimensões da sociabilidade capitalista.

3.2.2 Desenvolvimento Sustentável: principais estratégias de implementação

Em linhas gerais as propostas contidas nos diversos documentos estudados não apresentam grandes distinções de conteúdo. Todas concebem a *sustentabilidade social* e *ambiental* no interior de um modelo de

---

46. Referimo-nos a um complexo social, constitutivo da superestrutura ideológica, destinado a criar valores que sirvam de referência à conduta dos indivíduos em sua convivência social. Trata-se da redução dos valores universais (ética) ao interesse de classe, por meio de uma ética utilitarista (Barroco, 2001).

47. Valores que elevam o indivíduo de forma a superar a esfera da particularidade para conectar-se com a universalidade do gênero humano.

desenvolvimento que seja capaz de compatibilizar crescente prosperidade, uso racional dos recursos do planeta e equidade social.

As estratégias apontadas nos diversos documentos estudados para assegurar a implementação deste ideário reforçam a dinâmica mercantil e o trato moralizante das problemáticas afetas à "questão ambiental": a utilização de instrumentos econômicos, a mudança dos padrões de consumo e o pacto global reafirmam o caráter limitado das alternativas propostas para fazer face aos graves dilemas da humanidade no tempo presente.

Conforme sinalizamos, anteriormente, a Ciência Econômica vem engendrando diversos mecanismos regulatórios do uso dos recursos naturais do planeta. A *utilização de instrumentos econômicos a*parece, com maior ou menor ênfase, na agenda das organizações estudadas.

O PNUMA introduz um novo termo — *bens de capital* — para designar os recursos naturais. O objetivo é submetê-los aos imperativos do mercado e com isso, pretensamente, assegurar a preservação destes:

> Os serviços dos ecossistemas são bens de capital; no entanto, a contabilidade nacional tradicional não inclui a medição do esgotamento dos recursos nem a sua degradação (...). Conhecer o verdadeiro valor dos serviços de um ecossistema é importante se os encarregados de formular políticas querem adotar uma decisão correta sobre se deixar que se degradem um dos serviços de um ecossistema para que se possa aumentar outro, por exemplo (p. 49-50).

Este mesmo documento conclui que, para ajudar os países a pôr em prática os acordos multilaterais relativos ao meio ambiente é importante

> o pagamento pelos serviços dos ecossistemas, inclusive a criação de mercados que possam promover o desenvolvimento sustentável e reduzir as desigualdades mediante a geração de ingressos, promovendo tecnologias não contaminantes, criando incentivos para a inversão e aumentando a participação de interessados diretos vulneráveis e socialmente excluídos nas alternativas de proteção do meio ambiente do setor privado (p. 49-50).

Também de natureza privatista são as proposições do Banco Mundial (2002):

> O preço da água promove a operação sustentável da infraestrutura (...) Maximização do valor produtivo do solo já cultivado e da floresta em pé a fim de minimizar incentivos a invasões de áreas intocadas. É possível que o Brasil seja recompensado por deixar a floresta adulta (p. 102-103).

Decerto que a natureza da maioria destas propostas reforça a ideologia do "livre mercado". Cabe, no entanto, pontuar que os modelos e instrumentos destinados a estabelecer valores monetários à contaminação do ar, à poluição da água, aos serviços ambientais, bem como a incorporação destes na contabilidade nacional implicam, na verdade, atribuir preços ao que não os têm. Algumas questões se colocam: quem estabelecerá os preços? A partir de que critérios? Quanto seria justo cobrar?

Não restam dúvidas de que a resposta a estas questões transcende os aspectos meramente econômicos — relação entre oferta e procura, variáveis tecnológicas — para assumir um lugar no plano da ética, posto que o valor dos bens e serviços dos ecossistemas diz respeito à reprodução do gênero humano como totalidade, com repercussões sobre as gerações atuais e futuras, bem como sobre a existência do conjunto das formas de vida no planeta.

No entanto, outra ordem de questões não deverá escapar: a diferença entre os ritmos naturais e os da economia. O ato de impor preços aos recursos naturais não oferece nenhuma garantia de sustentabilidade de tais recursos ou bens. A lógica que preside o chamado "direito de poluir" — que implica a depredação em escala maior do que a suportável por algum ecossistema ancorado na preservação de outro — reduz as possibilidades de mitigação da depredação da natureza, além de oferecer riscos que derivam da falta de conhecimento exaustivo sobre os ritmos e processos de recuperação dos diversos ecossistemas planetários. O que vimos constatando ao longo da história do capitalismo é uma reiterada contradição entre a tendência da economia a uma expansão ilimitada e a capacidade da biosfera de se reproduzir e se recompor, diante da exploração humana.

Neste sentido, a voz da CEPAL parece dissonante, oferecendo um contraponto às demais formulações estudadas: "Resulta absolutamente contraditório que para corrigir os problemas ambientais criados por processos de mercado se fomentem o uso de instrumentos precisamente de mercado" (p. 85).

De fato o texto da CEPAL tem revelado uma posição bastante cética quanto ao encaminhamento da temática ambiental no continente, cuja trajetória histórica de depredação do meio ambiente — reforçada por sua vocação de região exportadora de recursos naturais — tem destinado à "questão ambiental" um tratamento marginal.

Afirma, textualmente:

> Tanto nacional como internacionalmente o meio ambiente seguirá sendo considerado como parente pobre do desenvolvimento (...) Parece que não existe outra preocupação na região do que cumprir com os mandatos dos exigentes mercados internacionais e eles evidentemente privilegiam a indústria (2006, p. 77).

De fato, a propagação da temática ambiental em pleno processo de expansão do ideário neoliberal lhe confere um caráter cada vez mais mercantil, revestindo o seu conteúdo de uma tendência à homogeneização das pautas de consumo e de produção, impondo normas e regulamentos pretensamente capazes de responder aos contundentes desafios do nosso tempo, mas que têm revelado sua incapacidade de reverter os ritmos de destruição da natureza.

A *Agenda 21 brasileira* assume posição diferenciada neste ponto. No caso da água, por exemplo, defende a outorga e cobrança pelo seu uso, especialmente quando de sua utilização na atividade econômica. Isto "sinalizará à sociedade para a necessária racionalização do seu uso. Isso não significa que estamos propondo a privatização do uso da água" (p. 48).

Por sua vez, a CUT reafirma o lugar do Estado no sentido da "adoção de políticas de valorização dos recursos naturais no mercado interno e externo, através da cobrança de sobretaxas punitivas que alimentem fundos voltados para a conservação. Princípio poluidor pagador de contabilizar os custos ambientais da produção" (1994, 5º Congresso Nacional da CUT).

A adoção de *mudanças nos padrões de consumo* adquire grande expressão nos debates em torno à "questão ambiental", tendo em vista o imenso desperdício de recursos naturais que implica o atual modelo, baseado na expansão irrefreada do consumo de materiais descartáveis e de artigos de luxo.

A *Agenda 21 global* dedica todo um capítulo a esta questão. Para esta, a insustentabilidade do consumo refere-se à extrema polarização no acesso ao mercado e se manifesta no consumo excessivo de uns e na interdição de muitos às condições de satisfazerem suas necessidades elementares, como alimentação, saúde, moradia e educação. Neste sentido, especial atenção deve ser dedicada à demanda de recursos naturais, resultante desta tendência, bem como à poluição.

Para enfrentar esta problemática, faz-se necessária uma mudança nos padrões de consumo. Atenção especial é conferida aos países em desenvolvimento, os quais devem:

> Procurar atingir padrões sustentáveis de consumo, garantindo o atendimento das necessidades básicas dos pobres e, ao mesmo tempo, evitando padrões insustentáveis, especialmente os dos países industrializados, geralmente considerados especialmente nocivos ao meio ambiente, ineficazes e dispendiosos. Isso exige um *reforço do apoio tecnológico* e de outras formas de assistência por parte dos países industrializados (Capítulo 4, p. 2).

Assim, caberia perguntar: é ausência de tecnologia a causa da perdularidade? Bem ao contrário: a atual fase do capitalismo, de incomensurável avanço científico e tecnológico, "coincide" com um tempo histórico de maior desperdício para a humanidade. Neste caso, a ciência e as tecnologias são usadas com a finalidade de impulsionar a obsolescência programada de mercadorias, cujo fim último é acelerar o tempo de rotação do capital.

Por outro lado, embora o padrão de consumo dos países centrais seja considerado "nocivo ao meio ambiente" — o qual não deve ser seguido pelos países periféricos — a *Agenda 21 global* nada propõe em relação aos primeiros. Chama-nos a atenção, neste caso, a completa falta de questionamento às bases da descartabilidade e da produção de "inutilidades", causas estas intrinsecamente relacionadas à dinâmica da acumulação capitalista, conforme apontamos anteriormente.

Embora em outros momentos o texto refira-se a "mudanças na produção", estas, em geral, são de ordem técnica, com vistas à otimização de recursos e consequente redução dos desperdícios, conforme aparece no seguinte trecho:

> A mudança dos padrões de consumo exigirá uma estratégia multifacetada *centrada na demanda*, no atendimento das necessidades básicas dos pobres e na redução do desperdício e do uso de recursos finitos no processo de produção (Capítulo, 4 p. 1).

Conforme se evidencia nos documentos referidos, o combate ao desperdício encontra-se focalizado no consumo, "que é, em última instância, uma mudança de cultura", de comportamento. O que fica sugerido é a necessidade de desenvolvimento de um "consumo consciente", não perdulário.

A estratégia de combate ao desperdício, para a qual mudança nos padrões de consumo assume papel de destaque nos documentos, é remetida pela *Agenda 21 brasileira* ao orbe das inovações tecnológicas: "o combate ao desperdício ainda durante o processo produtivo deve-se dar pela adoção de tecnologias menos intensivas em energia e que requeiram menos matérias-primas" (p. 25).

O mesmo documento propõe que:

> A cultura da poupança deve ser construída pela boa informação. Uma população consciente forçará as empresas a mudar seus métodos e processos, e até mesmo seu marketing, como já pode ser observado com a valorização do chamado consumo sustentável (p. 24).

Conforme assinalamos, o pensamento empresarial brasileiro — em particular a indústria — incorporou o combate ao desperdício no interior das unidades produtivas como parte das estratégias de competitividade, integradas à chamada gestão ambiental empresarial.

Ao analisar a expansão do consumo, Mandel (1985) faz referências às causas deste fenômeno no capitalismo tardio, cujas raízes encontram-se não apenas na intensificação do trabalho — o que demanda um nível mais elevado de consumo de alimentos e de produtos de primeira necessidade — como também da expansão das metrópoles, motivo pelo qual tem sido demandado maior tempo para que o trabalhador se desloque de casa ao trabalho. Abre-se, com isso, espaço para que uma infinidade de bens de consumo que poupam tempo — a exemplo de automóveis e eletrodomésticos — se transforme em condição necessária à reprodução da força de trabalho.[48]

Por outro lado, conforme o autor, a ampliação das necessidades é um dos expoentes da "função civilizatória" do capital,[49] como preparação da base material para a existência de uma "individualidade rica", diferenciação e alargamento das necessidades como um todo, para toda a humanidade, em contraposição ao estado natural, primitivo dessas necessidades.

Por outra via, é cada vez mais evidente que o capitalismo fomenta "apetites artificiais" com a função precípua de criar novos mercados e com isso assegurar a realização da mais-valia. Nestes termos, a crítica ao consumismo e ao desperdício que lhe é imanente "só pode significar rejeição de todas as formas de consumo e de produção que continuem restringindo o desenvolvimento do homem, tornando-o mesquinho e unilateral" (Mandel, 1985, p. 277).

A conversão desta problemática em uma norma moral tem-se demonstrado absolutamente insuficiente, como estratégia de enfrentamento do desperdício, posto que a definição do que efetivamente constitui satisfação de necessidade básica ou realização de um luxo, através de um

---

48. Ressalta o autor que isto ocorre principalmente em lugares ou regiões em que o sistema de transporte coletivo é ineficiente. Evidentemente esta lógica tem cobrado o seu preço: a saturação das vias públicas e o aumento da poluição nas grandes cidades são emblemáticos neste sentido.

49. Para relembrar Marx e Engels (1998).

ato mesquinho, é definição puramente individual. A inexistência de um *sistema de necessidades* democraticamente constituído e radicalmente subordinado aos ditames da reprodução universal do gênero humano coloca esse dilema no orbe do indivíduo ou, no máximo, de um grupo social historicamente determinado.

Mais uma vez com Mandel (1985):

> É preciso lembrar que o homem, enquanto ser material com necessidades materiais, não pode atingir a plena expressão de uma "individualidade rica" por meio do ascetismo, da autopunição e da autolimitação artificial, mas somente pelo desenvolvimento racional de seu consumo conscientemente controlado e conscientemente subordinado a seus interesses coletivos (p. 277).

Assim sendo, o consumo, bem como o significado que assume como ato social, encontra-se mediado social, cultural e economicamente. A consciência destas determinações constitui condição fundante para as "escolhas conscientes" no plano do consumo, bem como para que se tencionem as reais causas de sua expansão indefinida. Para tanto se faz mister a exigência de mudanças nos processos de produção, a fim de que sejam colocados no mercado produtos mais duradouros, com maior eficiência tecnológica no uso dos recursos naturais e energéticos. De outro modo, é possível aos movimentos e organizações de consumidores imporem mudanças nos processos produtivos, ainda que tangenciais e/ou provisórias. No entanto, o que estamos a destacar é a tese de que tais mudanças não afetam a essência das relações capitalistas essencialmente perdulárias e destrutivas.

A constituição de um *pacto social* representa parte expressiva da estratégia global desenvolvida pela "cooperação internacional" para disseminar os princípios do Desenvolvimento Sustentável.

O reconhecimento do caráter planetário da "questão ambiental" aparece em praticamente todos os documentos analisados, assim como também é destacada a inviabilidade de adoção de saídas estritamente nacionais àquela.

É a ONU, através do PNUMA, a protagonista deste movimento de articulação da sociedade civil e dos governos nacionais e locais em torno da agenda da sustentabilidade. Isto se deve ao entendimento de que:

> O tratamento dos grandes problemas do meio ambiente e do mundo já não se divide em sentido geral em países desenvolvidos e países em desenvolvimento (...) Abordar os problemas atuais do meio ambiente está muito fora da capacidade de cada país em separado. Só bastará a ação concertada e coordenada em nível internacional (2006, p. 5).

Certamente a "questão ambiental" exibe de modo exemplar as contradições que expressam as fronteiras nacionais em um mundo cada vez mais globalizado. A inequívoca posição dos organismos internacionais sinaliza para a complexidade desta questão, cujas raízes encontram-se no próprio desenvolvimento das forças produtivas e do mercado, que há muito abarcaram, ainda que em níveis diferenciados, a totalidade do planeta: "uma das principais causas da crise da sociedade burguesa reside no fato de que as forças produtivas por ela engendradas tenderem a ultrapassar os limites do Estado nacional" (Trotsky, 1985, p. 139).

Porém, no âmbito da discussão do modelo de desenvolvimento, as agências multilaterais adotam um conjunto de orientações para as políticas de desenvolvimento,[50] como parte das estratégias definidas pelo capital mundializado. Neste ideário não mais se faz presente o dualismo sociedade — comunidade. Como projeto ideopolítico, supõe a autogestão de recursos próprios a cada localidade, ao mesmo tempo em que remete para a consciência global a edificação da "igualdade" entre os indivíduos.

Trata-se da premência de uma "sociedade solidária", na qual as pessoas se beneficiam do desenvolvimento, à medida que atuam como agentes do progresso e da mudança que desencadeiam. Este processo

---

50. Trata-se de uma tríade que orienta o conjunto das políticas de desenvolvimento a partir de meados dos anos 1990: a estratégia do Banco Mundial denominada Desenvolvimento com Equidade; a proliferação e expansão de Programas de Combate à pobreza, e o Pacto Global. Tais iniciativas visam oferecer uma contraposição ao Estado de Bem-Estar e às políticas universais, traduzindo-se em crescimento econômico com "inclusão social", dedicando atenção especial aos segmentos mais pauperizados das classes trabalhadoras.

deveria beneficiar a todos os indivíduos equitativamente e basear-se na participação de cada um deles, já que todos os homens e mulheres do mundo são igualmente interpelados a participarem da construção do projeto de desenvolvimento, que passa a ser global.

Uma leitura breve destas orientações sobre a temática do desenvolvimento faz emergir, bem ao estilo neoliberal, a pouca ênfase na dimensão nacional — em particular no papel do Estado — e a difusão, por toda a sociedade, das responsabilidades, em nome dos possíveis frutos a serem colhidos nos processos de desenvolvimento.

Segundo Araújo (2008), a desvalorização ou diretamente a contestação da escala nacional se deve ao fato de que:

> Em grande parte foi nela que a luta social conseguiu, ao longo dos séculos, impor as regulações ao capitalismo. A legislação trabalhista é nacional; o salário mínimo é nacional; a moeda é nacional; o Estado é nacional (...) Daí a máxima "pensar globalmente e agir localmente" que é puro produto da ideologia neoliberal a serviço de uma globalização que não aceita limites (p. 9).

Embora na formulação Desenvolvimento Sustentável a refutação ao Estado não se faça explicitamente — a despeito da ênfase privatista do Banco Mundial e da CNI — é a busca de envolvimento de todos os segmentos sociais, sobretudo em nível local, a partir das diretrizes das agências internacionais que ganham peso nos diversos textos estudados.

O documento do PNUMA é enfático:

> Os acordos multilaterais relativos ao meio ambiente tem se destacado a importância da participação de todos os interessados diretos, incluindo o setor privado, as ONG's, os jovens, as mulheres, os intelectuais e os meios de comunicação para aplicar com êxodo esses acordos (...). O objetivo do PNUMA é educar as crianças e os jovens e fazê-los participar no programa de trabalho (...). As mulheres, quase sempre na primeira linha contra a pobreza, sustentam as comunidades e a gestão da diversidade biológica, bem como dos recursos naturais da terra (...). Com a capitação e o apoio das organizações sindicais o PNUMA confia em abrir uma nova frente de batalha pela simpatia e consciência enquanto trata de explicar em detalhe o

argumento de que o meio ambiente e a economia são associados e não adversários e que o capital natural é o fundamento do progresso econômico e natural (p. 72-75).

Nesta mesma trilha, o PNUD destaca a importância da "opinião pública" que conduzirá a mudança política. E afirma:

> Uma população informada sobre a prioridade urgente que se deve atribuir às alterações climáticas poderá criar o espaço político necessário para os governos introduzirem reformas energéticas radicais. (...) Novas e poderosas alianças para a mudança estão a surgir (2007, p. 64-65).

Trata-se da emergência de um "pacto cidadão" (CEPAL), "fundado na articulação complementar de responsabilidades sociais que possam validar o processo para gestar uma qualidade de vida alternativa, que se atualize no cotidiano e dentro de um horizonte futuro desejado e viável" (2006, p. 90).

A experiência brasileira de construção da sua *Agenda 21* incorpora este espírito de tal sorte que em seu próprio texto, lê-se que em nenhum momento a agenda foi pensada como documento de governo "com diretrizes e estratégias para dar subsídio apenas às políticas governamentais (...)" (p. 86).

> Os estados e os municípios deverão, igualmente, cooperar para a implementação das ações recomendadas. Da mesma forma, as empresas (...). As diferentes organizações da sociedade civil (...). Questões estratégicas como competitividade sistêmica, equidade social e sustentabilidade ambiental só poderão ser tratadas a partir de responsabilidades efetivas e compartilhadas entre os diferentes segmentos sociais. (...) Trata-se, em realidade, de um pacto social (p. 86).

É a *Agenda 21 bra*sileira que define as bases do pacto:
1. o nível de consciência ambiental e de educação para a sustentabilidade avance;
2. o conjunto do empresariado se posicione de forma proativa quanto às suas responsabilidades sociais e ambientais;

3. a sociedade seja mais participativa e que tome maior número de iniciativas próprias em favor da sustentabilidade;
4. a estrutura do sistema político nacional apresente maior grau de abertura para as políticas de redução das desigualdades e de eliminação da pobreza absoluta;
5. o sistema de planejamento governamental disponha de recursos humanos qualificados, com capacidade gerencial, distribuídos de modo adequado nas diversas instituições públicas responsáveis;
6. as fontes possíveis de recursos financeiros sejam identificadas em favor de programas inovadores estruturantes e de alta visibilidade (p.13).

Nos termos anteriormente expostos, evidencia-se que as orientações que emanam dos organismos internacionais — e amplamente incorporados pelos sujeitos regionais e nacionais — apontam no sentido da edificação de um projeto civilizatório para o capital, construído a partir de um amplo consenso, cujo cerne reside no esforço conjunto e indiferenciado em torno do Desenvolvimento Sustentável, leia-se, em torno de uma sociedade que estabeleça relações menos predatórias com o meio ambiente e mais equânime socialmente.

Parece certo afirmar que o Brasil não chegou a desenvolver uma consciência crítica no tocante à "questão ambiental". Nem mesmo o movimento sindical, em seu período de larga contestação social, protagonizado pelo "novo sindicalismo", incorporou em sua agenda o tratamento desta problemática. As hipóteses explicativas para este processo têm origens tanto simbólica quanto materiais e se vinculam às condições sócio-históricas que definiram a relação entre as classes nos "anos gloriosos" do capitalismo, por um lado, e, por outro, às insuficientes proposições dos movimentos ecológicos europeus, os quais acusaram o movimento sindical de produtivista.

A expansão econômica do pós-guerra[51] — período no qual se acentuou a depredação da natureza, bem como a proliferação das armas de

---
51. Esta foi balizada pela produção de bens de consumo duráveis (automóveis e os bens domésticos) — Husson (1999).

destruição em massa — caracterizou-se pela progressão da produtividade do trabalho, acompanhada, em alguma medida, pelo valor do salário real, como resultado do pacto keynesiano-fordista europeu. "Os níveis elevados de ganhos de produtividade e de crescimento asseguraram a perenidade de um contrato social de forte legitimidade" (Husson, 1999, p. 55). As bases deste pacto conduziram a classe trabalhadora mais experiente e politizada do planeta a um amplo processo de colaboração de classes, regido pela batuta da terceira internacional de orientação stalinista.

Os desdobramentos deste processo para o resto do mundo foram evidentes. No Brasil, as organizações políticas e sindicais da classe trabalhadora desenvolveram versões nacionais desta política colaboracionista: a um só tempo aliaram-se a segmentos das classes dominantes ditos "progressistas" — em nome da implementação de um projeto de desenvolvimento nacional — assim como o fizeram com os setores mais conservadores do sindicalismo tradicional (corporativo e fisiológico).

Neste contexto, as lutas sindicais e políticas foram arrefecidas por uma burocracia que se locupletou do aparato oficial, utilizando-se, para isso, de métodos policialescos. Só com a irrupção da crise estrutural dos anos 1970 — cujos rebatimentos se fizeram sentir fortemente no Brasil, acelerando o desgaste do regime autocrático-burguês — possibilitou o surgimento de novas direções políticas para os movimentos sociais, classistas ou não, das quais o novo sindicalismo é emblemático.

Estas novas e em geral jovens direções tiveram na luta contra os níveis exacerbados de exploração da força de trabalho e em favor da democratização do país suas principais bandeiras. A depredação do meio ambiente apareceu pontualmente na agenda destes movimentos, vinculados às condições de trabalho e moradia. Neste contexto, as lutas ambientalistas se fizeram localizadas (Movimento Nacional em Defesa da Amazônia, Movimento de atingidos por barragens, entre outros) mas sem vinculação direta com o movimento sindical, de forte presença no cenário nacional de então.

Este processo se deu na esteira da crítica do ambientalismo europeu ao "sindicalismo produtivista", e seus rebatimentos no pensamento periférico. Esta crítica embora procedente, conforme assinalamos no capítulo primeiro deste trabalho, conduziu o ambientalismo a um impasse: ao separar capitalismo e produtivismo deixa de agarrar as determinações da "questão ambiental" e promove o fetiche da possibilidade de edificação de uma sociedade de "capitalismo limpo". Estas formulações desbordam para o campo da política pela via da segmentação dos movimentos sociais em seus universos particulares, promovendo o desconhecimento das teias que vinculam "questão social" e "questão ambiental", assim como o papel protagonista do trabalho na superação de ambas.

É certo que a propagação da temática do meio ambiente e sua incorporação na agenda brasileira devem-se, em grande medida, à exacerbação da "questão ambiental", assim como aos empreendimentos levados a efeito pelos organismos internacionais como respostas àquela. Em um momento de reconversão dos movimentos sociais à ordem burguesa — ainda que sob a perspectiva de seu aprimoramento — esta aproximação dá-se mediada pelo ideário do Desenvolvimento Sustentável, como expressão de um largo movimento de colaboração de classes.

Neste sentido, o "pacto social" é a opção por uma proposta de ação pactuada com o capital, ao mesmo tempo que o libera das responsabilidades históricas pela depredação ambiental. Trata-se, no entanto, da necessidade de distinguir entre eventuais acordos, voltados a determinadas ações ou programas, da perspectiva de adesão pura e simples às necessidades da classe antagonista. A questão posta aqui diz respeito à afirmação do projeto burguês de construção de relações sociais, o menos conflitivas possíveis, à medida que traz para o seu campo de diálogo os possíveis oponentes e dissemina uma cultura das "saídas possíveis", ao mesmo tempo que desqualifica qualquer projeto antagonista. Assim, a apreensão da "questão ambiental" realiza-se de forma imediatista, visto que os horizontes projetuais aparecem apartados da histórica necessidade de construção de um novo ordenamento social, de uma nova ordem societária.

Todo esse movimento relaciona-se com a capacidade de organização da sociedade, em partidos, organizações, entidades diversas que vêm desenvolvendo iniciativas voltadas à temática ambiental. Embora reconheça ser esta uma mediação fundamental não foi possível agarrá-la em nossas pesquisas.[52] De acordo com Valença (2005), "a dinâmica de intervenção das referidas organizações (...) encontra-se pautada pelos seguintes estratégias: 1) *a denúncia de ações e iniciativas que degradam as condições de vida e o meio ambiente*; 2) *disseminação de uma cultura ambientalista*; 3) *o movimento de mobilização, organização e reivindicação junto às empresas e organizações públicas no sentido de implementar uma gestão ambientalmente responsável*; 4) *a disseminação no seio da sociedade da importância de uma educação ambiental*; 5) *a luta em favor do ecocapitalismo*" (p. 69).

Fica evidenciado, nestes termos, que a dimensão política da "questão ambiental" foi provocada pelas organizações da sociedade, assim como é através destas que se dá a socialização do Desenvolvimento Sustentável como estratégia de enfrentamento àquela. Não, por acaso, as teses hegemônicas da sustentabilidade — as que advogam a sua efetividade em consonância com o primado da acumulação privada — foram amplamente aceitas por classes sociais e segmentos diversos.

Nestes termos, o Desenvolvimento Sustentável, como expressão da tentativa de estabelecer mecanismos de controle da relação sociometabólica — via superação dos limites físicos e ideopolíticos à sua reprodução —, apresenta-se bastante restrito. A natureza técnica das respostas empreendidas, ao não questionarem os fundamentos da dilapidação ambiental, parecem reiterar a incapacidade de o sistema do capital reconhecer fronteiras à sua expansão. Em outras palavras: o Desenvolvimento Sustentável como alternativa ante a incontrolabilidade do capital[53] não se constitui em efetivo enfrentamento da "questão ambiental", apesar de que alguns avanços tenham sido obtidos neste campo.

---

52. Serviu-nos de referência, no entanto, dissertação produzida por Valença (2005), já referida neste trabalho.

53. Como um sistema impulsionado para a expansão indefinida o capital "é um modo de controle que se sobrepõe a tudo mais antes mesmo de ser controlado num sentido apenas superficial pelos capitalistas privados (...). A razão principal por que este sistema forçosamente escapa a um significativo grau de controle humano é precisamente o fato de ter, ele próprio, surgido no curso da história como uma poderosa — na verdade, até o presente, de longe, a mais poderosa — estrutura "totalizadora" de controle à qual tudo o mais, inclusive os seres humanos, deve se ajustar, e assim, provar sua "viabilidade produtiva" ou perecer, caso não consiga se adaptar" (Mészáros, 2002, p. 96).

Decerto que o limitado alcance que vêm demonstrando os esforços voltados à administração da "questão ambiental" deita raízes no fato de a ordem social burguesa incompatibilizar-se com quaisquer iniciativas de controle de sua processualidade histórica ou a uma "autorrestrição racional".

Lembrando Mészáros:

> Ele só era compatível com ajustes limitados e, mesmo esses, apenas enquanto pudesse prosseguir; sob uma ou outra forma a dinâmica de autoexpansão e o processo de acumulação. Tais ajustes consistiam em contornar os obstáculos e resistências encontrados, sempre que fosse incapaz de demoli-los (2002, p. 100).

Neste sentido, o ideário do Desenvolvimento Sustentável — e a unanimidade que suscita — revela seu caráter ideológico. A subordinação às relações de propriedade burguesas se faz à custa de um crescente distanciamento entre discurso e realidade: o apelo à solidariedade, à justiça social, à utilização racional dos recursos naturais e à preservação da natureza articula-se dialética e contraditoriamente com o aprofundamento da devastação do planeta, com a crescente descartabilidade e com a degradação da vida humana, apesar dos inúmeros acordos e pactos internacionais firmados em nome de uma ética ambiental abstrata. Ainda invocando Tonet (2002), ao referir-se ao papel desta ética:

> Além das lutas dos que se opõem ao capital, são as outras dimensões sociais, entre as quais a ética abstratamente posta que impedem que essa lógica se realize de modo direto e brutal (...) é exatamente nisso que reside a sua funcionalidade para a reprodução da ordem do capital. Permitir que ela funcione sem perder a natureza essencial, mas também sem deixar que as contradições internas emerjam com toda sua força (p. 21-22).

Temos, assim, uma visão idealista diante dos destinos da humanidade, cuja essência informa que para se obter mudanças na base objetiva da sociedade e nos seus padrões destrutivos a disseminação de uma consciência ambiental preservacionista é estratégia fundamental, além de alguns arranjos na gestão e consumo dos recursos naturais, desde que se mantenham intocados os seus determinantes essenciais. Esta perspectiva idealista — visto que semeia a ilusão da superação da "questão ambiental" pela via de mudanças técnicas e atitudinais — é a um só tempo inatingível e funcional à reprodução da ordem social, à medida que impede que a sanha destrutiva do capital, resultado da competição econômica entre os próprios capitalistas, coloque em risco o funcionamento do sistema.

Em face disso, o ideário da sustentabilidade — como expressão da efetiva construção de uma relação racional entre sociedade e natureza, assim como entre o próprio gênero humano — se faz cada vez mais urgente. Libertá-lo do confinamento a que teorias do desenvolvimento o submetem para alçá-lo à condição de utopia é meio indispensável para a construção de uma efetiva emancipação humana.

Considerações finais

Ao longo deste trabalho, vimos ressaltando a estreita vinculação entre a "questão ambiental" e a ordem burguesa. Se a transformação da natureza em fonte de lucro desenhava-se desde a acumulação primitiva, é no capitalismo tardio — com a exacerbação desta tendência — que se evidenciam as profundas contradições deste processo, as quais vão se transformar em objeto de intervenção dos movimentos ambientalistas e organizações da sociedade, do Estado e do próprio empresariado, à medida que os acentuados níveis de destrutividade colocam limites à própria reprodução do sistema.

É certo que no desenvolvimento de sua ordem sociometabólica, o capital opera inexorável e articuladamente na produção de mecanismos de apropriação da natureza e de exploração do trabalho humano: promove o desemprego e a precarização das relações de trabalho, tornando disponível um exército de famintos a ser manipulado de acordo com as necessidades de barateamento dos custos de produção; por vias idênticas, transforma a natureza em "condição material da produção", de tal sorte que tanto a depredação ambiental quanto a exacerbação da "questão social" compõem uma unidade estrutural: a mercantilização da natureza e a subsunção formal e real do trabalho ao capital integram um mesmo movimento destinado a assegurar as bases materiais e simbólicas do processo de acumulação capitalista.

Vista sob esta perspectiva, a "questão ambiental" se inscreve no interior das contradições do capitalismo contemporâneo. Estas contradições somente nos fins do século XX ganham expressão e evidenciam que, para além das ameaças à reprodução biológica de várias espécies animais e vegetais, também estão implicados limites à dinâmica do sistema, especialmente em alguns ramos da atividade econômica, em razão da escassez de recursos naturais ou dos efeitos danosos da poluição. O grau de destrutividade das forças produtivas da natureza escapa ao controle do capital e impõe-se como uma *questão*, com implicações em toda a vida planetária.

A depredação da natureza, bem como o movimento empreendido pelas classes no seu enfrentamento, tem sido objeto de intensos debates entre intelectuais, movimentos sociais e ambientalistas, pelo Estado e empresários, além das agências internacionais, fato que expressa a inexorabilidade da temática. Embora o ideário do Desenvolvimento Sustentável tenha surgido em meados dos anos 1970 é só nos anos 1990 do século último que este passa a ganhar espaço na agenda pública como esteio às ações voltadas à preservação da natureza, expressando, assim, uma tentativa de estabelecer mecanismos de controle da relação sociometabólica do capital. "Ficara patente, enfim, que as políticas de desenvolvimento deveriam ser estruturadas por valores que não são apenas os da dinâmica econômica" (Veiga, 2005, p. 1).

Fundado em um princípio ético — o compromisso intergeracional — o conceito de Desenvolvimento Sustentável passa a nortear ações socioambientais que advogam um modelo econômico que seja "includente" socialmente, ambientalmente sustentável e economicamente sustentado. A *gestão ambiental* comparece na agenda das organizações e instituições públicas, através da reciclagem dos resíduos sólidos, dos investimentos em pesquisas científicas e em novas tecnologias, através da educação ambiental e da constituição de instrumentos regulatórios da relação entre sociedade e natureza.

A moldura simbólica que envolve o conjunto destas iniciativas vincula-se à ideologia do progresso técnico, fundada na crença da onipotência do desenvolvimento tecnológico diante das outras dimensões da vida social.

Retomando Mandel:

Essa ideologia proclama a capacidade que tem a ordem social vigente de eliminar gradualmente todas as possibilidades de crise, encontrar uma solução "técnica" para todas as suas contradições, integrar as classes sociais rebeldes e evitar explosões políticas (1985, p. 351).

Em contrapartida, os estudos mais recentes vêm apontando que os níveis de depredação do planeta seguem se aprofundando,[1] apesar dos avanços obtidos com a introdução de processos de produção menos dispendiosos de recursos naturais e de técnicas de controle de poluentes mais eficazes, entre outros. As interpretações para este aparente paradoxo — os crescentes investimentos em gestão ambiental e os avanços da degradação do meio ambiente — vão desde a culpabilização das tecnologias consideradas sujas à crítica ao consumo exacerbado, especialmente dos segmentos mais abastados da sociedade, diante do esgotamento dos recursos naturais e do aumento dos resíduos. A crítica ao produtivismo e ao consumismo faz-se presente no discurso ambientalista e tem sido responsável, em larga medida, pela tomada de consciência de amplos segmentos da sociedade quanto aos riscos à reprodução da vida no planeta.

Chamamos a atenção para a necessidade de ultrapassagem destas hipóteses explicativas, já que a disseminação da consciência ambiental, apesar de representar um avanço civilizatório — visto que põe em questão o respeito à vida — tem-se revelado insuficiente no sentido de instrumentalizar ações que, efetivamente, ponham em xeque os determinantes da "questão ambiental". A ausência de uma crítica radical e classista da problemática ambiental sob os desígnios do capital tem possibilitado aos ideólogos do sistema construírem um consenso que unifica os interesses dos trabalhadores, dos empresários e do Estado em torno da defesa de uma "pretensa sustentabilidade planetária", sustentabilidade esta visivelmente limitada, já que não se destina a atacar as causas imanentes da destrutividade.

---

1. Alguns dados, ainda, fazem-se necessários: 6 milhões de hectares de terra produtiva se perdem a cada ano desde 1990, pela desertificação (UNCCD, 2004); As Nações Unidas informam que cerca de cem espécies diárias são extintas, sem falar do aumento na produção dos gases de efeito estufa.

Nestes termos, o que se revela é a impossibilidade de superação da "questão ambiental" por esta via: se a sua gênese encontra-se plasmada na apropriação privada dos elementos naturais e sua conversão em fatores de produção, mediada pelo uso da ciência e da tecnologia, é na esfera das relações sociais que reside a sua superação. Dito de outra maneira: as saídas técnicas — que não tencionam as relações sociais e, portanto, as condições históricas da produção e do consumo de mercadorias — têm-se revelado insuficientes como alternativas à depredação ambiental, desafiando contínua e sistematicamente a humanidade à superação da civilização mercantil. A razão para isto reside no fato de que a "produtividade e destrutividade são inseparáveis, posto que a tecnologia é desenvolvida para que o capital possa se apropriar da totalidade dos recursos humanos e materiais do planeta" (Mészáros, 2002, p. 527).

As expressões empíricas do aprisionamento da sustentabilidade a uma questão técnica manifestam-se tanto em sua *dimensão ambiental* quanto *social*. Decerto que os avanços na *sustentabilidade ambiental* devem ser creditados ao fato de que as forças produtivas da natureza (recursos e serviços ambientais) sinalizaram limites à reprodução da ordem do capital, seja através do esgotamento de algumas matérias-primas, da baixa produtividade do solo, das intempéries, além da decrescente capacidade do planeta de absorver os dejetos e poluentes diversos. Nestes termos, o Desenvolvimento Sustentável constitui uma resposta a esses limites, reveladores da forma de apropriação dos recursos — essencialmente caracterizada por uma velocidade de utilização superior à velocidade de recomposição dos ecossistemas — o que implica aventar que todo desenvolvimento só seria sustentável à medida que revertesse a dinâmica de utilização destes recursos (Foladori, 2001a).

Também no âmbito da *sustentabilidade social*, as ações destinadas ao combate à pobreza, os acordos e protocolos firmados e as ações cotidianas revelam-se insuficientes. A despeito dos esforços empreendidos em nome do Desenvolvimento Sustentável, segue a dilapidação das condições de vida da maioria da população do planeta. As tentativas de compatibilizar as necessidades crescentes de expansão da produção — ainda que balizadas no uso de tecnologias limpas e com menores níveis de desperdício — com a preservação da natureza têm-se demonstrado impotentes, em face da condição anárquica e perdulária da produção capitalista, cuja expressão mais emblemática é a obsolescência programada de mercadorias.

Neste processo, a *sustentabilidade social* se faz cada vez mais controversa e quimérica: a cada dia o capital oferece novas evidências de sua impossibilidade de resolver ou mesmo atenuar o fosso social sem comprometer a sua dinâmica de acumulação. Os arranjos para sair da crise estrutural em que se encontra (reestruturação produtiva, as privatizações, a precarização do trabalho, o desemprego) exibem a "natureza sinistra" deste sistema e exigem cada vez mais sacrifícios humanos em nome do progresso técnico.

Afirma Amaral:

> No horizonte da racionalidade burguesa, mesmo a argumentação dos traços progressistas que o crescimento econômico tem produzido esbarra na incapacidade de os problemas mais fundamentais serem resolvidos, sem que o custo deles implique o aviltamento das condições de vida da imensa maioria do planeta, pois "esses problemas tendem a cronificar-se, a receber pseudossoluções ou soluções de altíssimo custo sócio-humano" o que torna impossível a convivência entre o desenvolvimento social e o capitalismo (2005, p. 61).

As programáticas ambientalistas postas em ação a partir da lógica de reprodução do capital acabam por aprofundar a *contradição entre sustentabilidade ambiental e sustentabilidade social*. Verifica-se, nesses casos, que maiores avanços na sustentabilidade ambiental se coloquem lado a lado com os retrocessos na sustentabilidade social, a exemplo da contenda em torno dos agrocombustíveis e sua contribuição para a intensificação da crise dos alimentos. Assim, a racionalidade do capital manifesta suas profundas contradições: a busca de alternativas à insustentabilidade ambiental, guiada pelo cálculo financeiro, acaba por aprofundar a insustentabilidade social, agravando as já precárias condições de sobrevivência de cerca de 800 milhões de famintos no planeta. Neste sentido, a *insustentabilidade social* segue a despeito de alguns avanços na sustentabilidade ambiental não por causa da utilização de tecnologias "limpas" ou "verdes", mas em razão da própria acumulação capitalista.

Segundo Rosdolsky:

> O que ameaça a classe trabalhadora inclusive dos países avançados é, antes de tudo — e mais do que nunca — a incerteza de sua existência, o fato de ter que viver à sombra de crises devastadoras e de guerras ainda mais devastadoras; o capitalismo não descobriu nenhum remédio contra essa enfermidade (2001, p. 255).

Mais: a trajetória do debate sobre a "questão ambiental" revela que há uma contínua desfiguração do seu conteúdo contestatório[2] e uma crescente banalização desta problemática, cujo sentido último consiste em tentar convencer-nos de que todos os humanos somos responsáveis, indiferenciadamente, pela atual situação do planeta e que as mudanças atitudinais e um comportamento mais respeitoso ante a natureza — aí incluídas mudanças na base produtiva — são as grandes saídas para superar este quadro.

Assim nos lembra Lima,

> Para a manutenção de uma sociedade cada vez mais consumista tornou-se oportuno construir uma proposta eficaz para assegurar o crescimento econômico de forma menos destrutiva para o meio ambiente, um desenvolvimento ecologicamente sustentável (...) No caso do "Desenvolvimento Sustentável" embora não seja um conceito identificado com a classe trabalhadora, o discurso crítico do ambientalismo que mostrava a contradição entre crescimento econômico e preservação ambiental fora substituído por um conceito de "ecologização do mercado" (2002, p. 72).

O peso ideológico deste conceito assume a forma de um amplo pacto policlassista, envolvendo os principais segmentos representativos do

---

2. Conforme sinalizamos, embora este discurso estivesse distante do pensamento revolucionário, apontava questões referentes aos limites do crescimento econômico e do consumismo, na esteira das sucessivas denúncias sobre os efeitos catastróficos do produtivismo.

empresariado, dos trabalhadores e do Estado, sob a batuta das agências internacionais, as quais vêm se destacando como verdadeiros intelectuais orgânicos do capital em nível mundial. As bases programáticas deste pacto mundial encontram-se amplamente disseminadas em todas as estruturas da sociedade, influenciando atitudes e ditando comportamentos tidos como sustentáveis: a formação do "consumidor consciente", a gestão ambiental dos negócios empresariais e o combate ao desperdício, em geral, são algumas das consignas que emolduram este "pacto cidadão".

A conformação deste pacto desenvolve-se na esteira do amplo movimento de reestruturação do capital em nível mundial, o qual resvalou para o campo político através da desqualificação dos projetos de classe, da "quebra da alteridade do trabalho" e da conformação de uma cultura das "saídas possíveis", cuja finalidade precípua é sedimentar novas bases ideopolíticas do processo de acumulação. O Desenvolvimento Sustentável imbrica-se neste movimento, constituindo-se em objeto de *indiferenciação* de classes diante da "questão ambiental", visto que a sustentabilidade, neste circuito, assenta-se em um ideário supraclassista, atribuindo a todos os cidadãos, indistintamente, as responsabilidades pela dilapidação da natureza pela sua preservação.

Tanto na identificação dos determinantes da "questão ambiental" quanto no âmbito das respostas a ela, as posições expressas nos documentos estudados sinalizam diferenças pontuais, destacadamente quanto a uma maior ou menor ênfase no papel do Estado ou dos mercados, o papel dos organismos reguladores e da legislação sem que, contudo, apareçam discordâncias de peso entre os conteúdos dos textos. Na totalidade dos documentos estudados, não aparece "classe social" como categoria de análise explicativa dos processos ambientais e sociais; tampouco, a "questão ambiental" encontra-se relacionada a uma dada forma de organização social própria do mundo mercantil. São os "homens" ou a "humanidade" como totalidade homogênea e indiferenciada — e sua relação predatória com a natureza — que constitui a base explicativa destes fenômenos.

Observa-se, no entanto, que as representações sindicais (empresários e trabalhadores) manifestam-se como tais tão somente no que tange à defesa de seus interesses,[3] sem, contudo, transcenderem o nível econômico-corporativo,[4] ou, de acordo com Gramsci, demonstrarem a consciência da solidariedade de interesses entre os membros do grupo social, mas ainda no campo meramente econômico.[5] O que se conclui a partir destas considerações é que o trato da questão das "parcerias" apresenta-se como condição para a edificação de um novo *projeto de desenvolvimento*, através de uma ação pactuada entre capital e trabalho, reduzindo-se, no plano político, as possibilidades de uma ação contestadora da ordem capital-burguesa.

Por esta razão, os princípios éticos de que se reveste o conceito de Desenvolvimento Sustentável convertem-se em receituário moral, destinado à conformação de posturas e atitudes sustentáveis: a "questão ambiental" é tratada na perspectiva do indivíduo, criando-se no plano ideológico o fetiche da humanização do capital, a partir das mudanças atitudinais. Assim, a ilusão de realizar o irrealizável esconde a necessidade de realizar o factível (Tonet, 2002).

Por outro lado, o conceito de "Desenvolvimento Sustentável" pode cumprir importante papel no que se refere às estratégias de ação em determinados ecossistemas ou em áreas e regiões específicas. Os esforços por compatibilizar sustentabilidade ambiental e social com o desenvolvimento de determinadas atividades produtivas tem demonstrado que é

---

3. A CUT insere no debate questões como: melhores condições de trabalho, mais e melhores empregos, erradicação da pobreza, fim do trabalho infantil e do trabalho escravo, gestão racional do uso de produtos químicos, sistemas e modelos sustentáveis de energia, gestão racional e participativa das florestas, democracia com controle social, entre outros. Já a CNI, refere-se à: adoção de uma política ambiental direcionada à competitividade e não inibidora do crescimento econômico, exercer a liderança empresarial perante a sociedade em relação aos assuntos ambientais e promover a efetiva participação proativa do setor industrial em conjunto com a sociedade, os parlamentares, o governo, as organizações não governamentais no sentido de desenvolver e aperfeiçoar as leis, regulamentos e padrões ambientais.

4. Segundo Gramsci (1978), a análise da autoconsciência e organização das classes compreende distintos momentos e graus, sendo que o primeiro deles é o econômico-corporativo, "onde é sentida a unidade homogênea e o dever de se organizar do grupo profissional, mas não ainda do grupo social mais vasto" (p. 192).

5. Também segundo Gramsci (1978), ainda no segundo momento "se coloca a questão do Estado, mas apenas no sentido de atingir uma igualdade político-jurídica com os grupos dominantes, já que se reivindica o direito de participar, na legislação e na administração e talvez de as modificar, de as reformar, mas nos quadros fundamentais existentes" (p. 192).

possível assegurar a preservação dos recursos naturais, manter seu uso racional, garantindo, assim a capacidade de regeneração de todo um ecossistema, a exemplo da relação que os chamados "povos da floresta" tem desenvolvido com o meio ambiente na região amazônica. Em termos planetários, no entanto, com o conjunto dos ecossistemas, este conceito não tem sido capaz de balizar, orientar a acumulação capitalista de forma a garantir a preservação do planeta.

Resta-nos, por fim, ressaltar a distinção entre Desenvolvimento Sustentável — como expressão da tentativa de estabelecer mecanismos de controle da relação sociometabólica — e a sustentabilidade *ambiental e social* como imperativo ético. Esta se faz cada vez mais premente, a fim de assegurar as condições de reprodução da vida planetária, o que supõe, ao fim e ao cabo, o controle da produção e o estabelecimento de um *sistema de necessidades* amplamente ancorado no reconhecimento da condição universal da reprodução do gênero humano.

Esta distinção faz-se decisiva para o Serviço Social em razão de que esta profissão vem sendo interpelada a intervir nas refrações da "questão ambiental" como partícipe da construção de uma cultura que vincula sustentabilidade ambiental e social ao processo de reprodução da ordem burguesa.

Por se tratar de uma profissão dotada de um projeto ético-político, cuja direção social aponta para os horizontes da emancipação humana, evidencia-se aos profissionais "a necessidade de flexibilizar, rever, propor e criar novos modos e meios de intervenção que estejam organicamente articulados ao atual movimento da sociedade" (Mota, 2003, p. 12). Para tanto, faz-se imprescindível o desvelamento das principais mediações que vinculam a "questão ambiental" — bem como as suas principais refrações — à totalidade social, a partir da identificação dos principais mecanismos que vinculam a depredação da natureza à pobreza e à iniquidade social, bem como as respostas que lhes são apontadas pelo movimento das classes e pelo próprio Estado.

O ideário da sustentabilidade implica um conjunto de potencialidades no sentido de criar alternativas à destrutividade gerada pela ordem burguesa. Porém, ao ver-se confinado à dinâmica societária em curso — a um modelo de desenvolvimento para o capital — não indica superação das contradições essenciais evidenciadas na relação sociedade e natureza, fato este que suprime qualquer margem de dúvidas quanto à incapacidade de o sistema resolver as contradições gestadas por ele próprio.

Por fim, conceber a natureza como totalidade e o gênero humano como seu elemento consciente — implica construir relações sociais pautadas na negação da exploração, dominação e crescente barbarização que daí decorre. Por outro lado, estamos a pleitear que tão somente uma sociedade que rompa com a mediação do lucro será capaz de edificar uma nova racionalidade no uso dos recursos naturais, estabelecendo um novo e sustentável intercâmbio que aponte para a superação da falha metabólica de que falava Marx, de forma a assegurar a existência e reprodução da "cadeia de gerações humanas".

Em profética passagem nos lembra o autor

> Do ponto de vista de uma formação socioeconômica superior, a propriedade privada da terra por determinados indivíduos vai parecer tão absurda como a propriedade privada de um homem por outros homens. Nem mesmo uma sociedade inteira, ou uma nação, ou um conjunto simultâneo de todas as sociedades existentes é dono da terra. Eles são simplesmente os seus posseiros, os seus beneficiários e precisam legá-la em melhor estado às gerações que as sucedem como *boni patres famílias* (bons pais de família) (Marx, *apud* Foster, 2005, p. 231).

Chama-nos a atenção, no entanto, o fato de que as experiências mais avançadas de ruptura com a ordem capitalista, levadas a efeito pelos países do "socialismo real", não promoverem a quebra da destrutividade do meio ambiente, reafirmando a impossibilidade histórica de superação das mazelas oriundas do capitalismo em nível local, nacional ou mesmo regional, mantendo-se a subordinação à lógica produtivista e aos imperativos do mercado em nível mundial.

Conclui-se, por fim, que embora a superação da sociedade de classes e da lógica da lucratividade seja basilar para a construção de uma nova racionalidade no campo das relações entre sociedade e natureza há que se desconstruir a concepção produtivista da história, própria ao mundo mercantil e cuja essência imbrica-se à perdularidade e destrutividade do capitalismo. Esta é uma questão absolutamente desafiante para a humanidade, nos tempos presentes, posto que da resolução desta dependerá, em grande medida, a reprodução das várias formas de vida no planeta.

O acerto de contas com a sociedade do capital e sua lógica produtivista poderá, enfim, liberar as forças produtivas da humanidade, possibilitando a livre expansão das potencialidades do gênero humano; caso contrário, a sociedade humana — ou sua parcela majoritária — estará diante de condições de vida cada vez mais degradantes, submetida às guerras, à fome e à iniquidade. Deste dilema a humanidade não poderá escapar.

Referências bibliográficas

ABREU, M. *Serviço Social e a organização da cultura*. São Paulo: Cortez, 2002.

_____. A dimensão pedagógica do Serviço Social: bases histórico-conceituais e expressões particulares na sociedade brasileira. *Serviço Social & Sociedade*, São Paulo, n. 73, 2004.

AGGEG, S. Os esquecidos pelo Estado. *Jornal do Comércio*, Caderno Brasil, Recife, p. 11, 23 mar. 2008.

AGUIAR, F. *G8*: desta cartola não sai coelho. Disponível em: <www.cartamaior.com.br>. Acesso em: 9 jul. 2008.

ALEIXO, J. *Agrocombustíveis*: desorganizam a agricultura familiar e ameaçam SAN. Agência Ibase. Disponível em: <www.ibase.br>. Acesso em: 29 abr. 2008.

ALTIERI, M. *A falência de um modelo*: sistema alimentar na era pós-petroleira. Disponível em: <www.cartamaior.com.br>. Acesso em: 29 abr. 2008.

ALMEIDA FILHO, N. *O desenvolvimento da América Latina na perspectiva da Cepal dos anos 90*: correção de rumos ou mudança de concepção? Disponível em: <www.ie.ufrj.br>. Acesso em: 24 maio 2007.

AMARAL, A. S. *Qualificação dos trabalhadores e estratégia de hegemonia*: o embate de projetos classistas. Tese (Doutorado) — Programa de Pós-Graduação em Serviço Social, Universidade Federal do Rio de Janeiro. Rio de Janeiro, 2005.

ANTUNES, R. *Adeus ao trabalho?* Ensaio sobre as metamorfoses e a centralidade do mundo do trabalho. 5. ed. São Paulo: Cortez, 1998

_____. *Os sentidos do trabalho*: ensaio sobre afirmação e negação do trabalho. São Paulo: Boitempo, 2003.

ANTUNES, R. (Org.). *A era da informatização e a era da informalização*: riqueza e miséria do trabalho no Brasil. São Paulo: Boitempo, 2006.

ARAÚJO, T. B. Globalização e território. *Le Monde Diplomatique Brasil*, São Paulo, Instituto Pólis, ano 1, n. 11, 2008.

BANCO MUNDIAL. *Informe sobre el desarrollo mundial*: desarrollo y medio ambiente. Washington, 1992.

BARREIRA, F. *O impasse ecológico e o terrorismo do capital*. Rio de Janeiro: Litteris, 2004.

BARROCO. M. L. S. *Ética e Serviço Social*: fundamentos ontológicos. São Paulo: Cortez, 2001.

BEHRING, E. *Política social no capitalismo tardio*. São Paulo: Cortez, 1998.

_____. *Brasil em contrarreforma*: desestruturação do Estado e perda de direitos. São Paulo: Cortez, 2004.

_____; BOSCHETTI, I. *Seguridade social e trabalho*: paradoxo na construção das políticas de previdência e assistência social no Brasil. Brasília: Letras Livres, 2006.

BELFORT, E. *Mostra de responsabilidade socioambiental estimula práticas positivas*. São Paulo, 2007. Disponível em: <www.fiesp.com.br>. Acesso em: 4 ago. 2007.

BERNARDES, J. A.; FERREIRA, F. Sociedade e natureza. In: CUNHA, Sandra; GUERRA, A.T. *A Questão ambiental — diferentes abordagens*. Rio de Janeiro: Bertrad Brasil, 2003.

BIELSCHOWSKY, R. Cinquenta anos de pensamento na CEPAL — uma resenha. In: _____. (Org.). *Cinquenta anos de pensamento da CEPAL*. Rio de Janeiro: Record, 2000.

_____; MUSSI, C. Introdução. *Políticas para a retomada do crescimento*: reflexões de economistas brasileiros. In: _____; _____. (Orgs.). Brasília: IPEA/CEPAL, 2002.

BIHR, A. *Da grande noite à alternativa*: o movimento operário europeu em crise. Trad. Wanda Brant. São Paulo: Boitempo, 1999.

BIOLAT, G. *Marxismo e meio ambiente*. Lisboa: Ed. Seara Nova, 1977.

BIONDE, A. *Distorções da globalização*, 2006. Disponível em: <www.agenciacartamaior.com.br>. Acesso em: 3 maio 2007.

BOFF, L. Os impasses da expressão "Desenvolvimento Sustentável". In: *Agenda 21 e sustentabilidade. Ética e sustentabilidade.* Disponível em: <www.mma.gov.br>. Acesso em: 3 jun. 2008.

BOTOMORE, T. *Dicionário do pensamento marxista.* Rio de Janeiro: Jorge Zahar, 2001.

BRAGA, R. *A restauração do capital*: um estudo sobre a crise contemporânea. São Paulo: Xamã, 1997.

_____; MARTINS, P. R. A tecnociência finaceirizada: dilemas e riscos da nanotecnologia. *Universidade e Sociedade*, Brasília, ano XVII, n. 40, jul. 2007.

CALDERONI, S. *As perspectivas econômicas da reciclagem do lixo no município de São Paulo.* Tese (Doutorado) — Departamento de Geografia Humana, Universidade de São Paulo. São Paulo, 1996. 274 f.

CAPRA, F. *A teia da vida*: uma nova compreensão científica dos sistemas vivos. Trad. Newton Roberval Eichemberg. São Paulo: Cultrix, 1997.

CARVALHO, I. C. M. As transformações na cultura e o debate ecológico: desafios políticos para a educação ambiental. In: PADUA, S. M.; TABANEZ, M. F. (Orgs.). *Educação ambiental: caminhos trilhados no Brasil.* Brasília: IPE, 1997.

CARVALHO, M. M. A de. *A ambientalização do discurso empresarial no extremo sul da Bahia.* Tese (Doutorado) — Programa de Pós-Graduação em Planejamento Urbano e Regional, Universidade Federal do Rio de Janeiro. Rio de Janeiro, 2006.

CHESNAIS, F. *A finança mundializada.* São Paulo: Boitempo, 2005.

_____; SERFATI, C. "Ecologia" e condições físicas de reprodução social: alguns fios condutores marxistas. *Crítica Marxista*, São Paulo, Boitempo, n. 16, mar. 2003.

CHOSSUDOVSKY, M. *Guerra e globalização.* São Paulo: Expressão Popular, 2004.

CMMAD. Comissão Mundial sobre Meio Ambiente e Desenvolvimento. *Nosso futuro comum.* 2. ed. Rio de Janeiro. Fundação Getúlio Vargas, 1991.

DEEN, T. *Desenvolvimento global.* Disponível em: <www.cartamaior.com.br>. Acesso em: 11 jul. 2008.

DENARDIN, V. F. Abordagens econômicas sobre o meio ambiente e suas implicações quanto aos usos dos recursos naturais. *Teoria e Evidência Econômica*, Passo Fundo, v. 11, n. 21, nov. 2003.

DIAS. E. A liberdade (im)possível na ordem do capital: reestruturação produtiva e passivização. *Textos Didáticos*, Campinas, IFCH/Unicamp, n. 29, ago. 1997.

DUARTE, R. P. *Marx e a natureza em "O capital"*. São Paulo: Loyola, 1986.

DUPUY, J. P. *Introdução à crítica da ecologia política*. Rio de Janeiro: Civilização Brasileira, 1980.

EL KHALILI, A. *O que são créditos de carbono?* Disponível: em <www.ambientebrasil.com.br>. Acesso em: 20 out. 2007.

ENGELS, F. *A dialética da natureza*. Rio de Janeiro: Paz e Terra, 1978.

_____. *Do socialismo utópico ao socialismo científico*. São Paulo: Global Editora, 1988.

ERTHAL, J. M. *Reféns do lixo*, ano XII, n. 463, 2007. Disponível em: <www.cartacapital.com.br>. Acesso em: 5 abr. 2008.

EVANGELISTA, J. *Crise do marxismo e irracionalismo pós-moderno*. São Paulo: Cortez, 1997.

FARFAN, E. *Relatório britânico condena as sementes transgênicas*. Disponível em: <www.ambientebrasil.com.br>. Acesso em: 18 maio 2008.

FATTORELLI, M. L. A inflação e a dívida pública. *Le Monde Diplomatique Brasil*, jun. 2011.

FOLADORI, G. *Limites do desenvolvimento sustentável*. São Paulo: Unicamp, 2001a.

_____. O metabolismo com a natureza. *Crítica Marxista*, São Paulo, Boitempo, n. 12, 2001b.

_____. *Por una sustentabilidad alternativa*. Montevidéo: Secretaria Regional Latinoamericana de la Unión Internacional de Trabajadores de la Alimentación, Agrícolas, Hoteles, Restaurantes, Tabaco e Afins, 2005.

_____. *La reedición capitalista de las crisis ambientale*. México: Autonomous University of San Luis Potosí, 2007.

FOSTER, J. B. *A ecologia de Marx*: materialismo e natureza. Trad. Maria Tereza Machado. Rio Janeiro: Civilização Brasileira, 2005.

_____; CLARCK, B. Imperialismo ecológico: a maldição do capitalismo. In: PANITCH L.; LEYS C. (Orgs.). *Socialist register 2004*: o novo desafio imperial. Buenos Aires: CLACSO, 2006.

FRIGOTTO, G.; CIAVATTA, M. *Teoria e educação no labirinto do capital*. Petrópolis: Vozes, 2001.

GONDIM, F. ; LETTIERI, M. Tributação e desigualdade. *Le Monde Diplomatique Brasil*, out. 2011.

GRAMSCI, A. *A ciência e o príncipe moderno*. Obras escolhidas. São Paulo: Martins Fontes, 1978.

GUERRA, Yolanda. *O projeto profissional crítico*: estratégias de enfrentamento das condições contemporâneas da prática profissional. *Serviço Social & Sociedade*, São Paulo, n. 91, ano XXVIII, 2007.

HARVEY, D. *O novo imperialismo*. São Paulo: Loyola, 2004.

_____. *A produção capitalista do espaço*. Trad. Carlos Szlak. São Paulo: Annablume, 2006.

HOBSBAWM, E. Prefácio. In: *Formações econômicas pré-capitalistas*. Rio de Janeiro: Paz e Terra, 1977.

HUSSON, M. *Miséria do capital*: uma crítica do neoliberalismo. Lisboa: Terramar, 1999.

IAMAMOTO, M. V. *Serviço Social em tempo de capital fetiche*: capital financeiro, trabalho e questão social. São Paulo: Cortez, 2007.

_____. *Projeto profissional, espaços ocupacionais e trabalho do(a) assistente social na atualidade*. In: CFESS. Atribuições privativas do(a) assistente social. Brasília, 2002.

_____. O trabalho do assistente social frente às mudanças do padrão de acumulação e de regulação social. In: *Crise contemporânea, questão social e Serviço Social*, Módulo 1, Brasília: CEAD-UnB, 1999

INVERNIZZI, N. *A Política Brasileira de Nanotecnologia: avanços e desafios para um Brasil mais igualitário*. Disponível em: <www.redesist.ie.ufrj.br>. Acesso em: 12 maio 2012.

JACOBI, P. Educação ambiental, cidadania e sustentabilidade. *Cadernos de Pesquisa*, Fundação Carlos Chagas, v. 118, mar. 2003. Disponível em: <www.fcc.org.br>. Acesso em: 8 nov. 2007.

KLARE, M. T. Sangue por petróleo. In: PANITCH. L.; LEYS, C. (Orgs.). *Socialist register 2004*: o novo desafio imperial. Buenos Aires: CLACSO, 2006.

KRAEMER, M. E. P. *Gestão ambiental*: um enfoque no Desenvolvimento Sustentável. 2003. Disponível em: <http://www.sivam.gov.br>. Acesso em: 13 set. 2006.

KURZ, R. *A crise do sistema produtor de mercadorias*: guerra civil em vez da "paz eterna", 1991. Disponível em: <www.planeta.clix.pt/obeco1991./robertkurz. htm> Acesso em: 12 mar. 2008.

_____. *O desenvolvimento insustentável da natureza*, 2003. Disponível em: <www. geocities.com/grupokrisis2003/robertkurz.htm> Acesso em: 12 mar. 2008.

LAUREL. A. C. *Estado e políticas sociais no neoliberalismo*. 3. ed. Trad. Rodrigo León Contrera. São Paulo: Cortez, 2002.

LAYRARGUES, P. P. *A cortina de fumaça*: o discurso empresarial e a ideologia da racionalidade econômica. São Paulo: Anablume, 1998.

_____. Muito além da natureza: educação ambiental e reprodução social. In: LOUREIRO, C F.; LAYRARGUES, P. P.; CASTRO, R. S. (Orgs.). *Pensamento complexo, dialética e educação ambiental*. São Paulo: Cortez, 2006.

_____. Do ecodesenvolvimento ao desenvolvimento sustentável: evolução de um conceito? *Proposta*, n. 25, 1997. Disponível em: <www.fase.org.br/vitrine/ lojinha/categoria.php>. Acesso em: 5 maio 2008.

LEFF, E. Saber *ambiental*: sustentabilidade, racionalidade, complexidade, poder. Trad. Lúcia M. E. Orth. Petrópolis: Vozes, 2001.

LEGASPE, R. L. *Reciclagem*: uma fantasia do ecocapitalismo. Dissertação (Mestrado) — Faculdade de Geografia, Universidade de São Paulo. São Paulo, 1996. 205 f.

LESSA, S. O processo de produção/reprodução social: trabalho e sociabilidade. In: *Capacitação em Serviço Social e política social*, Módulo 2. Brasília: CEAD-UNB, 1999, p. 20-33.

LIMA, A. Elementos reflexivos sobre a insustentabilidade do desenvolvimento sustentável na sociedade do capital. *Presença ética*. Pós-Graduação em Serviço Social, UFPE, Recife, Unipress, n. 2, 2002.

LIMA, J. E. S. Economia ambiental, ecológica e marxista *versus* recursos naturais. *Rev. FAE*, Curitiba, v. 7, n. 1, p. 119-127, jan./jun. 2004.

LOUREIRO, C. F. B. Ambientalismo e lutas sociais no Brasil. In: *Libertas*/Faculdade de Serviço Social, Universidade Federal de Juiz de Fora, Juiz de Fora, v. 2, n. 1, jan/jun. 2002a.

_____. Teoria social e questão ambiental. In: LOUREIRO, C. F.; LAYRARGUES, P. P.; CASTRO, R. S. (Orgs.). *Sociedade e meio ambiente*: educação ambiental em debate. 2. ed. São Paulo: Cortez, 2002b.

_____. Crítica ao fetichismo da individualidade e aos dualismos na educação ambiental. *Educar em Revista*, Curitiba, n. 27, jan./jun. 2006.

_____. *Trajetória e fundamentos da educação ambiental*. 2. ed. São Paulo: Cortez, 2006.

LÖWY, M. De Marx ao ecossocialismo. In: LÖWY, M.; BENSAID, D. *Marxismo, modernidade e utopia*. São Paulo: Xamã, 2000.

MAGERA, M. *Empresários do lixo*: um paradoxo da modernidade. Campinas: Editora Átomo, 2003.

MAMPAEY, L.; SERFATI, C. Os grupos armamentistas e os mercados financeiros: rumo a um compromisso de "guerra sem limites"? In: CHESNAIS, F. (Org.). *A finança mundializada*: raízes sociais e políticas, configuração, consequências. Trad. Rosa Maria Marques e Paulo Nakatani. São Paulo: Boitempo, 2005.

MANDEL, E. *O capitalismo tardio*. Trad. Carlos Matos et al. São Paulo: Abril Cultural, 1985. (Col. Os Economistas.)

MARANHÃO, C. H. Acumulação, trabalho e superpopulação: crítica ao conceito de exclusão social. In: MOTA, A. E. (Org.). *O mito da assistência social (ensaios sobre o Estado, política e sociedade)*. Recife: Universitária da UFPE, 2006.

MARX, K. *A ideologia alemã*. Trad. Conceição Jardim e Eduardo Lúcio Nogueira. São Paulo: Martins Fontes, 1980.

_____. *A origem do capital (a acumulação primitiva)*. Trad. Walter S. Maia. São Paulo: Global, 1977a.

_____. *Formações econômicas pré-capitalistas*. Rio de Janeiro: Paz e Terra, 1977b.

_____. *Capítulo VI (inédito) de "O capital"*. São Paulo: Editora Moraes, 1978.

_____. *Grundisse*. Trad. para o espanhol: Wenceslao Roces. México: Fondo de Cultura Económica, 1985.

MARX, K. *Manuscritos econômico-filosóficos*. Trad. Alex Marins. São Paulo: Martin Claret, 2004. (Col. Obra-Prima do Autor.)

_____. *O capital*, livro 1, v. 1. Rio de Janeiro: Civilização Brasileira, 1988.

MARX, K. *O capital*, livro 1, v. 1, t. 2. Trad. Regis Barbosa e Flávio R. Kothe. São Paulo: Nova Cultural, 1996.

_____. *Para a crítica da economia política*. Trad. Edgar Malagodi. São Paulo: Nova Cultural, 1999.

_____; ENGELS, F. *O manifesto comunista*. Trad. Maria Lucia Como. Rio de Janeiro: Paz e Terra, 1998.

MÉSZÁROS, I. *O desafio e fardo do tempo histórico*. Trad. Ana Cotin e Vera Cotrin. São Paulo: Boitempo, 2007.

_____. *O poder da ideologia*. Trad. Paulo Cezar Costa. São Paulo: Boitempo, 2004.

_____. *Para além do capital*. Trad. Paulo Cézar Castanheira e Sérgio Lessa. São Paulo: Boitempo/Ed. Unicamp, 2002.

MEYER, M. M. *Gestão ambiental no setor mineral*: um estudo de caso. Dissertação (Mestrado) — Curso de Pós em Engenharia da Produção — Universidade Federal de Santa Catarina. Florianópolis, 2000. 193 f.

MOREIRA, R. J. Críticas ambientalistas à Revolução Verde. Revista *Estudos Sociedade e Agricultura*, p. 39-52. Disponível em: <www.ufrrj.br>. Acesso em: 15 out. 2000.

MOTA, A. E. Entre a rua e a fábrica: reciclagem e trabalho precário. *Temporalis*, Brasília, ABEPSS, ano 3, n. 6, 2002.

_____. Necessidades sociais, soluções globais: abordagens criativas ao desenvolvimento social. In: VIEIRA, A. C.; UCHOA, R. (Orgs.). *Em Discussão*: desenvolvimento social na economia globalizada. Recife: Editora Universitária, 2007. p. 15-27.

_____. As dimensões da prática profissional. *Presença Ética*. Pós-Graduação em Serviço social, UFPE. Recife: Provisual Divisão Gráfica, ano 3, v. 3, p. 9-14, 2003.

_____ (Org.). *A nova fábrica de consensos*. São Paulo: Cortez, 1998.

MOTA, A. E.; SILVA, M. G.; BEZERRA, P. R. A nova empresarial nos marcos do capitalismo contemporâneo. In: XII CONGRESSO BRASILEIRO DE ASSISTENTES SOCIAIS. *Anais do XII Congresso Brasileiro de Assistentes Sociais*. Foz do Iguaçu: ABEPSS, 2007. (CD-ROM)

_____ *et al.* Capitalismo contemporâneo e meio ambiente: as indústrias de reciclagem, o trabalho dos catadores e ação do Estado. In: RUIZ, A. (Coord.). *Búque-*

das del trabajo social latinoamericano: urgencias, propuestas y posibilidades. 1. ed. Buenos Aires: Espacio, 2005.

NETO, J. M. Desemprego e luta de classes: as novas determinidades do conceito marxista de exército industrial de reserva. In: TEIXEIRA, F. J. S. (Org.). *Neoliberalismo e reestruturação produtiva*: a novas determinações do mundo do trabalho. São Paulo: Cortez, 1996.

NETTO, A. *Vida e saúde*. Disponível em: <www.estado.com.br>. Acesso em: 18 nov. 2007.

NETTO, J. P. *Capitalismo monopolista e Serviço Social*. São Paulo: Cortez, 1996a.

_____. *Ditadura e Serviço Social*: uma análise do Serviço Social no Brasil pós-64. São Paulo: Cortez, 1996b.

_____; BRAZ, M. *Economia política*: uma introdução crítica. São Paulo: Cortez, 2006.

OLIVEIRA, F. *Economia brasileira*: crítica à razão dualista. São Paulo: Vozes/Cebrap, 1981.

_____. *A economia da dependência imperfeita*. Rio de Janeiro: Edições Graal, 1977.

_____. *Quanto melhor, melhor*: o acordo das montadoras. São Paulo: Novos Estudos (Cebrap), 1993.

ONU. *Vivendo além dos nossos meios*, 2005. Disponível em: <www.cebds.org.br>. Acesso em: 24 jan. 2007.

ORTIZ, R. A. Valorização econômica ambiental. In: MAY, P. H.; LUSTOSA, M. C.; VINHA, V. (Orgs.). *Economia do meio ambiente*: teoria e prática. Rio de Janeiro: Elsevier, 2003.

PEDROSA, J. G. *O capital e a natureza no pensamento crítico*. In: LOUREIRO, C. F. B. (Org.). *A questão ambiental no pensamento crítico*: natureza, trabalho e educação. Rio de Janeiro: Quartet, 2007.

PLÁ, J. A. *A economia dos países individuais no contexto mundial*. Disponível em: <www.ufrgs.br/decon/pulionline/textosdidaticos/textodidi09.pdf>. Acesso em: 30 mar. 2008.

PEREIRA JR., J. S. *Cúpula mundial sobre desenvolvimento sustentável*: Nota técnica. Câmara dos Deputados — Assessoria Legislativa, 2002.

QUINTAS, J. S. (Org.). *Pensando e praticando a educação ambiental na gestão do meio ambiente*. Brasília: Ibama, 2000.

RAFAEL, P. R. B. *A "questão ambiental" e o trabalho das assistentes sociais nos programas socioambientais das empresas em Recife*. Dissertação sob orientação da profa. Ana Elizabete Mota. Programa de Pós-graduação em Serviço Social da UFPE, 2008.

RAMESH, J. *Cúpula sem resultados*: Grupo dos Oito brinca enquanto o mundo pega fogo. Disponível em: <www.cartamaior.com.br>. Acesso em: 10 jul. 2008.

_____. *Zona de perigo*: G-8 debate acordo para garantir segurança alimentar Mundial. Disponível em: <www.cartamaior.com.br>.Acesso em 8 jul. 2008.

RIBEIRO, W. C. *A ordem internacional ambiental*. São Paulo: Contexto, 2001.

ROCHA, J. M. *A Ciência econômica diante da problemática ambiental*. DECE/Universidade de Caxias do Sul, 2004. Disponível em: <http://hermes.ucs.br> Acesso em: 20 jan. 2008.

ROMEIRO, A. R. Economia ou economia política da sustentabilidade. In: MAY, P. H.; LUSTOSA, M. C.; VINHA, V. (Orgs.). *Economia do meio ambiente*: teoria e prática. Rio de Janeiro: Elsevier, 2003.

ROMERO, D. *Marx e a técnica*: um estudo dos manuscritos de 1861-1863. São Paulo: Expressão Popular, 2007.

ROSDOLSKY, R. *Gênese e estrutura de "O capital" de Karl Marx*. Trad. César Benjamin. Rio de Janeiro: EDUERJ/Contraponto, 2001.

SACHS, I. *Espaços, tempos e estratégias de desenvolvimento*. Trad. Luiz Leite de Vasconcelos e Eneida Araújo. São Paulo: Vértice, 1986.

_____. Primeiras Intervenções. In: PINHEIRO, E. N.; VIANNA, J. N. (Orgs.). *Dilemas e desafios do desenvolvimento sustentável no Brasil*. Rio de Janeiro: Garamond, 2007.

SALAMA, P. O Brasil na encruzilhada. In: SANTOS, T. *Globalização e integração das Américas*: hegemonia e contra-hegemonia. Rio de Janeiro: Ed. PUC-Rio; São Paulo: Loyola, 2005.

SANTOS, B. S. *Fome infame*. Disponível em: <www.cartamaior.com.br>. Acesso em: 7 maio 2008.

SCALAMBRINI, H. *A miopia do debate energético*. Disponível em: <www.ambientebrasil.com.br>. Acesso em: 7 maio 2008.

SCHIMDT, A. *El concepto de naturaleza en Marx*. Madrid: Siglo Veintiuno, 1986.

SCHIMITT, C. J. Organizações ambientalistas e conflitos socioambientais no Rio Grande do Sul. In: CARVALHO, I. C. M; SCOTTO, G. (Coords.). *Conflitos socioambientais no Brasil*. Rio de Janeiro: IBASE, 1995.

SOUZA, T. A. A crise contemporânea e a nova ordem mundial: as forças produtivas e as classes sociais na atual ordem hegemônica. *Universidade e Sociedade*, ano IV, n. 6, fev. 1994.

TEIXEIRA JR., S. Novo clima para os negócios. *Exame*, São Paulo, n. 883, ano 40, p. 22-30, dez. 2006.

TEIXEIRA, F. J. *Pensando com Marx*: uma leitura crítico-comentada de *O capital*. São Paulo: Ensaio, 1995.

THUSWOHL, M. *Amazônia*: Lula quer suspender crédito a produtores que desmatam, 1996. Disponível em: <www.cartamaior.com.br>. Acesso em: 12 fev. 2008.

TONET, I. Ética e capitalismo. In: MUSTAFÁ, A. *Presença ética*, Pós-Graduação em Serviço Social, UFPE. Recife, Unipress, n. 2, p. 13-26, 2002.

TRIVIÑOS, A. N. S. *Introdução à pesquisa em ciências sociais*: a pesquisa qualitativa em educação. São Paulo: Atlas, 1987.

TROTSKY, L. *A revolução permanente*. São Paulo: Kairós, 1985.

UNCCD — United Nations Convention to Combat Desertification. *Preserving our common ground*: UNCCD ten years on, 2004. Disponível em: <www.preventionweb.net>. Acesso em: 12 out. 2007.

UNGER, N. M. *O encantamento do humano*: ecologia e espiritualidade. São Paulo: Loyola, 1991.

URBAN, T. *Quem vai falar pela terra?* Disponível em: <www.redetec.org.br>. Acesso em: 20 jan. 2008.

VALENÇA. M. Capitalismo contemporâneo, produção destrutiva e meio ambiente: a direção social dada pelas organizações da sociedade civil ao trato da problemática do "lixo" urbano. Dissertação (Mestrado) — Programa de Pós-Graduação em Serviço Social, Universidade Federal Pernambuco. Recife, 2005. 122 f.

VASAPOLLO, L. *Novos desequilíbrios capitalistas*. Paradoxos do capital e competição global. Londrina: Práxis, 2004.

_____ *et al*. (Orgs.). *A Europa do capital*. Transformações do trabalho e competição global. São Paulo: Xamã, 2004.

VEIGA, J. E. O prelúdio do desenvolvimento sustentável In: CAVC, Economia Brasileira: Perspectivas do Desenvolvimento, p. 243-266, 2005. Disponível em: <www.econ.fea.usp.br/zeli/livros/2005> Acesso em: 4 abr. 2007.

VINHA, V. As empresas e o desenvolvimento sustentável: da ecoeficiência à responsabilidade social corporativa. In: MAY, P. H.; LUSTOSA, M. C.; VINHA, V. (Orgs.). *Economia do meio ambiente*: teoria e prática. Rio de Janeiro: Elsevier, 2003.

Imagem em Movimento

SÉRIE O desafio do Lixo. Produção e Apresentação de Washington Novaes. São Paulo: TV Cultura, série para TV, cor, 2001.

WCED — World Comission on Environment and Development. Our Common Future. 1987.

Sites Visitados

www.adital.com.br

www.agenciabrasil.gov.br

www.aguaonline.org.br

www.ambientebrasil.com.br

www.bancomundial.com.br

www.cartamaior.com.br

www.cebds.org.br

www.cempre.org.br

www.cepal.org/brasil

www.cidades.gov.br

www.discoverynaescola.com

www. educar.sc.usp.br

www.fiesp.com.br

www.fiesp.org.br

www.g1.globo.com

www.geocities.com/grupokrisis2003/robertk urz.htm

www.geomundo.com.br

www.ipcc.ch/languages/spanish.htm

www.ipea.gov.br

www.mma.gov.br

www.nature.com/nnano/

www.onu-brasil.org.br

www.pnud.org.br

www.pnuma.org.br

www.rbb.ba.gov.br

www.redetec.org.

www.sintrafesc.org.br.

www.ufpel.edu.br

Documentos Analisados

Agenda 21 brasileira: ações prioritárias. 2002. Disponível em: <www.mma.gov.br>.

Agenda 21 brasileira: resultado da Consulta Nacional. LIMA, B. M. C.; FACCHINA, M. M.; RIBAS, O. T. Brasília: MMA/PNUD, 2002. Disponível em: <www.mma.gov.br>. Acesso em: 15 mar. 2006.

Agenda 21 global, 1992. Disponível em: <www.mma.gov.br>.

Brasil justo, competitivo e sustentável: contribuições para o debate. Banco Mundial, 2002. Disponível em: <www.bancomundial.org.br>.

Combater as alterações climáticas: solidariedade em um mundo dividido. PNUD, 2007/2008. Disponível em: <www.pnud.org.br>.

CUT e o meio ambiente. Resoluções de Congressos e Plenárias. Disponível em: <www.cut.org.br>.

El PNUMA en 2006. PNUMA, 2006. Disponível em: <www.pnuma.org.br>.

Indústria Sustentável no Brasil. *Agenda 21: cenários e perspectivas*. CNI, 2002. Disponível em: <www.cni.org.br.>.

Medio ambiente y desarrollo. Estilos de desarrollo y medio ambiente en América Latina, un cuarto de siglo después. CEPAL, 2006. Disponível em: www.cepal.org.br>.

WCED — World Comission on Environment and Development. Our Common Future. 1987.